Los disfraces del fascismo

BALTASAR GARZÓN

LOS DISFRACES DEL FASCISMO

Cuando la sumisión, la represión y el autoritarismo se imponen al diálogo

Planeta

Av. Diagonal, 662-664, 08034 Barcelona
www.editorial.planeta.es
www.planetadelibros.com

Coordinación editorial: Aurora Moya

Primera edición: mayo de 2022
Depósito legal: B. 6.734-2022
ISBN: 978-84-08-25740-0
Preimpresión: J. A. Diseño Editorial, S. L.
Impresión: Black Print CPI
Printed in Spain – Impreso en España

Certificado PEFC
Este libro procede de bosques gestionados de forma sostenible y fuentes controladas
PEFC
PEFC/14-38-00305
www.pefc.es

El papel utilizado para la impresión de este libro está calificado como **papel ecológico** y procede de bosques gestionados de manera **sostenible**

A mi madre, María Real Burgos,
una mujer de principios y convicciones

Índice

Introducción

¿Por qué escribir sobre fascismo?

El fascismo es un tema que siempre me ha impactado y agobiado al mismo tiempo. Debo confesar que he leído mucho sobre sus orígenes y evolución y que he visto un número considerable de documentales y películas con rigor histórico, a los que regreso una y otra vez para intentar comprender este fenómeno del pasado que ha resurgido con nuevos rostros en el tiempo presente. Recuerdo, por ejemplo, la película *Novecento,* de Bernardo Bertolucci, con la impecable actuación de Donald Sutherland encarnando al capataz que despreciaba y humillaba a los trabajadores, al tiempo que exaltaba oportunamente la ideología fascista. Me impactó y, de algún modo, esas imágenes vuelven a mi memoria de manera recurrente, sobre todo cuando observo ciertas actitudes similares reflejadas en diferentes escenas reales de la vida contemporánea, en particular en el mundo de la política, pero también, y lo digo con tristeza, en el mundo de la justicia.

Es cierto que el fascismo en la actualidad no se presenta tan abiertamente como en los años veinte y treinta del siglo pasado, como lo hiciera, por ejemplo y de manera tan grosera, en la Italia del Duce. Hoy actúa con más sutileza, ladinamente diría yo, pero siempre con actitudes prepotentes y soberbias, con esos aires de superioridad tan característicos de esta ideología, que son el punto de conexión entre las imágenes de entonces y las de ahora.

En la historia de la humanidad abundan esas maneras autoritarias que imponen la subordinación simiesca. La obediencia se fomenta con premios y castigos y se combate por todos los medios el sentido crítico. Nunca he entendido esa fe ciega en un rey, ese fervor de masas del que se rodean los dictadores, ese acatamiento absoluto que tienen los ejércitos a un general, esa entrega incondicional hacia el líder carismático. Ninguno de ellos realmente pretende que sus seguidores se eduquen o tengan un criterio propio, ni tampoco les ofrecen un verdadero espacio de libertad y autonomía, sino que se les exige una sumisión servil sin posibilidad de divergencia. Para ello se los somete y fanatiza. Surge así el culto al líder, que es querido y temido al mismo tiempo. Temido porque infunde miedo y se nutre de la cobardía, ya que él mismo es cobarde y receloso de perder el poder, pues sin él queda inerme y desnudo. Y querido porque a cambio hace que el débil se sienta fuerte, da cobijo al excluido y desamparado, consiguiendo que se considere importante, incluso superior, a través de un sentimiento de pertenencia al grupo y de rechazo y odio a quienes son diferentes o no forman parte de la manada.

Los dictadores, y también algunos políticos de corte autoritario, han demostrado estas nefastas cualidades de las que hablo, incluso hasta el fin de su existencia. Cuando debieron desplegar la valentía de la que alardeaban y con la que, a través de sus grandilocuentes discursos, pretendían adoctrinar a sus fieles, se olvidaron de ella y se arrastraron ante quien fuera para salvar la piel. Pinochet, por ejemplo, no fue capaz de pronunciar palabra alguna ante un tribunal —ni en Londres ni a su regreso en Santiago de Chile— para defender sus convicciones y los actos que en su nombre se habían perpetrado. «No sé», «no me acuerdo» o «no es cierto» fueron sus únicas manifestaciones. Su defensa se construyó a base de inmunidades emanadas de un trasnochado concepto de la soberanía nacional, además de unos exámenes médicos que certificaron en falso su auténtico estado de salud a uno y otro lado del charco, dando a entender que no podría soportar un juicio en su contra. Pero en cuanto se sintió a salvo, se levantó de su silla de ruedas, caminó, abrazó a sus amigos y saludó a los presentes blandiendo su bastón. Y yo me pregunto: ¿dónde quedó el valiente soldado?, ¿qué fue del general de gafas oscuras y brazos cruzados que a ojos del mundo entero encabezó un golpe de Estado? A la hora de la verdad, respondió con silencio, mentiras y jugarretas; sin nada en el fondo, sin sustancia; otra característica muy propia del fascismo.

Pero esto no va solo de dictadores. Algunos servidores públicos, abdicando de los deberes que su función impone, se sometieron y se someten al poder, e incluso se ofrecen a él, se humillan a cambio de un cargo, de una prebenda, de un puesto, o para obtener una categoría. Les importa poco el mérito o la virtud que predican, porque conscientemente incumplen y denuestan el uno y la otra. Recuerdo una anécdota que desvela lo que quiero decir. En 2004, siendo magistrado juez titular del Juzgado Central de Instrucción n.º 5, me presenté como candidato a la plaza de presidente de la Sala Penal de la Audiencia Nacional, que no obtuve, a pesar de ser el más votado en dos de las tres votaciones con las que se decidió el puesto. No alcancé la mayoría suficiente porque los vocales del Consejo General del Poder Judicial (CGPJ), el órgano de gobierno de los jueces, de reconocida extracción conservadora y fieles a quien los había designado, el Partido Popular, bloquearon mi eventual nombramiento. Pasado el tiempo, me encontré con el que a la sazón fuera uno de esos vocales, después flamante consejero de Justicia e Interior en la Comunidad de Madrid bajo el gobierno de Isabel Díaz Ayuso. Le pregunté por qué no me habían elegido si presentaba el currículum y la antigüedad más completos y ejercía desde hacía quince años en la Audiencia Nacional. La respuesta que cínicamente me dio me dejó perplejo, aunque de inmediato comprendí lo que significaba y lo que comportaba.

—¡Ah! ¿Pero a ti te interesaba ese puesto?

—Sí —le contesté—. Claro que sí, por eso concursé.

—Ya —me dijo—, pero como no viniste a solicitármelo expresamente, no creía que tu interés fuera real.

Se refería a aquella antigua, pero aún vigente, tradición del besamanos, según la cual hay que golpear la puerta de cada uno de los consejeros y pedir expresamente el voto, dando pie así a todo tipo de peticiones de lealtades y favores a cambio.

Esta historia demuestra dos cosas. La primera, que no se votaba el mérito, sino la filiación política al grupo, para quienes yo estaba vetado por mi posición absolutamente crítica contra la guerra de Irak y contra Aznar. Y dos, se valoraba más la sumisión que la propia idoneidad para el cargo. La historia demostró después que la persona en cuestión, en pago de su lealtad y sumisión a quienes lo nombraron, sí que promocionó adecuadamente, pasando una temporada en el Tribunal Constitucional para después volver a la Audiencia Nacional y luego a la Consejería de Justicia de Madrid bajo el gobierno del PP. Este ejercicio de puerta giratoria demuestra, nuevamente, que se valoran y se premian la subordinación y los servicios prestados en función de lealtades espurias.

El supremacismo del grupo, la reverencia al líder, el odio a un enemigo común —que generalmente es un colectivo vulnerable—, así como la inconsistencia de ideas y valores son algunas de las características propias de la doctrina política que desde la primera mitad del siglo XX conocemos como *fascismo,* y que, tras ser derrotada en la Segunda Guerra Mundial, inexplicablemente ha resurgido portando nuevas prendas, menos evidentes, pero con la misma esencia venenosa para la convivencia pacífica entre seres humanos.

Es lo que yo denomino *los disfraces del fascismo.* Es decir, aquellos que, aunque no lo parezcan, realmente son comportamientos de corte autoritario, prepotentes y arrogantes que se muestran bajo la cobertura de falsos argumentos racionales, a veces de apariencia sólida, pero que en realidad pecan de incoherencia y que no pueden ser defendidos sin trastocar la escala de valores básica de la sociedad actual, entre otros, de los derechos humanos. A cambio de la sensación de superioridad que perciben al ser aceptados en el grupo, se exige una sumisión irracional, una obediencia ciega al líder político, acrítica, basada en la lealtad absoluta.

Mucho tiempo antes de que se identificara como tal esa ideología en el siglo XX, y antes de que tuviera lugar su escenificación más prominente y brutal en la Italia de Mussolini y en la Alemania nazi de Hitler, existieron fenómenos que, aunque con otro nombre, encajan perfectamente con la esencia del fascismo. No está de más recordar que el saludo fascista emula la época imperial de Roma. Fue usado por el Partido Nacional Fascista italiano, pero también por el Partido Nazi de Adolf Hitler en Alemania y, cómo no, por la Falange Española y la dictadura de Francisco Franco. Este saludo se transformó en una de sus señas de identidad, ya que conectaba con un pasado épico, glorioso, con el cual el grupo se puede identificar para sentirse tan importante como aquellos héroes de antaño. Su discurso, en el caso de España, podría resumirse más o menos así: «Sois españoles, sois superiores a aquellos, venid conmigo, obedecednos y juntos vamos a recobrar el lugar que nos merecemos». Así de fácil, así de atractivo, así de falso.

Hoy, aunque la denominación *fascista* se utilice menos, lo cierto es que no sería muy difícil aplicarla de hecho a regímenes que incluso se llaman *comunistas,* aderezados con nacionalismos supremacistas consentidos o, en ocasiones, requeridos. Pero no solo en el ámbito político se perciben estas actitudes, sino también en otros espacios en los que la intolerancia, la xenofobia y el rechazo identitario ofrecen el disfraz perfecto para el fascismo.

A partir de aquí debo hacer una advertencia. Este libro no pretende ser un tratado politológico sobre el fascismo, pues para eso existen suficientes obras de referencia, algunas muy buenas y de fácil lectura, a las cuales acudiré de vez en cuando para respaldar algunas de mis afirmaciones. Antes bien, mi único objetivo es compartir en estas páginas algunas reflexiones propias sobre el tema, desde mi experiencia como jurista, como abogado y como juez, y desde mi actual tribuna de militante comprometido en la causa de los derechos humanos a nivel global.

Mi intención es la de que juntos desenmascaremos *los disfraces del fascismo,* que aprendamos a identificar esos microfascismos y esas actitudes perversas que hoy se incuban por doquier. Así, por ejemplo, se están normalizando verdaderos procesos penales de autor, el *lawfare* o persecución política con la excusa de una supuesta configuración penal. Deseo también hablar aquí sobre las limitaciones a los derechos humanos en algunas naciones en las que ha comenzado a anidar el fascismo nuevamente. Algunos son países remotos, pero hay otros tan cercanos como Francia, Estados Unidos o la propia Italia, que abrió de par en par sus puertas a un personaje como Matteo Salvini.

Ahora, todos nos fijamos en Donald Trump, pero yo no puedo dejar de pensar en la guerra de Irak, diseñada milimétricamente desde mucho tiempo antes por la administración de la autodenominada *mayor democracia del mundo,* con datos falsos, manipulados, con un aparato de propaganda brutal, con un Consejo de Seguridad de Naciones Unidas humillado y olvidado después, con un resultado cruento en el número de víctimas que da escalofríos... Todo ello bajo el burdo pretexto de luchar contra un terrorismo que no existía, unas armas de destrucción masiva que jamás aparecieron, porque nunca las hubo; contra un dictador, cuando hay tantos dictadores y regímenes sin derechos humanos con los que se hacen negocios. La mentira es otro de los componentes esenciales del fascismo en cualquiera de sus formas y su difusión, la mejor arma.

Con frecuencia, los que se autoidentifican como buenos o correctos califican al adversario como alguien perverso para justificar determinadas acciones, pero luego comprobamos que lo que subyace en la mayoría de los casos son puros intereses geoestratégicos y económicos. A propósito de la guerra entre Rusia y Ucrania (y la OTAN detrás), se han recordado las siempre lúcidas palabras de Julian Assange, pronunciadas en una entrevista concedida hace unos diez años sobre las guerras y el trabajo que realizó en ellas WikiLeaks:

> Una de las cosas esperanzadoras que descubrí es que casi todas las guerras que comenzaron en los últimos cincuenta años fueron resultado de las mentiras que se difundieron por los medios de comunicación. Si los medios hubiesen investigado lo suficiente y no hubieran simplemente retransmitido la propaganda gubernamental, los medios podrían haber impedido la guerra. Pero ¿qué significa eso? Que en general a la gente no le gustan las guerras, por lo que tienen que engañar a las personas, ya que de otra forma no irían a la guerra por propia voluntad. Así que, si tenemos un buen entorno mediático, también tendremos un ambiente pacífico.

Por eso, cuando hay una guerra o nos aproximamos a una, como ha ocurrido en el caso de Ucrania, lo primero que los Estados restringen es la libertad de información. Cada bando informa de lo que cree que sus ciudadanos deben oír, exagerando hechos, minimizando otros o directamente mintiendo de manera descarada, como sucedió con la guerra de Irak. Esto quiere decir que lo que pensamos les importa, que nuestra opinión es determinante, que la guerra por el relato es tan relevante como la guerra real, mucho más en el tiempo de la comunicación global, hasta el punto de que se esfuerzan en engañar para convencernos de que era necesario, o inevitable. Es curioso: esta vez pocos o muy pocos creyeron a Estados Unidos cuando afirmaba que Rusia invadiría Ucrania. Ya habían mentido antes sobre Irak, ¿por qué creerles ahora? Pero así sucedió. Incluso podía parecer que se quería que así aconteciera. Era la excusa perfecta para desarrollar las estrategias más oscuras en nombre de la libertad. Del otro lado, por supuesto, Putin se encargó de decir que la OTAN no le había dejado otra alternativa; que habían sido obligados a ello. Una mentira más. Siempre hay alternativa al horror. Con las tropas dentro, Ucrania pidió ayuda, ¿a quién? Pues a quién iba a ser, a la OTAN, que pasaba por ahí y que casualmente ya tenía todas las tropas desplegadas en la región y dispuestas a defender a un Estado que..., ¡oh, vaya!, Ucrania no es parte de la OTAN..., pero, bueno, había que estar preparados por si acaso acababa pidiendo ayuda, ¿no? Dicen que dos no pelean si uno no quiere. En este caso, al parecer todos querían la guerra, aunque por motivos bien diferentes. Y pagaron las víctimas. Bucha es el ejemplo terrible de ello.

Los poderosos siempre imponen sus reglas políticas, militares o económicas. Cada uno en su estilo, sea invadiendo otros países, propiciando conflictos, sometiendo a hambrunas, imponiendo sanciones, o neocolonizando países con corporaciones financieras y económicas que juegan con la vida y el futuro de millones de personas... O arbitrando selectivamente los medios de subsistencia o destruyendo ecosistemas para fines muy específicos y tan perversos como quienes imponen la selección de clases y personas. Ya sé que se me dirá que todo ello es un *totum revolutum,* pero les aseguro que no es así, y trataré de demostrarlo a lo largo de estas páginas.

Mi primer encuentro con el fascismo

A lo largo de mi vida he conocido diversas manifestaciones del fascismo. Nací en 1955 y, como a todos los niños de mi generación, me tocó crecer en plena dictadura franquista. En mi pueblo se reconocía a quienes habían perdido la guerra porque en aquellas familias pesaba el silencio, el desprecio de los que se plegaron al régimen, y alguna que otra visita de la Guardia Civil, que preventivamente se dejaban caer cuando se iba a producir algún acto sonado en el que pudieran ser un *riesgo* los catalogados como rojos. En ocasiones, la sola visita no era suficiente y esos *peligrosos* vecinos, como mi tío Gabriel, debían pasar la noche en el cuartelillo. Esas *precauciones,* de las que fui testigo desde niño, fueron habituales en toda España y se prolongaron en las grandes ciudades durante muchos años después, según averigüé más tarde.

Pero lo que prevalecía era el silencio, causado por el miedo. El silencio y el miedo siempre han acompañado a los regímenes dictatoriales y fascistas. El fascismo se nutre de la ignorancia de sus adeptos, en quienes infunde temor hacia un enemigo común, generalmente un colectivo vulnerable, como judíos, gitanos, inmigrantes o menores extranjeros no acompañados (menas), al que culpa de todos los males de este mundo para luego, a base de un constante bombardeo de bulos y noticias falsas, sembrar el odio, que tarde o temprano acabará en violencia. Será entonces cuando esconderán la mano y mirarán para otro lado, como sucedió en la noche de los cristales rotos *(Kristallnacht)* en la Alemania nazi de 1938, o en el ataque con una granada contra un centro de menores en Madrid imputado a Vox en 2019.

Por supuesto, durante la dictadura, la prensa no emitía más que loas al *generalísimo,* y en el cine, antes de la película, el obligado documental oficial de la época, el nodo, exhibía escenas de los nuevos mal llamados *pantanos* (en realidad, embalses), grandes atunes capturados o jabalíes (narcotizados) cazados por su excelencia y, en general, la imagen de país de las mil maravillas, avanzado y moderno, en el que todo iba bien por la gracia de Dios y de su excelencia, amén. Evidentemente, no se contaba nada ni de las torturas, ni de las desapariciones, ni de la persecución política que sufrían los pocos luchadores y luchadoras que se atrevían a enfrentarse al dictador, ni de las acciones del policía político-social, ni de la prohibición de la libertad de prensa, ni del Tribunal de Orden Público. Ni de los miles de víctimas enterradas en las cunetas, mientras que se exhibían impúdicamente los símbolos fascistas y los memorandos de exaltación a los «caídos por Dios y por España», como si los demás fueran apestados y su sentimiento español no hubiera existido nunca. España es diferente, se hartaban de decirnos machaconamente en todos los medios oficiales y en toda la prensa censurada, como también en el cine, con películas en las que se exaltaban los *valores patrios* que, aún hoy día, demasiados se empeñan en resaltar.

Muchas veces me he preguntado cuáles son esos valores y qué es la patria para todos aquellos que instauraron, defendieron y todavía añoran el franquismo. Lo cierto es que la dictadura nos lastró como país, nos desconectó de Europa y nos condujo como manada a una situación de insolvencia política de primera magnitud en la que la represión y la persecución de los disidentes se viabilizó a través de los tribunales de justicia, con procesos manipulados, sectarios, parciales y en los que el derecho penal de autor, del más puro corte fascista, se mantuvo por muchos años, hasta la extinción del mencionado Tribunal de Orden Público. La justicia en nuestro país tiene una deuda que difícilmente saldará alguna vez con las víctimas del franquismo, a las que, aún hoy, se les sigue negando la más elemental reparación, como es la judicial. A los jueces no les importa nada este tema y, con ello, cometen el mayor agravio y la más grande equivocación, porque hasta que esa reparación no acontezca no podrá quitarse la mancha del régimen fascista de Franco.

Es verdaderamente increíble que, después de tanto camino recorrido, existan cada vez más personas, incluso jóvenes, que añoran la dictadura, lloran su desaparición en secreto o cada vez con más publicidad. Eufemísticamente la denominan *régimen anterior,* como escribe con acierto Nicolás Sartorius en su libro *La manipulación del lenguaje. Breve diccionario de los engaños*:

> Además —y quizás esto es lo más grave— el objetivo es establecer una continuidad entre aquella dictadura y la democracia actual. [...] Simplemente, hubo un régimen anterior —que era la dictadura— y luego vino uno posterior —que es la democracia— *ergo,* no hay dictadura ni democracia, sino anterior y posterior, lo normal, lo obvio en la continuidad de las cosas y los procesos [...] incluso se ha sostenido que ya en tiempos del sistema liberticida del general Franco se empezaron a sentar las bases económicas (liberalización económica), sociales (clases medias) y política (monarquía) de la actual democracia española.[1]

Yo mismo he escrito sobre la manipulación del lenguaje, pues me preocupa sobremanera el aprovechamiento torticero y tramposo de las palabras para conducir a las personas al punto de incidencia y anulación que interesa, así como de la tergiversación de la historia en función de quien resulte vencedor e imponga por tanto su visión sobre los hechos.[2]

La Constitución de 1978 impuso un freno al fascismo, y el esfuerzo por instaurar la democracia por parte de los españoles que la impulsaron tuvo un efecto beneficioso en cuanto nos ha permitido establecer normas de convivencia igualitarias y un sistema parlamentario que las garantiza. Pero quedaron flecos. En realidad, la Constitución supuso el inicio del fin del fascismo en España, porque el espíritu de aquel que animó y penetró la dicta-

---

[1] Nicolás Sartorius, *La manipulación del lenguaje. Breve diccionario de los engaños,* Espasa, Barcelona, 2018.

[2] Baltasar Garzón, «Antroposmoderno. El lenguaje y sus trampas», *elDiario.es,* 2004, y «Casado y la manipulación del lenguaje», *elDiario.es,* 2019.

dura franquista dio sus coletazos durante los años de la transición antes y después de la norma constitucional y se mantuvo en los nuevos gobiernos postfranquistas con asesinatos cometidos por elementos ultraderechistas, en el seno del aparato institucional con el terror desde el Estado; en la intentona de golpe de 1981, y, ochenta años después de que Franco se hiciera con el poder único, todavía hoy se percibe en la reacción exacerbada de quienes se niegan a que los muertos descansen en paz. Es decir, en aquellos que han vivido como una guerra el hecho de que el mausoleo del dictador haya dejado de ser un monumento a su persona; quienes permitieron que notorios torturadores exhibieran sus medallas, pensionadas o no, mientras sus víctimas se han visto obligadas a viajar a otro país para buscar la justicia que les ha sido negada en España.

Todos ellos, envalentonados por la falta de respuesta a sus pacientes avances, y arropados con la desidia de los anteriores gobiernos conservadores del Partido Popular, más preocupados durante demasiados años por el beneficio propio que por los asuntos de todos, se han ido reagrupando, organizándose, presentando ahora un frente común con otras fuerzas de derecha que están demostrando que su ideología no pasaba por el centro o por el liberalismo moderado, sino que iba más allá. Iba tan lejos como para ser capaces de apoyar y apoyarse en aquellos herederos de las tradiciones más antiguas y reprobables del antiguo fascismo de la época de Franco. Estaban aquí, e, incomprensiblemente, les hemos dejado hacer. Ahora nos vemos como otros países en Europa, como otras naciones en Latinoamérica, con un avance claro y palpable de la ultraderecha y de sus postulados, que horadan los propios cimientos de la democracia, desde dentro. En los últimos años, influenciados (desde 2016) por el presidente norteamericano Donald Trump, que ha conseguido crear esa red viscosa y repugnante. La ultraderecha ha regresado y no solo quiere quedarse, sino continuar su expansión.

Pero no olvidemos que esas manifestaciones de corte fascista se producen también con acciones que nacen en el segmento ideológico de la izquierda o en el seno de gobiernos de izquierda o durante gobiernos progresistas que pueden sufrir la tentación de olvidar los límites de la democracia y del Estado de derecho. En España, esta situación se produjo, ya muerto el dictador, con las acciones de la extrema derecha y con la creación de los GAL (Grupos Antiterroristas de Liberación), o al menos con algunos de sus comandos o grupos, como ha sido establecido en sentencias firmes españolas y francesas; o como acontece con organizaciones terroristas como ETA, que, bajo el manto nacionalista y *abertzale,* realmente pretendían sembrar la discordia y una purificación de lo *auténtico* y de lo mestizo, dando prevalencia y exclusividad a lo primero y violencia a lo segundo.

Mi segundo encuentro con el fascismo

El segundo fascismo que conocí de cerca tenía su origen en América Latina. La casualidad me situó en su camino, y mi propia voluntad, junto a la aplicación del derecho, me llevó a enfrentarlo. La historia es sabida. En el Juzgado Central de Instrucción n.º 5 de la Audiencia Nacional del que era titular, entró el caso de la represión de las Juntas Militares de Argentina, dictadura civicomilitar que sembró el terror entre 1976 y 1983 y, después, en la investigación del Operativo Cóndor, las desapariciones, los asesinatos y torturas cometidos durante la dictadura de Pinochet en Chile. En estos procesos dicté la orden de prisión del capitán Adolfo Scilingo, que fue juzgado y condenado en España, así como otras órdenes internacionales de detención contra diversos represores militares y civiles argentinos, y también, la más conocida, la orden contra el exjefe de Estado chileno que fue apresado y sometido a proceso de extradición en Londres el 16 de octubre de 1998. Pinochet fue un dictador hermano en ideas y en intenciones de nuestro propio sátrapa, y en algunas cosas incluso resultó un avezado discípulo. No se me olvida la vestimenta de bota alta y capa blanca cubriendo el uniforme militar con el que acudió a las exequias de Francisco Franco en noviembre de 1975. De la mano de Estados Unidos y bajo la orientación de la política de Richard Nixon y Henry Kissinger, el Cono Sur se convertía en un cómodo reducto para las peores políticas americanas, que no podían consentir la libertad y la justicia social que preconizaba Salvador Allende y debían evitar a toda costa que el ejemplo cubano se extendiera. Ese planteamiento arcano y profundamente intolerante y de superioridad del norte sobre el sur ha estado, en el caso de Latinoamérica, trufado siempre por el tutelaje de Estados Unidos con la excusa de evitar que el comunismo, primero, y el filocastrismo y filochavismo, ahora, y con ellos los rusos, chinos e iraníes, se posicionen en ese continente. Responde a una sola razón: que Latinoamérica no pueda ser nunca un proyecto creíble y alternativo, con identidad propia y con diversidad reconocida frente a Estados Unidos. El objetivo es no permitir que esta región se desarrolle, formule su proyecto y tenga capacidad propia para ser algo diferente que un conjunto de países sumisos a aquel. Es una auténtica decisión política déspota, económica y financiera, desplegada para ese control y partiendo de un concepto autoritario.

Quiero ser muy claro en este punto. No solo existió fascismo en el Chile de Pinochet, la Argentina de Videla, el Paraguay de Stroessner y un largo etcétera, sino que también lo hubo en quienes desde el gigante país del norte promovieron, alentaron, cooperaron y hasta financiaron golpes de Estado y tiranos que pusieron y quitaron cuando fue más conveniente a sus intereses. Es una forma de supremacismo, en este caso de Estados Unidos y sus gobernantes de entonces, desplegada a nivel internacional, en América Latina, que buscaba el sometimiento y el control de su *patio trasero,* incluso por la fuerza.

En un caso u otro, lo único que cambia son las formas de actuar y presionar, pero el objetivo no varía: someter y dominar. Y lo vemos con claridad en la actualidad, cuando, de nuevo, las campanas tocan a rebato tras las victorias de Alberto Fernández en Argentina, Luis Arce en Bolivia, Pedro Castillo en Perú, Gabriel Boric en Chile y las posibles de Lula en Brasil y Petro en Colombia, junto a las de Zelaya en Honduras y Morena en México, la continuidad de Maduro en Venezuela y Díaz-Canel en Cuba. Si todo este escenario se confirma, me temo que saldrán a relucir nuevamente las palabras *socialismo, comunismo, alianzas contra la democracia,* etc. Los gobiernos progresistas serán satanizados, sobre todo cuando quieran de vuelta sus recursos naturales y los nacionalicen, o simplemente cuando pretendan que se pague un precio justo por su explotación por parte de las grandes corporaciones transnacionales. Volveremos a escuchar toda la ponzoña neoliberal trufada de doctrinas neocoloniales que disfrazan el fascismo con un refinado lenguaje pleno de neologismos y anglicismos, aderezados además con pelajes demócratas o republicanos.

Uno de los títulos más conocidos y que identifica el terror durante los años setenta del siglo pasado en Latinoamérica fue el Operativo Cóndor, impulsado por técnicos militares y políticos que entrenaron a los que acabarían con sus hermanos en una orgía de sangre y represión. Aquel plan tuvo varios precedentes: el asesinato del general Carlos Prats y su esposa el 30 de septiembre de 1974 en Buenos Aires; el intento de asesinato del senador Carlos Altamirano en 1975 en el aeropuerto de Madrid, y el atentado en Roma contra el político chileno Bernardo Leighton, el 6 de octubre de 1975, de la mano de la organización del extremista neofascista italiano Stefano Delle Chiaie.

El Operativo Cóndor se creó formalmente el 25 de noviembre de 1975, tal como comprobé con el hallazgo del acta de constitución en los Archivos del Terror de Asunción (Paraguay), y extendió su actuación a países como Chile, Argentina, Uruguay, Paraguay, Brasil, Bolivia o Perú, desde los que llegó hasta el corazón de Washington, a pocas manzanas de la Casa Blanca, con el asesinato del canciller de Allende, Orlando Letelier, y su asistente, la estadounidense Ronni Moffitt, el 21 de septiembre de 1976 en Washington. Se contó con la ayuda de la Dirección de Inteligencia Nacional de Chile —la DINA, la policía secreta del régimen militar de Pinochet— y con la participación de agentes de la CIA, específicamente, de Michael Townley, a quien pretendí tomar declaración en la investigación sobre Pinochet en España y me fue negada la posibilidad por las autoridades norteamericanas, a las que se sumó el fiscal jefe de la Audiencia Nacional de España, Eduardo Fungairiño, que también rechazó cualquier proceso judicial derivado de la aplicación del principio de jurisdicción universal.

Un océano de impunidad caracteriza a los regímenes dictatoriales y los planteamientos fascistas del poder, en los que siempre irradió la sombra y la colaboración, de una u otra forma, de los servicios de inteligencia norteamericanos, al amparo de la denominada *doctrina de la seguridad nacional* y la Escuela de las Américas. De aquellas traumáticas experiencias hemos pasado, casi sin solución de continuidad y con el mismo esquema de violación y anulación de los límites del Estado de derecho, a la creación en 2002 de la prisión de Guantánamo, centro de torturas y malos tratos sistemáticos contra los detenidos acusados de terrorismo y en la que aún en 2022 permanecían 39 personas, 27 de ellas sin cargos y sin horizonte legal para poner fin a su cautiverio. También a las torturas en la prisión iraquí de Abu Ghraib; los traslados ilegales de prisioneros por parte de la CIA a centros de detención clandestinos en los que son secuestrados, torturados o forzados a desaparecer sin ningún tipo de control más que el derivado de hecho de la voluntad de quien dispone esas acciones; el uso de drones (aviones no tripulados) que eliminan por control remoto en forma selectiva o indiscriminada a personas muchas veces ajenas al conflicto, a miles de kilómetros de donde se inicia la acción ilícita.[3]

No debemos pasar por alto que fue durante la presidencia de Barack Obama —presidente demócrata, deseado por todos, catalogado como uno de los más progresistas y el primero afroamericano— cuando más operaciones con drones y de asesinatos a distancia se llevaron a cabo. Nadie ha dicho nada a nivel internacional. Todos asumen ese exceso, que, de producirse en un régimen autoritario, sería tachado de criminal.

Es curiosa la diferente vara de medir para hechos que son idénticos, e incluso mucho más graves cuando tienen lugar en un sistema democrático en el que se supone que los límites están perfectamente definidos y no podrían producirse. Es el caso de las decisiones del Gobierno israelí sobre la Franja de Gaza, y también el de los espionajes masivos sobre personas e instituciones por parte de Estados Unidos, violentando todos y cada uno de los límites de los propios sistemas nacionales; espionajes masivos en países democráticos, en aras de la protección de unos supuestos derechos que se desconocen paladinamente, con acciones de servicios de inteligencia. Así lo demostraron todas las publicaciones de WikiLeaks.

A la postre, su única consecuencia fue la persecución y detención de varios de los miembros de WikiLeaks y el encarcelamiento de Julian Assange, que ve cómo se consume su vida en defensa de la libertad de expresión, a la espera de la decisión final sobre su extradición a Estados Unidos, después de casi diez años de cautiverio entre la embajada de Ecuador en Londres y la prisión de alta seguridad Belmarsh (la *Guantánamo inglesa*). Nadie, salvo honrosas excepciones, a nivel oficial, se subleva ante estos atropellos. Todos, quien más, quien menos, aceptan

---

[3] Baltasar Garzón, *En el punto de mira,* Planeta, Barcelona, 2016.

tales situaciones y no se les ocurre sancionar a Norteamérica como sí se hace en los casos Navalni con Rusia, o en el de Venezuela… ¿De qué manera calificar estas actitudes y posiciones políticas de los diferentes países? La doble moral resulta vergonzosa y se aplica de una forma a los amigos y de otra a los enemigos, reales o supuestos, o a los enemigos de tus enemigos. Como si nada, se rigen por estos códigos de lealtades propios del crimen organizado.

Todos estos casos son ejemplos del fracaso de un sistema que no ha sabido poner en práctica una seguridad que responda a las necesidades democráticas de los ciudadanos y no a las de quienes los dirigen; y tienen un denominador común: están impregnados del barniz del fascismo que los hermana y dota de un olor a podredumbre. Enlodan la democracia y destrozan las vidas de las personas. El fascismo se parapeta y resurge en los momentos en que se siente fuerte y ante la urgencia del poder económico que necesita incrementar beneficios.

El concepto

¿Qué es el fascismo? Jason Stanley señala que los peligros del fascismo en política radican en la manera especial que tiene de deshumanizar a ciertos segmentos de la población: «Al excluirlos, limita la capacidad de empatía de los demás ciudadanos y justifica el tratamiento inhumano; desde la represión de la libertad, el encarcelamiento en masa o la expulsión hasta, en casos extremos, el exterminio en masa».[4]

Para Umberto Eco no se trata de una ideología monolítica, sino que presenta un aspecto de *collage* de diferentes ideas políti-

[4] Jason Stanley, *Facha. Cómo funciona el fascismo y cómo ha entrado en tu vida,* Blackie Books, Barcelona, 2019.

cas y filosóficas, lo que denomina «una colmena de contradicciones». Así, Eco se pregunta:

> ¿Se puede concebir acaso un movimiento totalitario que consiga aunar monarquía y revolución, ejército real y milicia personal de Mussolini, los privilegios concedidos a la Iglesia y una educación estatal que exaltaba la violencia, el control absoluto y el mercado libre?

Añade algo más:

> El término *fascismo* se adapta a todo porque es posible eliminar de un régimen fascista uno o más aspectos y siempre podremos reconocerlo como fascista. Quítenle al fascismo el imperialismo y obtendrán a Franco o a Salazar; quítenle el colonialismo y obtendrán el fascismo balcánico.[5]

El historiador Federico Finchelstein propone «analizar el fascismo como una ideología transnacional con importantes variaciones nacionales». Considera que, partiendo de una ideología global, «el fascismo se reformuló a sí mismo una y otra vez en distintos contextos nacionales y experimentó constantes permutaciones nacionales». Y añade:

> El fascismo nació en Italia en 1919, pero la forma política que representa apareció simultáneamente en todo el mundo. De Japón a Brasil y Alemania, de la Argentina a India y Francia, la revolución de derecha antidemocrática, violenta y racista que encarnó fue adoptada con distintos nombres en distintos países: *nazismo* en Alemania, *nacionalismo* en la Argentina, *integralismo* en Brasil, y así sucesivamente. El fascismo ya era transnacional antes de que

---

[5] Umberto Eco, *Contra el fascismo,* Lumen, Barcelona, 2018.

Mussolini usara la palabra *fascismo,* pero en 1922, cuando se convirtió en el régimen de Italia, el término atrajo la atención del mundo y adquirió distintos sentidos según los contextos locales.[6]

Por mi parte, y sin pretensiones de dar una definición, desde mi experiencia y reflexiones, simplemente enunciaré las características que creo que son las esenciales del fascismo y que he ido mencionando antes.

De una parte, está el supremacismo, esa sensación o creencia de superioridad respecto de otros, que precisamente rompe con el concepto universal de derechos humanos. La Declaración Universal de los Derechos Humanos proclama que todos los seres humanos nacemos libres e iguales en dignidad y derechos; el fascismo, por el contrario, proclama que hay algunos seres humanos con más y mejores derechos, y otros que están en posición de inferioridad, a quienes lógicamente corresponden menos derechos o de peor calidad. Además, el fascismo propugna la sumisión extrema o absoluta al líder del grupo superior, reclamando una lealtad absoluta. A su vez, y como método de cohesión del grupo, el fascismo busca un enemigo externo común, al cual se le hace responsable de todos o de la mayoría de los problemas o dificultades. Para ello, primero se siembran la desconfianza y el miedo, y luego el odio hacia ese enemigo externo común, que generalmente es un grupo vulnerable. Cuando el fascismo accede al poder, extiende el terror en la población, tanto entre quienes considera enemigos, a los que reprime de acuerdo con el trato inferior que se merecen, como entre los propios adeptos, castigando de la peor manera posible la duda, la falta de compromiso suficiente, la disidencia y la deserción. El fascismo carece de consistencia en las ideas y valores que profesa, por lo que para convencer a sus

[6] Federico Finchelstein, *Del fascismo al populismo en la historia,* Taurus, Barcelona, 2019.

partidarios se vale de la mentira y el engaño, tanto de hechos del presente como de hechos históricos (que normalmente deforma), tanto de aspectos fácticos y sociales como de aspectos puramente científicos (así, la existencia de una raza superior), lo que no deja de ser finalmente una buena noticia, porque permite desenmascararlos, siendo esta la mejor herramienta para combatirlo.

Creo que cuando nos encontramos en presencia de estos elementos, podemos estar seguros de que estamos frente a un grupo, movimiento o partido político de corte fascista, por mucho que se intente vestir con diferentes disfraces, incluido el embozo de demócrata, tecnócrata, apolítico o incluso de cooperante que ayuda al necesitado (como Hogar Social, que ayuda solo a españoles).

Populismo y fascismo

Los que ahora nos invaden son los populismos. Partiendo de los movimientos nacionalistas reivindicativos que llevaron en el siglo pasado a situaciones bélicas y a cambios considerables en el mapa europeo, hoy los populismos van ganando terreno y generando conflictos en el mundo entero. Por sus características, es fácil confundir populismo y fascismo, por lo que es obligado aclarar la relación entre ellos. Vamos a verlo.

Para Luis Ramiro y Raúl Gómez, cuando hablamos de populismo nos referimos a una ideología que define el mundo entre el pueblo bueno y la élite malvada y corrupta. Buenos y malos es la base del argumento. Sin más, el líder populista representa la soberanía popular, y desde ese podio planteará políticas generalmente utópicas o inviables.[7] Aunque hoy es posible reconocer la

[7] Luis Ramiro y Raúl Gómez, «Radical-Left Populism during the Great Recession: Podemos and Its Competition with the Established Radical Left», *Political Studies,* vol. 65, supl. 1 (2017), pp. 108-126.

existencia tanto de un populismo de izquierda como de derechas, Federico Finchelstein nos recuerda la inspiración fascista en el origen del populismo.

> Ambos términos se contraponen al liberalismo, ambos implican una condena moral del orden de cosas de la democracia liberal y ambos representan una reacción masiva que líderes fuertes promueven en nombre del pueblo contra élites y políticos tradicionales.[8]

El historiador considera que la derrota del fascismo dio pie a una nueva modernidad populista.

> Hacia 1945, el populismo había llegado a representar una continuación del fascismo, pero también una renuncia a ciertos aspectos dictatoriales determinantes. El fascismo postulaba un orden totalitario que produjo formas radicales de violencia política y genocidio. En cambio, y como resultado de la derrota del fascismo, el populismo intentaba reformar y modular el legado fascista en clave democrática.[9]

En esa dualidad nos movemos hoy: el líder populista habla en nombre del pueblo con una voz única. Puede encarnar el autoritarismo o viajar hacia la democratización, obviando, eso sí, la voz de las minorías. Ambos trayectos recuerdan peligrosamente al fascismo. Ambos territorios me son familiares. He conocido el fascismo y reconozco la amenaza en el populismo porque también la he vivido.

Fascismo y populismo comparten una parte del camino, pero el fascismo nos lleva más lejos. Como bien se ha dicho:

---

[8] Federico Finchelstein, *Del fascismo al populismo en la historia,* o. cit.
[9] *Ibid.*

> El fascismo no respeta las reglas de la democracia, ni menos la voluntad de un pueblo. Tarde o temprano la siembra permanente de miedo y odio germinará y dará como fruto uno o más actos violentos que pretenderán desconocer la voluntad mayoritaria y dirigirá toda esa ira acumulada en contra de los más vulnerables, esos colectivos a los que se culpa de todos los males, sean estos judíos, gitanos, homosexuales, adversarios políticos, personas con discapacidad o simplemente inmigrantes. El fascismo no es constructivo, ni conciliador, ni propositivo. El fascismo busca un culpable y lo persigue hasta su total destrucción.[10]

Cuando el populismo se desvía de las bases democráticas que nos determinan y conciernen, se torna en altamente peligroso, ya que indica el inicio de la deriva fascista. El cuestionamiento gratuito de las instituciones es una dinámica muy fácil de desarrollar, pero de consecuencias muy destructivas. Por ejemplo, la deriva de líderes populares como el presidente de El Salvador o el de Filipinas conduce al abuso del poder y a su uso criminal. Pero también la aquiescencia o aceptación de corrientes populistas o claramente fascistas, en el sistema democrático, es asumir que estas tendencias tienen que estar dentro y no expulsadas del sistema. El miedo a las reacciones de quienes defienden estos postulados nos puede llevar a cometer el error de creerles imprescindibles para el buen funcionamiento democrático, cuando en realidad su última *ratio* es dinamitar lo construido, el buen gobierno, un estado de bienestar consolidado y, finalmente, la propia democracia.

Hay discusión cuando se trata de distinguir el fascismo histórico y el populismo moderno o los movimientos de extrema

---

[10] Rodrigo Lledó y Consuelo León, «Final de trayecto», FIBGAR, 2021, disponible en <https://fibgar.es/final-del-trayecto/>.

derecha, en la línea que defiende Emilio Gentile.[11] Para este autor, «la tesis del eterno retorno del fascismo puede favorecer la fascinación de los jóvenes que poco o nada saben del fascismo histórico pero se dejan sugestionar por su visión mítica, que se vería agigantada ulteriormente por la presunta eternidad del fascismo».[12] Gentile se opone a la teoría del *fascismo eterno* que promueve Umberto Eco, para quien el fascismo «puede volver de nuevo bajo las vestiduras más inocentes».[13] Por mi parte, discrepo del planteamiento excesivamente semántico de Gentile. Concuerdo en que la seducción de los jóvenes por tales doctrinas es un riesgo real, pero lo cierto es que, en los jóvenes, principalmente, si esas ideas ya han anidado, el problema no se soluciona cambiando el nombre. El título que les demos es secundario, pero en lo personal prefiero llamar a las cosas por su nombre, porque así esos jóvenes que puedan eventualmente extraviar el rumbo y dejarse embaucar por esas ideologías sabrán que fueron derrotadas militarmente en la Segunda Guerra Mundial, que sus crímenes fueron enjuiciados y condenados en Núremberg y que hasta el día de hoy se sigue persiguiendo a quienes participaron en tales atrocidades, así sean nonagenarios como el contable de Auschwitz o la secretaria del campo de Stutthof.

Debemos enfrentarnos a esta realidad. El regreso del fascismo es un fenómeno que nos puede avergonzar como humanidad, pero no debemos esconder la cabeza como el avestruz o buscar neologismos para edulcorar lo amargo que es para quienes de una u otra forma lo hemos padecido. Es el mismo fascismo de siempre, pero adaptado a los tiempos actuales, evolucio-

---

[11] Emilio Gentile, *¿Quién es fascista?,* Alianza, Madrid, 2019.

[12] *Ibid.*

[13] Umberto Eco, «El fascismo eterno», *La Biblioteca*, cuarta época, n.º 2, diciembre de 2017.

nado y acomodado a las circunstancias y necesidades presentes. De algún modo, adopta la forma camaleónica que le conviene, pero en su esencia están presentes esos elementos que le son característicos, aunque de momento no se hayan desplegado en su total magnitud, aguardando el momento propicio para llevarnos irremediablemente por los caminos del totalitarismo, sin más control que la voluntad del líder, que se nutre de la masa leal y dócil que incondicionalmente le sigue y que se siente superior a los demás.

Terrorismo

El terrorismo, de la clase que sea, es otro disfraz del fascismo. Desprecia la libertad y utiliza la violencia irracional, negando los derechos más elementales de las demás personas. Discrimina selectiva y arbitrariamente entre quienes son buenos y dignos de protección y quienes son malos o inferiores, o sin más, diferentes identitariamente y los aniquila.

A lo largo de mi carrera profesional, he tenido ocasión de confrontar y hablar con muchos terroristas. No puedo decir que haya vislumbrado en ninguno el más mínimo gesto de arrepentimiento, de compasión hacia las víctimas o de empatía por el dolor causado. Desprecio, cerrazón, ceguera absoluta hacia una supuesta causa que justifica todo lo demás. Los terroristas encajan en el perfil del fascista tal y como lo define Paxton en «Las cinco etapas del fascismo».[14] En este artículo, que ha transcendido fronteras e idiomas, define siete sentimientos que tienen efecto de movilización en los regímenes fascistas:

[14] Robert Paxton, «The Five Stages of Fascism», *The Journal of Modern History*, vol. 70, n.º 1 (marzo de 1998), pp. 1-23.

- «La primacía del grupo». El apoyo al grupo se siente más importante que el mantenimiento de los derechos individuales o universales.
- «Creer que el grupo de uno es una víctima». Esto justifica cualquier comportamiento contra los enemigos del grupo.
- «La creencia de que el individualismo y el liberalismo permiten una decadencia peligrosa y tienen un efecto negativo en el grupo».
- «Un fuerte sentido de comunidad o hermandad. La unidad y la pureza de esta hermandad se forjan por convicción común, si es posible, o por violencia excluyente si es necesario».
- «La autoestima individual está ligada a la grandeza del grupo». Paxton lo llamó un «sentido mejorado de identidad y pertenencia».
- «Apoyo extremo de un líder» natural «que siempre es un hombre». Esto se traduce en que un hombre asuma el papel de salvador nacional.
- «La belleza de la violencia y de la voluntad, cuando se dedican al éxito del grupo en una lucha darwiniana», escribió Paxton. La idea de un grupo naturalmente superior o, especialmente en el caso de Hitler, del racismo biológico, encaja en una interpretación fascista del darwinismo.

Dentro de la categorización que podría hacerse de la ideología fascista o neofascista estarían los que denomino *fascismos no preocupantes* o *intranscendentes.* En ellos se vierten los esfuerzos por cambiar las cosas con presiones o postulados que no comportan ningún coste político directo para quienes enarbolan la lucha en favor de ellos. Es decir, se puede atacar a países totalitarios o con dictadura. ¿Y qué pasa con algunos movimientos antisistema que centran su acción en la violencia? Es probable que, si analizamos los diferentes matices, encontremos componentes comunes con los que tradicionalmente se identifica la ideología fascista. Estos grupos o grupúsculos se refugian en acciones aparentemente deslavazadas, e incluso invocando una ideología progresista, de izquierdas o ecologista (el eco-fascismo), pero que comparten esas características esenciales del fascismo que niegan la igual dignidad y derechos de todos los seres humanos. Es difícil que hoy día, y por el momento, estos grupos se atrevan a identificarse como tales hasta que no consigan los seguidores y el fortalecimiento que buscan.

Somos testigos de un fenómeno curioso que se extiende cada vez más: los grupos de extrema derecha han comprobado que la violencia en sí misma les perjudica en sus planteamientos totalitarios a medio y largo plazo. Consecuentemente, dejan ese espacio a otros que anónimamente hagan el trabajo sucio. Cuidando el lenguaje para no caer en un acto delictivo, incitan a sus adeptos mediante discursos de odio, y son los que finalmente canalizan esa ira acumulada en actos violentos directos, sin que después el líder reivindique tales acciones, pero tampoco las condene, lo que es interpretado como una forma sutil de aprobación. Ya lo hemos visto cuando Vox se negó a condenar la vandalización del mural feminista de Ciudad Lineal o el referido ataque a un centro de menores no acompañados en Madrid.

Espero que nunca lleguen a gobernar en España, pero, en caso de hacerlo, que nadie se sorprenda cuando usen a las instituciones estatales, como la Guardia Civil o el Ejército, para legitimar actos de violencia de mayor calado. De hecho, los guiños de Vox a las fuerzas y cuerpos de seguridad del Estado son constantes, apropiándose políticamente de unas instituciones que nos pertenecen a todos. Lo mismo hacen con la bandera y los demás símbolos patrios, como si fueran los únicos españoles *de verdad.* O llenándose la boca de *patria.* La apropiación de las palabras y de sus significados ya fue puesta en práctica por el nazismo, y la manipulación del lenguaje es uno de los instrumentos más eficaces para secuestrar los propios sentimientos que cualquiera de nosotros tenemos como ciudadanos de un país, hasta hacer que nos retraigamos en su uso porque los consideramos ya parte del acervo.

Prensa, redes y educación

Aunque sea difícil, debemos abrir los ojos y reconocer que, en el mundo en que vivimos, el ejercicio de la libertad de expresión y de información implican asumir importantes riesgos para la seguridad personal. Con frecuencia, la profesión periodística se ve atenazada y coaccionada por diferentes sistemas autoritarios o enmascarados con indumentarias democráticas, especialmente cuando lo que se juega son importantes intereses empresariales que priman sobre cualquier perspectiva que ampare aquellos derechos. Los regímenes autoritarios presionan, atacan o aniquilan a la prensa independiente, pero también los gobiernos democráticos. Ejemplo de los primeros es el caso Khashoggi, y de los segundos, el de Julian Assange.

Pero, junto con el ejercicio de coartar la libertad de prensa, las redes sociales y medios serviles al poder político o económico también se están llenando de bulos y cuanta patraña se inventan para tapar sus vergüenzas o simplemente para dañar al adversario. Miente y miente que algo queda, reza el popular dicho que algunos atribuyen a Goebbels, pero cuya idea se puede rastrear desde mucho antes.[15] Las *fake news* (noticias falsas) y el *lawfare* (guerra jurídica), las acciones concertadas entre determinadas instituciones y esos medios perturbadores que anteponen al ser-

---

[15] Iván Almeida, «La frasecita de Goebbels y la fábrica de mentiras», *Página 12,* 3 de agosto de 2011, disponible en <https://www.pagina12.com.ar/diario/elpais/1-173636-2011-08-03.html>.

vicio público de la comunicación la voluntad rastrera e interesada, son una realidad, en la actualidad, en muchos ámbitos de la sociedad española e internacional.

La inoculación de las ideologías siempre llega de la mano de la educación, o mejor dicho de su manipulación; los discursos viciados y maniobrados; el ocultamiento y la deformación de la historia —por ejemplo, en España con el franquismo y en otros países dulcificando los sistemas represivos—; el racismo oculto en los discursos y en los currículums; el tratamiento de la religión... No olvido lo ocurrido al profesor francés Samuel Paty, degollado después de que una alumna le acusara falsamente de discriminación precipitando una campaña de odio manipulada.[16]

Sí, el fascismo ha vuelto. Una vez más se asoma a nuestras sociedades acomodadas o a las que están en proceso de búsqueda de identidad. Ha estado siempre, pero debilitado, sin dejarse ver hasta que se ha sentido lo suficientemente fuerte para iniciar una toma de posiciones que no puede dejarnos indiferentes. Por esta razón he decidido escribir este libro, porque creo que juntos tenemos el deber de desenmascarar el fascismo que hoy viste nuevos ropajes.

Baltasar Garzón Real
Madrid, 10 de marzo de 2022

[16] Marc Bassets, «Una mentira activó el engranaje del asesinato del profesor francés Samuel Paty», *El País,* 10 de marzo de 2021, disponible en <https://elpais.com/internacional/2021-03-10/una-mentira-activo-el-engranaje-del-asesinato-del-profesor-frances-samuel-paty.html>.

1

Jueces controlados y controladores

Brown: ¿De modo que usted considera que nuestros jueces son corruptibles?
Peachum: ¡Al contrario, señor mío, al contrario! Nuestros jueces son absolutamente incorruptibles: ninguna suma puede inducirlos a hacer justicia.

Bertolt Brecht, *La ópera de dos centavos* (1928)

A lo largo de mi carrera profesional, en el fragor de la instrucción y la batalla contra la impunidad en casos de violaciones a los derechos humanos, casos de terrorismo, narcotráfico, crimen organizado o corrupción, me mantuve siempre centrado en el trabajo sin prestar demasiada atención a mi entorno, entre otros, a mis colegas que formaban parte de la función judicial. Había de todo, claro, pero, con la perspectiva que ofrecen los años, veo ahora que muchos jueces tenían otra manera de contemplar la profesión y la vida. Incluso en algunos de ellos se percibía una mirada muy desde arriba dirigida a aquellos que, como yo, no proveníamos de familias de rancia tradición jurídica. Poco importaba que te hubieras dejado la juventud trabajando de día para pagar los estudios y el imprescindible preparador de la oposición, y quemándote las pestañas por la noche estudiando. Creo que de aquella época me quedó, como una tortuosa secuela, la dificultad para conciliar el sueño. Por supuesto, no era el único estudiante de familia cuyo sustento dependía de un salario exiguo y que compaginaba estudios y trabajo —en mi caso, dependíamos del salario de un empleado de Campsa, y simultaneaba la facultad de Derecho con el trabajo nocturno en una gasolinera para ayudar al sostenimiento familiar—, pero los que pertenecían a familias de abolengo eran la mayoría.

Este hecho, que pudiera pasar por una simple anécdota, en el caso de la carrera judicial no deja de tener importantes consecuencias. En este colectivo, en muchos casos, existe una cultura endógena, un muy arraigado sentimiento de exclusión hacia lo externo, un encapsulamiento, una concepción de la función judicial como un ejercicio de poder más que como un servicio público. Pude observar a veces, por qué no decirlo a estas alturas de mi vida, un claro desprecio hacia los justiciables. El trato que se les daba dejaba en claro que: *esos* son otra cosa, no son iguales a nosotros, no tienen por qué tener los mismos derechos, aunque sí las mismas obligaciones.

Fue una sensación que tuve desde el comienzo de mi carrera. Recuerdo que estando destinado en el partido judicial de Villacarrillo (Jaén), una conocida vino a visitarnos y se extrañó de que, siguiendo la costumbre, no hubiera ofrecido la casa a *las fuerzas vivas de la ciudad*. Yo le pregunté por el número de habitantes que tenía la ciudad y, tras decirme que unos quince mil, yo le contesté que no tenía fondos bastantes para invitar a todas las vecinas y vecinos. Se mostró muy extrañada, pero ya no me volvió a cuestionar. Este es uno de los muchos ejemplos de los resabios franquistas que en 1981 eran evidentes en gran parte de la sociedad española. Los jueces y fiscales, como los notarios o registradores, o los jefes de las fuerzas de seguridad o del ejército, eran parte de la élite y a ella se debían. Los demás eran simples mortales sin derecho a unirse a ese selecto club. ¿El argumento para el rechazo? Prevenir la contaminación, como si pertenecer a un cierto linaje garantizara algo, no sé, un comportamiento prístino e impoluto, o una suerte de pureza racial, de estirpe virtuosa, o algo semejante a los vínculos nobiliarios endogámicos. En fin, era esa soberbia, ese peligroso sentimiento de superioridad que ya he mencionado antes, un supremacismo que uno no debería esperar de la judicatura en una democracia plena, pero que en aquellos años era el pan nuestro de cada día y, por desgracia, en buena medida no hemos superado del todo.

Lo cierto es que percibí, desde el principio, esas muestras de arrogancia cuando ejercí como inspector por los juzgados y tribunales de Andalucía. Observé mucha indolencia allá por los años ochenta, en la zona que me correspondió, y pocas ganas de resolver las situaciones que afectaban al servicio, salvo un pequeño grupo de jóvenes entusiastas que creíamos que era necesario cambiar las cosas de la justicia. Limpiar los herrajes y engrasarlos para que rindieran todo su potencial en servicio de la ciudadanía. Tal vez por esto comencé muy tempranamente a granjearme los primeros enemigos. A diferencia de muchos de mis colegas, yo no era de aquellos que preferían esperar sentados a que la policía resolviera el caso, para luego dictaminar lo pertinente. Yo era partidario de dirigir la instrucción, con inmediación y sin *intermediarios*. Cuando llegué a la Audiencia Nacional (febrero de 1988), sentía que, si había sido nombrado juez instructor del Juzgado Central de Instrucción n.º 5, mi deber era precisamente instruir. Comprenderán que aquello no sentó nada bien entre varios de mis colegas, porque ponía en evidencia la forma adocenada de trabajar que tenían algunos.

Hoy es más común ver a jueces y fiscales activos, comprometidos con su trabajo, con una vocación de servicio público, pero en aquella época era algo totalmente atípico. La judicatura tenía entonces una lógica que iba mucho más allá de una visión conservadora de la realidad, era abiertamente franquista. A diferencia de lo que ocurrió en otros países, como el proceso de desnazificación en la Alemania de la postguerra, en España nunca se produjo una depuración de quienes no respetaron la Constitución; nunca se exigió, siquiera, que se produjera un acatamiento expreso (juramento o promesa) de ella. Por el contrario, hasta ese momento, todas las generaciones anteriores de jueces tuvieron que jurar las Leyes Fundamentales del Reino, entre las que se encontraba la que formulaba los Principios Fundamentales del Movimiento Nacional (afortunadamente, mi promoción, la número 27, fue la primera que juró o prometió el cargo sobre la Constitución). Esto quiere decir que quienes habían estado aplicando las leyes franquistas siguieron haciéndolo después de aprobada la nueva Constitución, hasta que poco a poco la legislación se fue modificando y adecuando a la Carta Magna, democratizándose de manera paulatina el ordenamiento jurídico. Obviamente, aquello de acostarse en un régimen fascista y levantarse al otro día en uno democrático era, y es, muy complicado para muchos de ellos. Sus interpretaciones y particular visión del derecho han sido, en buena medida, el último bastión de la legalidad franquista, extendiendo todo lo que han podido la pervivencia de un régimen que muchos de ellos añoraban y aún añoran. De aquellos polvos, estos lodos.

Realmente, la transición nunca rompió con el franquismo. No hubo solución de continuidad. No hay un antes y un después. No tuvieron que jurar la nueva Constitución. No tuvieron que renunciar a su pasado franquista. No tuvieron que rendir cuentas de sus decisiones judiciales ni de sus fortunas. Simplemente, la vida continuó y ellos siguieron haciendo lo mismo todo el tiempo que pudieron, hasta que el cambio de legislación los obligó a fallar del modo inverso al que lo habían venido haciendo.

Es más, en la mayoría de los casos se tuvo que pedir perdón a los franquistas, hasta el final. La Ley de Amnistía de 1977 y la interpretación que de ella se ha hecho, incluso por algunos de los llamados *jueces progresistas,* en perjuicio de las víctimas de la dictadura, demuestra que la transición, por mucho que se quiera enaltecer, no se hizo todo lo bien que debería. Pero lo peor es haber creído que la transición y la Constitución eran un punto de llegada y no un punto de partida. Así, la Constitución de 1978 y la propia transición se convirtieron en un intangible que no se puede modificar. Una suerte de hito fundacional que se mira, pero no se toca.

El franquismo nunca fue derrotado. Se adecuó a la nueva realidad y subsistió latente entre nosotros, siendo una de sus trincheras, acaso la más destacada, el propio Poder Judicial español. Sin duda, también existían y existen una serie de jueces progresistas que intentábamos dar otra visión del derecho, en cuanto a las garantías del imputado, en la defensa a ultranza de las víctimas y, sobre todo, dando importancia a un concepto novedoso para España y que empezaba a asomarse tímidamente en las salas de los tribunales: los derechos humanos.

Profesión conservadora

No creo que sea preciso argumentar demasiado la afirmación de que la Justicia en España es, fundamentalmente, conservadora, y, en algunos casos, ultraconservadora. La justicia siempre ha sido, durante casi toda la historia de la humanidad, un apéndice del poder del rey o del gobernante de turno. Históricamente lo político siempre se impuso sobre lo judicial. Es amargo reconocerlo, pero ha sido así y en buena medida sigue siendo así. De hecho, hay ciertas instituciones y concepciones que nos lo recuerdan con elocuencia, aunque sea hoy difícil verlo porque lo tenemos prácticamente normalizado. Por ejemplo, la distinción entre 'verdad procesal' y la 'verdad material'. Se asume como algo aceptable que en ciertos casos exista una distancia entre lo que verdaderamente ha sucedido y lo que se ha logrado probar en un juicio, cuando, en realidad, debe ser visto como un fracaso de la instrucción fruto de un trabajo investigativo mejorable, de ocultación de pruebas, de ilegalidades o, también, porque el investigador no fue capaz de enfrentarse al poder político. De esto último hay sonados ejemplos, tanto en la dictadura como en la transición y la democracia. Baste recordar los casos de Julián Grimau (1963), Enrique Ruano (1969) o Puig Antich (1974), en los que, junto con otros, la manipulación de pruebas, los pactos espurios y las omisiones graves en la tramitación redundaron en un amparo a los responsables por parte de los representantes de instituciones y organismos públicos, que seguían aplicando las mismas prácticas delictivas de la dictadura al realizar una auténtica persecución política. O el 23F, un juicio sobre hechos que pusieron en jaque a la transición en el que no están todos los que son y en el que ninguno de los tres principales condenados llegó a cumplir íntegramente su condena. O el fracaso del Estado democrático de derecho en el caso Almería, que en 1982 concluyó con la tortura y asesinato de tres jóvenes que nada tenían que ver con el terrorismo y en el que la justicia no se atrevió a condenar más que por homicidio a los representantes de la Guardia Civil, y no a todos los que habían participado en aquel aquelarre sangriento, porque habría significado cuestionar el funcionamiento de la corporación respectiva. O como sucedió después con los Grupos Antiterroristas de Liberación o con la fórmula de abordar la lucha contra el terrorismo, en algunos casos, o con el tratamiento a supuestos terroristas en Guantánamo (que perdura hasta hoy) o tantos otros ejemplos en los que la justicia penal, no solo de España, sino de otros países, se arredró y agachó la cabeza frente a la imposición política.

Vuelvo a aquellos primeros momentos de la democracia, en los que teníamos la esperanza de que la renovación generacional llevaría a una mayor apertura de miras y a posiciones más progresistas en la aplicación de la ley. La verdad es que no fue así. La evolución de la sociedad española, mayoritariamente progresista, no se compadece con la composición de la carrera judicial, lo que significa que algo no hemos hecho bien. No debería existir esa fractura en una profesión como la de administrar justicia, esencial para nuestras vidas, que sigue siendo entendida de arriba abajo, del poder al sometido, del fuerte al débil, del rico al pobre. Y no son tópicos, sino realidades. Sigue siendo una profesión elitista y desigual. Y esto rezuma discriminación, ciertas dosis de racismo y, por ende, la sitúa muy próxima a elementos fascistas que asocian, una vez más, a los jueces con el poder político y, en particular, con el supremacismo del grupo de élite respecto de otros, así como con el servilismo de sus miembros. Falta, eso sí, la imagen sólida del líder supremo, que aquí aparece desdibujada por el paso del tiempo, pero que es añorado y al cual se le sigue guardando fidelidad por haber sido el salvador de la patria, caudillo de España por la gracia de Dios, amén.

Veo a los jóvenes que éramos entonces y que en teoría deberíamos haber traído ese aire fresco tan necesario. Hoy estamos más cerca de los 70 años de edad que de los 60, y percibo a mi alrededor con preocupación que se repiten los mismos patrones: alto porcentaje de jueces conservadores, como entonces, y quizás con una mayor polarización frente a ideas de otro talante.

No es gratuito lo que digo: un informe del Consejo General del Poder Judicial datado en octubre de 2021 indica que casi la mitad de los 5.341 jueces y magistrados españoles en activo no estaban afiliados en esas fechas a ninguna entidad. La otra mitad pertenece a una de las diferentes asociaciones profesionales. En total, 2.994, un 56 % del total. Entre los afiliados, una mayoría se inscribe en asociaciones con ideología próxima a la derecha o el centroderecha. La Asociación Profesional de la Magistratura, la Asociación Judicial Francisco de Vitoria y el Foro Judicial Independiente agrupan al 47 % de los jueces, mientras que el 8 % está afiliado a Juezas y Jueces para la Democracia, asociación progresista.[1] Faltaría la estadística entre los no asociados sobre cuál es

---

[1] Elena Herrero y Raúl Sánchez, «Las siglas de los jueces: mayoría absoluta de las asociaciones conservadoras y solo un 8 % progresista», *elDiario.es,* disponible en <https://www.eldiario.es/politica/siglas-jueces-mayoria-absoluta-asociaciones-conservadoras-8-progresista_1_8311233.html>.

su tendencia. Estoy absolutamente seguro de que más del 80 % es conservador.

La pregunta que hay que formularse es: ¿por qué ocurre esto si la sociedad española es mayoritariamente progresista? ¿Es por lo costoso de estudiar en la universidad? ¿Es que se imponen dificultades para el acceso? ¿Es una especie de cultura ancestral de que la responsabilidad de un cargo debe implicar moderación? ¿Es una especie de acuerdo tácito de que los hijos e hijas de jueces y fiscales tienen que seguir la tradición familiar y serlo también? ¿Por qué tantos tienen idéntica vocación? ¿O es una decisión estratégica como la del Opus de ubicar en todas las instituciones judiciales a los miembros de la prelatura? Sea como fuere, lo cierto es que esa contradicción existe y no se hace nada para remediarla.

El derecho debe evolucionar al ritmo que lo hace la sociedad, porque, si no, se convierte en algo obsoleto que no protege las necesidades de los más vulnerables y vuelve a ser un instrumento de poder.

Complacencia con el franquismo

Jueces, pero parciales, titularon su libro en 2012 el fiscal Carlos Jiménez Villarejo y el juez Antonio Doñate Martín. De esta interesante obra extraigo un párrafo especialmente ilustrativo para entender la situación en que nos encontramos:

> Conviene también tener presente, para comprender el estado actual de ciertos sectores de la magistratura y su posicionamiento frente al franquismo, que aquella participó activamente en todos los órganos represores de la dictadura, desde los consejos de guerra hasta el TOP. Es significativo que en el Decreto n.º 55, de 1 de noviembre de 1936, que firmaba el general Franco y regulaba

el llamado procedimiento «sumarísimo de urgencia», ya se establecía la participación de «funcionarios de la carrera judicial o fiscal en los consejos de guerra».[2]

Jiménez Villarejo y Doñate analizan en su libro, además del papel jugado por la judicatura durante el régimen, «la posición mayoritariamente benévola de la magistratura ante la violencia institucional —policía y extrema derecha— durante la transición y primera etapa de la democracia», así como la respuesta del Poder Judicial:

> ante la revelación pública de los crímenes del franquismo incluyendo las resoluciones de los juzgados de instrucción que, con salvadas excepciones, ante las denuncias de los familiares de los desaparecidos, en busca de sus restos depositados en fosas comunes, han rechazado abrir investigaciones penales...[3]

En su epílogo auguraban, con un tono pesimista pero cargado de razón:

> Hay ejemplos, muchos, los suficientes para pensar que una parte significativa de la magistratura asumirá en silencio y colaborará con el nuevo «campo» que va a abrirse en nuestro país, bajo una cobertura formal democrática que no podrá ocultar siempre la actual deriva autoritaria del sistema político español. Y que necesitará, y contará sin duda, de la colaboración del poder judicial.[4]

---

[2] Carlos Jiménez Villarejo y Antonio Doñate Martín, *Jueces, pero parciales,* Pasado & Presente, Madrid, 2012.

[3] *Ibid.*

[4] *Ibid.*

Se referían, claro, a la situación vigente entonces, con el Partido Popular al frente del Gobierno. De nuevo, la profecía se ha cumplido.

La justicia española ha dado un pésimo ejemplo en la lucha contra la impunidad de los propios crímenes de su dictadura. En cierto modo, el Poder Judicial se ha vuelto benévolo con el régimen, manteniendo una lealtad con el dictador digna de estudio y reflexión, sin importarles las recomendaciones que una y otra vez efectúan distintos organismos de Naciones Unidas a nuestro país. Nuevamente se observa esa soberbia de grupo y sumisión al extinto líder. De otra forma no se explica el abandono de las víctimas después de transcurridos casi cuarenta años desde el fin de la dictadura. No solo se miró hacia otra parte, sino que, incluso, se han puesto verdaderas trabas a cualquier tipo de investigación o intervención judicial, incluidas las exhumaciones de los desaparecidos para darles digna sepultura. No, no hubo cuestionamiento de la dictadura, antes bien, complacencia.

Ya me he referido a algunos casos de la dictadura y la transición. Uno esperaría que la lealtad al régimen hubiera acabado allí, pero inexplicablemente continuó. En 2009, la Sala Penal de la Audiencia Nacional, con tres honrosas excepciones (las de los magistrados José Ricardo de Prada, Clara Bayarri y Ramón Sáez), yuguló el intento de investigación de los crímenes franquistas. Como es sabido, después de declararme no competente y remitir las investigaciones a los juzgados territoriales, salvo una o dos excepciones, los casos fueron cerrados sin instrucción de ningún tipo, de inmediato o después de algún intento aislado por continuar, incluso con desprecio hacia las víctimas en los argumentos que dieron esas resoluciones judiciales de cierre. Y desde entonces hasta ahora, ningún juez ni fiscal, salvo alguna rareza y a nivel personal, ha concurrido a una sola de las exhumaciones de quienes fueron asesinados, desaparecidos y torturados. Incluso se ha prohibido con las más variadas excusas, pero todas ellas son convergentes en sostener y ratificar la impunidad. Conceptos como justicia restaurativa, como amparo de las víctimas, como reparación y garantías de no repetición han estado ausentes del vocabulario judicial español en lo relacionado con el franquismo.

Pero lo peor estaba por venir. No contentos con el archivo de los procedimientos, abrieron causa penal contra el juez instructor, es decir, contra mí, por presunta prevaricación. Había que dar una lección ejemplarizadora. La indagación sobre el franquismo había cruzado una línea roja, se había ido más allá de lo tolerable y era preciso castigar tamaña ignominia con escarnio público para que nunca más un juez se atreviera a hacer lo mismo, ni siquiera algo parecido.

Tras la *investigación* en mi contra, la apertura de juicio oral supuso mi suspensión cautelar para el ejercicio de la función judicial. El enjuiciamiento por parte de la Sala Segunda del Tribunal Supremo (TS) es algo ya de todos conocido. Finalmente, fui *absuelto* en 2012 en esta causa, pero condenado en una de las otras dos que se habían abierto en mi contra, nada más y nada menos que en la investigación por la trama Gürtel que afectaba al Partido Popular, entonces en el Gobierno.

Faltaba más. Aunque fui absuelto en la causa del franquismo, la resolución del TS (con un voto discrepante que pedía una sentencia condenatoria contra mí del fallecido magistrado José Manuel Maza Martín) castigó a las víctimas con la más absoluta impunidad al hacer una interpretación torcida de la Ley de Amnistía de 1977 que es totalmente contraria al derecho internacional de los derechos humanos. Un mes después, la misma Sala Segunda del TS, que me había absuelto por investigar el franquismo y condenado por tratar de investigar a los presuntos responsables de la corrupción que estaban en la cárcel por la trama Gürtel, decidió archivar la cuestión de competencia que yo, como juez instructor del Juzgado Central de Instrucción n.º 5 de la Audiencia Nacional, había suscitado con sendos jueces de instrucción para que continuaran: el primero, de San Lorenzo de El Escorial, respecto de las exhumaciones del Valle de los Caídos, y el segundo, de Granada, referido a la exhumación de los restos, entre otros, de Federico García Lorca. Aquella resolución del TS hipócritamente argumentaba en el interés de las víctimas, cuando lo que hacía era cerrarles, hasta el día de hoy, el acceso a la justicia.

Nueve años y medio después, el 13 de noviembre de 2021, acudí a una manifestación en Sevilla de las asociaciones memorialistas en defensa de la aplicación de la Ley de Memoria Histórica y Democrática de Andalucía y en recuerdo de las víctimas del golpe de Estado de 1936 y de la dictadura franquista. La reivindicación, frente a la sede de la Junta de Andalucía, tenía como objetivo protestar porque el Gobierno andaluz no estaba dando cumplimiento a la ley autonómica de memoria democrática, Ley 2/2017, al no haber realizado su desarrollo normativo. El Gobierno andaluz no estaba por la labor, ya que esta ley desagradaba al PP y a Ciudadanos y enfadaba, además, a sus socios de Vox. Es decir, que cuando les apetece, cumplen la ley, y cuando no, pues no, hasta que algún tribunal los obligue, pero como los tribunales suelen ser también de raigambre conservadora, la impunidad está servida.

No hay justificación posible, pues se trata de que los españoles y españolas de hoy puedan buscar y enterrar dignamente a sus familiares, y este derecho les es negado sistemáticamente con resquicios como este, el de no desarrollar la ley. Otra triquiñuela es la falta de financiación. Cuando Mariano Rajoy era presidente del Gobierno, se jactó ante la prensa de haber dotado con cero euros a la ley estatal de memoria histórica. Es inconcebible. No, no son demócratas quienes así piensan y actúan, quienes agravan el sufrimiento actual de tantas familias españolas. Y es urgente, porque los familiares de los fusilados que se encuentran desaparecidos y que están perdidos en fosas sin ubicación o en cunetas que pronto serán pasto del asfalto, si no lo han sido ya, son en muchos casos personas de edad avanzada que temen no poder completar la misión que se han impuesto.

El historiador y economista Ángel Viñas escribía en *infoLibre:*

> No hay otro caso en Europa occidental parecido al español. Soy de aquellos que creen que mientras en España siga obstaculizándose por las autoridades (ejecutivas, judiciales, parlamentarias, centrales, autonómicas o locales) el esclarecimiento de una sola tumba, de un solo caso, no podremos considerarnos un país europeo normal y corriente, porque en ninguno otro ha pasado lo que ocurre aquí.[5]

Ni que decir tiene que, en la protesta por la ley autonómica de memoria de Andalucía, fui el único miembro de la profesión judicial presente.

Escribo estas líneas cuando se han cumplido ya, hace unos días, diez años de aquella sentencia que me absolvió del delito de prevaricación por haber investigado los crímenes del franquismo y que condena a las víctimas al abandono y el olvido impuesto desde el Poder Judicial. Como antaño, tendrá que ser la nueva Ley de Memoria Democrática (aún en proyecto) la que deberá forzar a los jueces y fiscales a actuar en favor de las víctimas, y, aun así, estoy seguro, buscarán cualquier resquicio para no cumplir con ella y negarles la sal y el agua, como si siguieran en guerra.

Miro diez años atrás y luego observo el presente y veo que el Tribunal Supremo adolece de un fundamentalismo ideológico que lo hace ser leal con el franquismo hasta la actualidad. El trato dado a las víctimas hasta hoy es francamente denigrante y dista

---

[5] Ángel Viñas, «Vox y la degradación de la historia (y II)», *infoLibre*, 19 de diciembre de 2021, disponible en <https://www.infolibre.es/opinion/ideas-propias/vox-degradacion-historia-ii_129_1215139.html>.

mucho del trato correcto que se ha dado a otras víctimas, como las del terrorismo de ETA. En la Justicia quedan demasiados planteamientos ultras y conservadores, que son evidentes en este tema, pero también en otros, como los atentados del 11M de 2004 en Madrid o los casos que afectan a las mujeres, en los que muchos jueces hacen gala de machismo.

Tampoco hizo nada la justicia contra los abusos y torturas policiales y de la Guardia Civil respecto de personas vivas y por crímenes cometidos en los años sesenta y setenta, como el caso del policía conocido como *Billy el Niño,* ya fallecido (2020). Se renunció a toda posibilidad de hacer justicia, como también se negó la cooperación internacional solicitada por la justicia argentina. El Poder Judicial español ha sido un verdadero garante de la impunidad.

La fiscal general del Estado Consuelo Madrigal (2014-2016), cuando recibió la petición de cooperación judicial de la juez María Servini de Cubría desde Argentina, para practicar determinadas diligencias en España, se negó a cooperar utilizando la argumentación de la sentencia que me absuelve por haber investigado los crímenes franquistas, pero que pone sobre las víctimas la pesada lápida de la impunidad para los responsables. Es más, usó también fundamentos del voto particular del juez Maza (que estaba por condenarme) para denegar la cooperación. Madrigal advertía a la jueza argentina que se me había abierto proceso penal (en el que se me suspendió) por investigar hechos similares. En esa instrucción la fiscal general argumentaba una serie de postulados, como el de la prescripción, el principio de legalidad, la amnistía y la imposibilidad de investigación en España, como base legal para denegar la cooperación jurídica internacional. Con ello olvidaba el presupuesto básico que impone esa cooperación y que había sido aceptado por el Juzgado Central de Instrucción n.º 5 de la Audiencia Nacional en el caso Scilingo, expresamente.

Apenas cuatro años después, el 4 de agosto de 2020, la nueva fiscal general, Dolores Delgado, dictó una nota interior por la que dejó sin efecto de manera expresa aquella instrucción, entre otras, por las siguientes razones:

> la continuidad de las iniciativas de organismos y tribunales internacionales para el fomento [de] los principios de la justicia universal, la reducción de ámbitos de impunidad y acceso a la justicia y reconocimiento de los derechos de las víctimas de crímenes internacionales, como el reconocimiento del papel esencial de la cooperación internacional en materia penal entre Estados a la hora de perseguir estos delitos.[6]

Cuando la actitud y el talante democrático de la justicia se imponen, cambian los parámetros en su aplicación, el Estado de derecho se fortalece y aquella cumple su verdadera función de proteger a los más vulnerables, sin merma de las garantías en su aplicación.

Tristemente, en otros ámbitos existe la misma actitud supremacista y esa lealtad incondicional de grupo. Me refiero, con responsabilidad, pero con toda claridad, a la Conferencia Episcopal Española en los casos de supuestos abusos sexuales de sacerdotes y religiosos sobre menores de edad. Se trata de algo gravísimo, porque eran niñas y niños, además creyentes, cristianos, católicos, es decir, de su propia confesión, formándose para seguir la doctrina de la fe. Aun en estos casos tan aberrantes, la Iglesia española niega la mayor, e incluso desobedece al papa, sin dificultad. Y digo la Conferencia Episcopal porque responsables son los que abusaron directamente, pero también quienes encubrieron los crímenes prevaliéndose de las estructuras religiosas, del poder de que gozaban, de la ascendencia sobre los feligreses víctimas o

[6] Fiscalía General del Estado, nota interior de 4 de agosto de 2020, disponible en: <https://confilegal.com/wp-content/uploads/2020/09/Nota-Interior-4-agosto-2020.pdf>.

familiares de las víctimas, o chantajeándolas con aquello de que denunciar haría un grave daño a la Iglesia. Aquí hay otro colectivo que se siente superior, por sobre el pecado, más allá del bien y el mal, y que exige obediencia ciega a la institución. Así fue por siglos hasta hace «poco más de cinco minutos», cuando eligieron a un papa atípico, jesuita, latinoamericano y con una amplia trayectoria en el trabajo pastoral de base. Pero nada se habría sabido si no fuera, nuevamente, gracias a las víctimas, que con valentía y perseverancia han denunciado y han seguido exigiendo verdad, justicia, reparación y garantías de no repetición, también en este tema.

El 31 de enero de 2022, la fiscal general del Estado, Dolores Delgado, a través de la Secretaría Técnica, movió ficha, e hizo que el Ejecutivo lo hiciera también, exigiendo a las fiscalías de los tribunales superiores la información y el seguimiento de las causas abiertas por este tipo de hechos que denigran al ser humano, y mucho más cuando la víctima es especialmente vulnerable en manos de educadores que, además, son religiosos. Son comportamientos sectarios que comparten varios elementos característicos de la esencia del fascismo.

Ahora parece que, cuando el escándalo está servido en varios países y la presión para la Iglesia ha sido insoportable, se acuerda por esta el nombramiento de una comisión presidida por un letrado que tendrá que hacer lo necesario para saber el alcance del problema. También el Defensor del Pueblo actuará. Cuánto tiempo se ha perdido y cuánta falsedad se destila en estas actitudes de la institución eclesiástica.

La tortura. Una práctica consentida

Otro espinoso tema es el de la tortura y la justicia en nuestro país. Ningún juez ordenó el registro o la clausura de los centros en los que se llevaban a cabo la tortura y los tratos inhumanos y degradantes, como, por ejemplo, el que existía en la propia sede de la Dirección General de la Policía, donde hoy está la sede de la Comunidad de Madrid; ningún juez visitó ni exigió responsabilidades por aquellas prácticas que se inferían en las cárceles españolas. Nada. Esa es la historia de la justicia en la época franquista. Pero también ha sucedido después, durante la democracia, especialmente en los casos relacionados con el terrorismo. Muchas penumbras se han producido en este campo en el que los jueces y fiscales españoles no hemos sido ejemplo de proactividad.

Durante el franquismo, pero incluso muy entrada la democracia, la tortura fue algo habitual en calabozos y cárceles españolas, hasta que se cambió la ley y se adoptaron los protocolos necesarios para su adecuada prevención. Yo mismo tuve la oportunidad de generar uno de ellos, a propósito de las causas sobre terrorismo, que algunos organismos internacionales expertos en la prevención de este fenómeno han denominado *el protocolo Garzón,*[7] para que las medidas especiales de seguridad que hay que adoptar durante la detención en régimen de incomunicación sean plenamente respetuosas con los estándares internacionales en materia de derechos humanos.

Un Poder Judicial que tolera la tortura es una auténtica degradación de la justicia. Da igual que los jueces sean de derechas o de izquierdas, pero la interpretación del derecho no puede ser retrógrada. Sobre todo, cuando hay partidos que acuden de forma sistemática a la justicia, instrumentalizándola de forma grosera con querellas absurdas que solo buscan generar un debate político viciado.[8]

---

[7] Baltasar Garzón, *Protocolo Garzón ante la tortura,* disponible en <https://baltasargarzon.org/baltasar-garzon/carrera-judicial/protocolo-garzon-ante-la-tortura/>.

[8] Baltasar Garzón, «La justicia se somete de forma grosera al poder», *En positivo,* 21 de diciembre de 2021, disponible en <https://enpositivo.

Sintonía con la derecha

No solo la instrumentalizan desde las bambalinas, sino que incluso llegan a hacer gala de su sintonía. Así ocurrió cuando hablando de la negociación para la renovación del Consejo General del Poder Judicial, el antiguo magistrado Enrique López afirmó que la inmensa mayoría de los componentes de la carrera judicial estaban de acuerdo con la postura de su partido. Flaco favor hacía este juez, recusado en su momento —y, como se ve, con toda razón— de los juicios Gürtel que le correspondían en la Audiencia Nacional, pese a sus protestas de independencia.[9]

Esta sintonía se delata en diferentes ocasiones. Por ejemplo, si nos remontamos al nefasto mensaje del diputado popular Ignacio Cosidó, en noviembre de 2018, dirigido vía grupo de WhatsApp a sus compañeros del Congreso. Afirmaba que con el acuerdo entonces pergeñado con el PSOE para la renovación del Consejo General del Poder Judicial controlarían la Sala Segunda del Tribunal Supremo, que es la que ve las causas de los aforados, «desde detrás». Importante control, dadas las circunstancias de corrupción que afloran todavía en diferentes procesos protagonizados por el PP.[10] Afortunadamente, fue lo suficientemente explícito como para indicar que tal control se llevaría a cabo a través del presidente *in pectore* del CGPJ y el Tribunal Supremo,

com/2021/12/la-justicia-se-somete-de-forma-grosera-al-poder-baltasar-garzon/>.

[9] Carmen Morodo, «El PP tiene el apoyo de la mayoría de la carrera judicial», *La Razón,* 12 de septiembre de 2021, disponible en <https://www.larazon.es/espana/20210912/mztmvb5wdbekvopk726i2rwn4a.html>.

[10] «El portavoz del PP en el Senado, a sus compañeros: "Controlaremos la sala segunda (del Supremo) desde detrás"», *El Periódico,* 19 de noviembre de 2018, disponible en <https://www.elperiodico.com/es/politica/20181119/ignacio-cosido-controlaremos-sala-segunda-tribunal-supremo-por-detras-7155122>.

Manuel Marchena. Aquello no llegó a consumarse, pero sí puso de manifiesto la exhibición de la simbiosis que desde la derecha se pretende tener en el ámbito institucional. El poder es uno, y los diferentes actores de este realizan la labor que les corresponde en cada momento. La apariencia de la separación de poderes se torna en una realidad. Desde la derecha, todo forma parte de una misma estructura en la que todos están integrados. Lo demás es pura apariencia. Nada sucede por casualidad, y quienes se prestan a ello lo saben y actúan concatenadamente sin ningún pudor.

¿Acaso no es evidente? Forman parte del mismo esquema estructural en el que hay diversificación de funciones, pero un mismo y solo objetivo, controlar el poder en todas sus facetas y ámbitos. Con este proceder se niega la esencia de ese órgano de gobierno de los jueces y lo lastra para todo su mandato. Una vez más. Si, además, y por escrito, aparece la evidencia de tal intención de manipular y controlar a la Justicia desde un partido, la desconfianza se da la mano con la indignación.[11]

Control político

No nos engañemos. Controlar el Poder Judicial y, por supuesto, la sala que juzga a los aforados y adonde irán llegando todas las causas en marcha que afectan al PP es uno de los motivos por los que probablemente su líder se negó a dar su plácet para, de una vez, cumplir con lo que le obliga la Constitución y cerrar los nombramientos de un consejo sin renovar durante años. Todo hace pensar que son motivos interesados, de parecido calibre, aquellos que los llevaron durante largos meses a negarse también

[11] Baltasar Garzón, «Por el bien de la propia justicia», *elDiario.es,* 28 de noviembre de 2018, disponible en <https://www.eldiario.es/opinion/tribuna-abierta/bien-propia-justicia_129_1812658.html>.

a negociar los nombramientos del Tribunal Constitucional, del Tribunal de Cuentas y del Defensor del Pueblo. Se diría que, más que evitar la entrada de determinados candidatos entre los nombrados, el PP buscaba la designación de otras figuras que les resulten más proclives, y, si no, que se queden las cosas como están, pues para ellos estaban bien de esa manera, y cualquier cambio los pondría en una situación peor en su estrategia de control de las instituciones. Esto, además de antidemocrático, denigra a quienes ocupan el puesto de vocales y al propio presidente del CGPJ. Ya no es cuestión de que sean conservadores o progresistas, ni de que algunos estén cómodos en el puesto, es que el daño que se produce a la institución, probablemente, es irreparable. Se quiebra la confianza de la ciudadanía, que en una democracia resulta fundamental.

Lo digo con claridad, el Partido Popular está en un constante juego de espejos para disfrazar posturas abiertamente autoritarias y sectarias. Da igual lo que se haga, cómo se haga, con quién se lleve a cabo…, mentir, manipular, todo vale para quien tan solo persigue el poder descarnado. Y no es de extrañar si echamos la vista atrás y vemos su trayectoria, ese pasado franquista que está en sus pilares fundacionales, del que nunca se han querido desprender, aunque sí han sabido disimular, a veces mejor, a veces peor.

La respuesta que se produjo por parte de las asociaciones judiciales apenas fue audible, aunque, en este caso, se produjo. Pero no debe olvidarse como el sector conservador de jueces y fiscales, a través de las corporaciones que los representan, no ha perdido la oportunidad, cada vez que se ha presentado, de mostrar su apoyo a la política judicial de los partidos conservadores. ¡Faltaría más!

En un comunicado unánime, expusieron su idea común de la necesidad de una reforma para la elección de los vocales del CGPJ a fin de que sean elegidos únicamente por los jueces; que la interinidad producida era una anomalía constitucional que se debía corregir, y, en el caso de Juezas y Jueces para la Democracia, consideraban que esa reforma debía ser posterior a la renovación de los cargos. Inquietos, al parecer, ante el señalamiento de Enrique López, aseguraban en su escrito que no se alinean con uno u otro partido: «los jueces nos mantenemos ajenos a las disputas políticas», en la idea de que ese es su compromiso de futuro.

Miren, sería magnífico que, en efecto, las asociaciones judiciales se dedicaran a sus labores corporativas absteniéndose de intervenir en otras materias. Y que los jueces se ocuparan estrictamente de lo suyo. Pero no siempre es así, y no lo es porque existe una perversa ligazón entre algunos gobernantes que delegan en los tribunales la solución a su incompetencia y porque existen formaciones en las que la corrupción ha campado por sus respetos demasiado tiempo y necesitan tener valedores allá donde se dirime la culpa y el futuro de algunos de sus dirigentes. Por mi conocimiento de la profesión aseguro que la mayoría de los jueces son honestos y se dedican a impartir justicia con criterios rectos y en aplicación del derecho. Algunos no. Pero cabe decir que la inmensa mayoría no son oportunistas, ni chaqueteros, ni se camuflan bajo la toga para beneficiar a un partido concreto; ni hay que recusarlos porque comprometen su imparcialidad; ni se ven beneficiados con cargos políticos cuando no pueden sostener más el disfraz de magistrado. La mayoría de los jueces que conozco y los que no conozco personalmente no tendrían el descaro ni la desvergüenza de arremeter contra el Gobierno en defensa de una aberración contra la Carta Magna o para justificar la insumisión del partido al que le deben todo.

Aún con más insolencia, el consejero López añadía un nuevo argumento a la inagotable cadena de sucesivas excusas argüidas para seguir fuera de la norma constitucional y no renovar el órgano de gobierno de los jueces: el necesario cese de la fiscal general del Estado, profesional díscola y progresista a la que no controlan. Sí, señor, ¡a por ella!, y después, probablemente, podría venir la exigencia de cese de cada uno de los ministros y el del presidente Sánchez. ¿Por qué conformarse con menos? Esto es política a lo grande para el PP.

Por supuesto que el nombramiento de la nueva fiscal general del Estado, Dolores Delgado, no fue algo que se quedó al margen de la aviesa atención de la derecha y la extrema derecha. Los argumentos que se dieron por estos partidos llegaron incluso al Tribunal Supremo, ante el cual litigaron contra ese nombramiento, pero perdieron. También emitieron su voto particular al dictamen varios de los vocales del CGPJ, como parte de esa estrategia conjunta y de distribución de roles a la que ya he hecho referencia. Otra estrategia fue atacar el currículum y afirmar la falta de idoneidad y su sumisión al presidente del Gobierno. No sé si esta gente sabe —pero al menos deberían saberlo— que tal sumisión es absolutamente imposible de acuerdo con la ley y el estatuto, pues existen mecanismos que lo imposibilitan y que garantizan que el Ministerio Fiscal sea autónomo y, por tanto, no dependiente del Gobierno. Lo de menos para ellos es que se cumplan las leyes, como se cumplieron en este caso al proponer ese nombramiento, que es una facultad discrecional del presidente del Gobierno. Así ha sido desde la entrada en vigor de la Constitución de 1978 (artículo 124.4), que dispone que: «El Fiscal General del Estado será nombrado por el Rey, a propuesta del Gobierno, oído el Consejo General del Poder Judicial». Ha sido posteriormente, por vía legislativa (artículo 29 del Estatuto Orgánico del Ministerio Fiscal), cuando se ha añadido el requisito de una valoración previa de la idoneidad del candidato o candidata por la Comisión correspondiente del Congreso de los Diputados, y aquí lo que se valorará es que se trate de un o una jurista de nacionalidad española de reconocido prestigio con más de quince años de ejercicio efectivo de su profesión.

Cuando ellos ejercen esta facultad, todo va bien, pero cuando la ejerce el adversario, parece ser una afrenta para la democracia. El trasfondo es ideológico. Siguen en guerra, siguen leales al franquismo y deben por fuerza y por lógica belicista negarles el pan y la sal a los enemigos. Ello explica la obsesión por derrumbarla, quitando la veda para que comience la cacería, que se extiende por varios años ya: es un ejemplo más de *lawfare,* es decir, la instrumentación del derecho para fines políticos. Lo grave es que una parte importante de jueces y fiscales se prestan a ello. Cocer en la parrilla de las redes sociales a las personas se ha convertido en algo habitual y peligroso. No importa la verdad, incluso es un inconveniente. Lo definitivo es el objetivo, los medios son lo de menos. Y el objetivo debe obtenerse con razón o sin ella.

Sin duda, se puede mejorar el sistema de designación del o de la fiscal general del Estado. Yo mismo lo he escrito en reiteradas ocasiones. Puede haber más transparencia, más autonomía, incluso independencia; se puede dotar de mayor seguridad jurídica y garantizar la competencia profesional de quienes aspiran al cargo, pero no es peor que los sistemas de elección o designación que existen en nuestro entorno. ¿Sabían ustedes que, en Alemania, a la que tanto acudimos como ejemplo, el ministro de Justicia puede impartir órdenes directas al fiscal general? ¿Sabían que, en otros sistemas, el fiscal general es parte del Ejecutivo, como, por ejemplo, en Estados Unidos? ¿Sabían que en otros países es nombrado directamente por el Gobierno, como en Austria? Insisto, el sistema puede ser mejorable, mejorémoslo, pero ello no autoriza a realizar ataques personales y a desacreditar con toda clase de patrañas a una persona honorable, con una trayectoria impecable, únicamente porque los que la han designado son otros. Nuevamente, es ver a esos otros en posición de inferioridad, no aceptar que en democracia al adversario le corresponde también gobernar porque el Estado no es patrimonio único y exclusivo de la derecha, como no lo es el sentido de la patria, ni la bandera ni los otros símbolos nacionales. Esta es otra clara muestra de un comportamiento de corte fascista.

La corrupción

Si profundizamos un poco en la tesis que vengo exponiendo, en relación con el sistema de justicia, debemos llegar a una primera conclusión, y es que los nombres que se intercambian como cromos, o se barajan como naipes que se descartan del mazo, son perfectamente sustituibles, fungibles, meros peones o, peor, soldados cuya labor es alimentar la estrategia más profunda de ocupación de la justicia. Siempre fue así, en dictadura de forma evidente; hoy, en democracia, de manera más discreta. Para ellos, la justicia es un instrumento más de control y mantenimiento en el poder. Si cada peón está donde debe, no habrá demasiados problemas cuando llegue el momento de jugar la partida.

Es un grupo político que no sabe estar fuera del poder. No soportan perder porque se creen superiores, se saben vencedores en la guerra, por lo que piensan que se merecen triunfar por derecho propio. Por ello se creyeron siempre impunes y jamás imaginaron que su tesorero iría a la cárcel, así como varios otros altos cargos y empresarios financiadores, y que el propio partido sería condenado, aunque a título lucrativo de acuerdo con la legislación vigente en ese momento. La corrupción anidó en sus filas y se reprodujo rápidamente sin saber cómo acabar con ella. Lo que le ocurrió a su siguiente líder nacional, Pablo Casado, es otro ejemplo de ello. No se admiten chivatos de la corrupción, y el que se atreva debe ser cesado, así sea el propio presidente del partido. La corrupción puede ser denunciada, sí, pero siempre que se trate de la de los adversarios, no de la propia, esa debe ocultarse y taparse.

La falta de voluntad de regeneración se demuestra en dos ámbitos principales: primero, en la falta de análisis de las causas de la corrupción, y, luego, en la negación de esta cuando la ponzoña salta por todas partes, y, anudada a ella, la eliminación de quienes osan denunciarla e investigarla. Si miramos con cuidado todo lo que sucede en el entorno de la Justicia, comprobaremos que algunos connotados magistrados y magistradas afines y obedientes han sido situados estratégicamente para, de esa forma, tener el control de las causas judiciales por corrupción. Son palabras mayores, pero totalmente ciertas y evidentes para quienes estamos familiarizados con el sistema de justicia español. Cuando llegue a sus manos una causa de corrupción, será el momento en que la partida comience y las piezas colocadas en el tablero y en los diferentes escenarios e instancias, desde años antes, cumplan su función. Este cuidadoso diseño judicial es una labor apenas discreta, que lamentablemente ha sido consentida por los partidos progresistas, quienes, tradicionalmente, han dejado toda la cancha para que la derecha ejerciera el control.

La derecha y la extrema derecha no tienen límite a la hora de instrumentalizar la justicia; todo vale para el fin común, que no es otro que el propio. El ejemplo lo pueden encontrar en el caso Gürtel y todos sus derivados o secuelas. Es un secreto a voces, pero ¡ay de aquel que se atreva a denunciar!, pues se arriesga a que la corporación se dé por aludida, se despierte el leviatán y acabe con él.

Aunque sea tremendamente decepcionante y difícil de digerir, no podemos esconder la cabeza como el avestruz. Es necesario que la opinión pública sepa que un porcentaje de representantes de la Justicia en España y en otros países está tan corrompido como los casos que investigan y juzgan. Por supuesto, huelga decirlo, no se debe generalizar, y por eso matizo todo lo que se deba matizar. No se puede empañar, como ya he dicho anteriormente, a los miles de operadores judiciales que sí entienden su posición de servidor o servidora públicos y no lo utilizan como un medio para llegar y consolidarse en el poder uniforme, en el que la separación es lo de menos y lo importante es mantenerlo.

El juez Joaquim Bosch, que durante los años 2012 a 2016 fue portavoz de la asociación Jueces para la Democracia, hacía unas acertadas reflexiones en *El secuestro de la justicia,* el libro del que es coautor junto a Ignacio Escolar, a propósito de la transcendencia de la corrupción política y la importancia de esta:

> [...] a mí me parece más grave que se robe para un partido. La conducta del corrupto aislado es muy reprochable moral, penal y políticamente, pero no tiene capacidad para provocar la metástasis del sistema democrático. En cambio, la corrupción en beneficio del partido sí que incide virulentamente en la destrucción generalizada de la credibilidad de las instituciones públicas. Su capacidad para anular el recto funcionamiento de las administraciones es inmensamente superior a la del corrupto solitario. Y, además, la financiación del partido casi siempre va acompañada de enriquecimientos personales delictivos. [...] En relación con las alegaciones de desconocimiento del saqueo partidista de las instituciones, si fuese cierto que los dirigentes ignoraban esa financiación irregular, también me parecería muy grave. Eso equivale a aceptar que en los partidos pueden circular millones de euros de manera fraudulenta sin que nadie se entere. [...] Cuando un partido no tiene nada que ocultar, tampoco debería tener inconveniente en que la ciudadanía conozca su contabilidad básica.[12]

Pero, como es sabido, el argumento del partido en el que se descubre la corrupción es todo lo contrario: primero, negar

[12] Joaquim Bosch Grau e Ignacio Escolar, *El secuestro de la justicia. Virtudes y problemas del sistema judicial,* Roca, Barcelona, 2018.

la mayor, y, luego, echar balones fuera como si la adjudicación de contratos públicos fuera cosa de algún funcionario perdido, y la recepción de comisiones, obra de alguien ajeno o —como diría alguna lideresa popular— propio de quien «ha salido rana». La negación de la realidad llega en ocasiones a adquirir tintes irreales.

Por ello, cuando el PP plantea que deben ser los jueces quienes elijan a sus compañeros, en realidad lo que está queriendo decir es que desea un CGPJ corporativo con mayoría conservadora. Es decir, la propia, lo que debe ser. El club de élite, al que muy pocos están llamados. Si esto no es así, hoy por hoy les será muy difícil obtener esa pretendida mayoría de control, y por ello se revuelven hasta lo indecible para que el *statu quo* se mantenga.

¿Comisarios políticos?

Este interés por controlar a los jueces y el dejarse querer de algunos magistrados, que acaban actuando como *comisarios políticos* de la derecha, en ocasiones tienen su recompensa, sobre todo cuando los magistrados en cuestión actúan contra la disposición mayoritaria de sus compañeros en casos que afectan al Partido Popular, como fue el caso de la sentencia Gürtel en la Audiencia Nacional, en la que un juez manifestó su voto por escrito contra la decisión mayoritaria de condenar al PP (condena ratificada íntegramente por el Tribunal Supremo). Este magistrado tuvo la buena suerte, seguramente merecida, de ser nombrado miembro de la Sala de lo Penal del Tribunal Supremo. Los dos magistrados que no eran de la misma opinión, y cuya sentencia prevaleció, vieron sus nombres arrastrados y vapuleados por los medios afines al partido de la oposición. Es lo que han hecho siempre con aquellos jueces que hacen su trabajo sin pensar en las consecuencias. En el tema Gürtel, el PP empezó su trabajo conmigo, difamando, agrediendo y no parando hasta que la Sala Segunda del Tribunal Supremo organizó una escabechina plasmada en tres juicios simultáneos que daban satisfacción a los residuos fascistas del anterior régimen —el de los crímenes del franquismo— y a los políticos de Génova 13 que veían como peligraba el chiringuito de corrupción organizada en torno a contratas que subvencionaban el gasto de las campañas electorales, las adjudicaciones a empresas *paganas* y los bolsillos de militantes y no militantes del Partido Popular. Hoy que unos cumplen cárcel, que otros están confesando y que aún quedan por pasar ante los tribunales unos cuantos más, vemos la importancia que el PP concede a que los jueces fueran cercanos y favorables. Ese es el sentido de democracia y de independencia que tiene el partido que durante tantos años ha hecho en nuestro país lo que le ha parecido para su beneficio sin que nadie rechistase. La corrupción, seamos conscientes, es uno de los motores y el disfraz más obsceno que alientan al fascismo, cuyos promotores alegarán, con absoluto cinismo, la necesidad de imponer sus criterios para combatirla.

El dictamen de la ONU

El 9 de febrero de 2012 fui condenado a once años de inhabilitación por supuesto delito de prevaricación. No fue un juicio justo, ni una instrucción justa, en este y en los otros dos procedimientos que tramitaron simultáneamente en mi contra. Los vericuetos que la justicia utilizó en estos casos para acabar con la carrera profesional de un servidor público fueron perfectamente calculados, y la acción contra mí se produjo con saña, hasta llegar a la ofensa más grosera, innecesaria y parcial. Ciertamente, conmigo no tuvieron muchos miramientos, ni yo los esperaba. Cito aquí un párrafo de los fundamentos de derecho de la sentencia que me inhabilitó por mi instrucción del caso Gürtel:

> En el caso, el acusado causó con su resolución una drástica e injustificada reducción del derecho de defensa y demás derechos afectados anejos al mismo, o con otras palabras, como se dijo ya por el instructor, una laminación de esos derechos, situando la concreta actuación jurisdiccional que protagonizó, y si se admitiera siquiera como discutible, colocando a todo el proceso penal español, teóricamente dotado de las garantías constitucionales y legales propias de un Estado de Derecho contemporáneo, al nivel de sistemas políticos y procesales característicos de tiempos ya superados desde la consagración y aceptación generalizada del proceso penal liberal moderno, admitiendo prácticas que en los tiempos actuales solo se encuentran en los regímenes totalitarios en los que todo se considera válido para obtener la información que interesa, o se supone que interesa, al Estado, prescindiendo de las mínimas garantías efectivas para los ciudadanos y convirtiendo de esta forma las previsiones constitucionales y legales sobre el particular en meras proclamaciones vacías de contenido.

Palabras tan grandilocuentes como vacías. Ningún ataque se produjo al derecho de defensa, ninguna merma de garantías. Si así hubiera sido, deberían haber suspendido y condenado también al juez que me sustituyó, y no lo hicieron. Todo olía a *vendetta*. Había cuentas pendientes que se tenían que saldar. Recuerdo lo que me dijo el ministro del Interior y buen amigo Alfredo Pérez Rubalcaba: «Cierra cuanto antes el caso del franquismo porque tus compañeros te van a despellejar», y, después, «Baltasar, con el caso Gürtel has cavado tu tumba». Recuerdo que le respondí: «si tiene que ser así, que sea, pero quiero seguir mirándome al espejo y no reconocer que me doblegué ante una arbitrariedad». La cometieron.

Dicen que la razón y la justicia tardan, a veces mucho tiempo, pero llegan. Y esto aconteció el 25 de agosto de 2021, cuando el Comité de Derechos Humanos de la ONU publicó su dictamen favorable a la comunicación 2844/2016 interpuesta por Baltasar Garzón contra el Estado español. Dicho dictamen concluía que España había vulnerado varios de mis derechos: el derecho a ser juzgado por un tribunal competente, independiente e imparcial; el derecho a la doble instancia penal, y los principios de legalidad y previsibilidad del derecho penal, contenidos en los artículos 14, párrafos 1 y 5, y 15, respectivamente, del Pacto Internacional de Derechos Civiles y Políticos. «La condena del autor fue arbitraria e imprevisible al no estar basada en provisiones suficientemente explícitas, claras y precisas que definan con exactitud la conducta prohibida.»

España es parte tanto del Pacto Internacional de Derechos Civiles y Políticos (PIDCP) como del Protocolo Facultativo, por lo que ha reconocido las obligaciones legales del pacto, así como la competencia del comité para determinar violaciones del pacto y la reparación efectiva y jurídicamente exigible cuando se compruebe una violación. Asimismo, estos instrumentos forman parte del ordenamiento jurídico interno español, en virtud del artículo 96 de la Constitución española. Por todo ello, los dictámenes del comité son vinculantes para España, tal y como reconoció el propio Tribunal Supremo en un caso análogo. Al ser España un Estado serio, que cumple sus compromisos internacionales, cabría esperar el cumplimiento íntegro del dictamen, ¿verdad?

Pues bien, el comité le dio un plazo de ciento ochenta días al Gobierno para cumplir. Cuando escribo estas líneas, ese plazo ya ha transcurrido. ¿Creen ustedes que el Estado ha cumplido?

Debo decir que yo mismo, para facilitar las cosas, insté por el cumplimiento del dictamen. Las medidas que se establecieron, y cuyo cumplimiento solicité expresamente, fueron:

1. eliminación de mis antecedentes penales;
2. restitución en el puesto de juez central de la Audiencia Nacional, con el mantenimiento de antigüedad y escalafón, y

con todas las consecuencias que ello conlleva a efectos de prestaciones públicas, como los derechos pasivos a efectos de jubilación. Ello, como parte de la «reparación integral a los individuos cuyos derechos hayan sido violados». Las directrices del comité sobre medidas de reparación otorgadas en virtud del Protocolo Facultativo del Pacto Internacional de Derechos Civiles y Políticos, publicadas en 2016, explican claramente que, cuando sea posible, los Estados deben tomar medidas de restitución «con miras a restablecer derechos que han sido violados», citando expresamente como ejemplo «la reincorporación de la víctima al empleo que perdió a consecuencia de la violación cometida»;

3. «una disculpa pública que incluya el reconocimiento de los hechos y la aceptación de responsabilidades», tal y como señala la Asamblea General de Naciones Unidas;
4. publicación del dictamen en el *Boletín Oficial del Estado.* Esta medida es de gran importancia para proceder a la reparación integral y a la restitución de mi honor. Además, dado el amplio impacto mediático producido alrededor del caso, la difusión debería ser masiva a través de los diferentes medios y espacios oficiales: comunicada formalmente a todos los organismos institucionales del Ejecutivo, Legislativo y Judicial; a otras instancias judiciales; a los colegios oficiales de abogados y procuradores, y a organizaciones no gubernamentales;
5. indemnización al autor por los daños sufridos, tanto materiales como morales. Los daños han sido muchos. La imagen, la reputación, la familia, los amigos, buscar una nueva forma de ganarme la vida. Nada ha sido fácil, debiendo cargar con el estigma de ser un *condenado,* un *prevaricador,* como algunos individuos de algún que otro medio de comunicación se jactan casi a diario, llenándose la boca con esta expresión, con mis papeles manchados, como antes y

hasta hoy aquellos condenados injustamente durante el franquismo por algún consejo de guerra o el Tribunal de Orden Público; y,

6. adopción de medidas de no repetición. El dictamen ordena al Estado tomar las medidas necesarias para que no se cometan violaciones semejantes en el futuro. La primera medida de no repetición indicada en las directrices sobre medidas de reparación consiste en la modificación de leyes o reglamentos contrarios al pacto. La modificación del derecho interno para adecuarlo a los parámetros del derecho internacional de derechos humanos es una medida de reparación que ha sido utilizada tanto por el comité como por tribunales internacionales de derechos humanos. En este caso, este tipo de modificación tiene dos vertientes:

— En primer lugar, la modificación de la definición del delito de prevaricación del artículo 446 CP, al considerar el comité que el artículo, al castigar al juez que dictare una «sentencia o resolución injusta», no constituye una provisión lo suficientemente explícita, clara y precisa que defina con exactitud la conducta prohibida». Es decir, debería entonces modificarse el tipo penal de prevaricación a fin de especificar los supuestos concretos en los que se considerará cometido el delito, haciendo así que esta disposición sea acorde al artículo 15.1 del pacto.
— En segundo lugar, el comité entendió que la denegación de la doble instancia penal a la víctima violó su derecho reconocido en el artículo 14.5 del PIDCP. Por lo que, para cumplir con lo dispuesto en el pacto, se solicita la modificación de la LOPJ y de la LECrim, a fin de crear una sala de apelación en el Tribunal Supremo y así garantizar el derecho a la doble instancia

> penal de funcionarios y otro personal aforado. Esta ha sido la consecuencia de otros dictámenes del comité en casos similares, para garantizar el derecho a la doble instancia penal de altos funcionarios, lo que suponía una garantía de no repetición.

¿Habrá cumplido el Estado español con alguno de estos puntos? Supongo que adivinan la respuesta. Por ello, creo que tendré que recorrer, de nuevo, el largo calvario judicial para que se reconozca mi derecho a la reparación.

Sobra decir que el Tribunal Supremo no considera vinculantes o ejecutivos los dictámenes del Comité de Derechos Humanos de la ONU. Ello a pesar de la ratificación de España del Pacto Internacional de Derechos Civiles y Políticos, que se hizo en Nueva York el 19 de diciembre de 1966, y de su protocolo. Al Supremo hay asuntos que le sobran aun cuando de por medio existan convenios internacionales. Y, sobre todo, cuando no se ajustan a su punto de vista, porque de hacerlo verá mermado el omnipotente poder que tiene en este momento la Sala Segunda del Alto Tribunal, que, sin control de nadie, es la que decide en única instancia las responsabilidades penales de todos los aforados, que son quienes más inciden en la toma de decisiones en este país.

El *procès*

La disensión de criterios entre un organismo de tal calibre como el Comité de Derechos Humanos de Naciones Unidas y el máximo órgano judicial creador de jurisprudencia de nuestro país da que pensar. Probablemente existan otras decisiones judiciales que también resultarían chocantes para los organismos internacionales. El caso del *procès* es uno de ellos.

El Tribunal Supremo parece moverse en ocasiones, como esta, en esa frontera difícil entre lo correcto en derecho y lo peligrosamente cercano a la política. El caso del *procès* tiene de ambos ingredientes, pero, por supuesto, si hubo que elegir entre política y derecho, el Alto Tribunal no tuvo duda. Cuando la política se judicializa, se termina produciendo la politización de la justicia.

La falta de acción política del Gobierno popular de Mariano Rajoy con el Govern catalán derivó en una situación imposible en la que el no continuo del Ejecutivo obtenía la respuesta tozuda del sector independentista catalán al frente de la Generalitat. Era entonces fiscal general del Estado el que fuera magistrado del Supremo, José Manuel Maza, y de esa Fiscalía surgieron algunas de las decisiones más controvertidas en relación con aquellos hechos. El 30 de octubre de 2017, Maza firmó una querella tan infundada como dura contra Puigdemont, Oriol Junqueras y todos sus consejeros, acusados de rebelión, sedición y malversación. La teoría era que habían alentado una insurrección y un levantamiento violento para celebrar el referéndum ilegal del 1 de octubre y proclamar la independencia de Cataluña sin renunciar a la violencia para lograrlo. Me remito a un obituario del diario *El Mundo* del 18 de diciembre de 2017 con motivo de su fallecimiento:

> El fiscal general del Estado se convirtió en los últimos meses en el principal ariete contra el *procès* y el Govern independentista. Una verdadera bestia negra que hizo todo lo posible ante la juez de la Audiencia Nacional, Carmen Lamela, para que los miembros del Ejecutivo catalán que arrastraron a su comunidad al desastre acabasen en la cárcel de forma incondicional.[13]

---

[13] Luis Ángel Sanz, «José Manuel Maza, el ariete contra el *procés*», *El Mundo,* 18 de noviembre de 2017, disponible en <https://www.elmundo.es/espana/2017/11/18/5a10afc722601d2e1f8b468b.html>.

Escribía el autor, Luis Ángel Sanz:

> José Manuel Maza —el primer fiscal general reprobado por el Congreso de los Diputados— se prodigó desde inicios de septiembre en declaraciones muy duras contra los dirigentes independentistas. Y tomó decisiones controvertidas que, en ocasiones, dieron armas y argumentos a los secesionistas para continuar su lucha contra el Estado. A finales de septiembre, cuando no se había celebrado aún la consulta ilegal del 1 de octubre aseguró en Onda Cero que «la detención de Carles Puigdemont es una opción que está abierta». El día 14 de aquel mismo mes, ordenó interrogar a más de 700 alcaldes, a los que amenazó con la detención en caso de que no se presentaran ante los fiscales para que explicaran qué medios iban a poner a favor de la consulta secesionista. Finalmente, aquella orden ni siquiera pudo ser cumplida por la imposibilidad material de interrogar a todos los ediles en tan poco tiempo.[14]

¿Era precisa tal contundencia? Digamos que el Gobierno pasó las riendas de su función política al fiscal general del Estado, quien elaboró los mimbres precisos para que saliera la cesta a gusto del cliente. Cuando escucho críticas de falta de independencia sobre la Fiscalía General del Estado actual respecto del Gobierno de coalición PSOE-UP, no puedo menos que recordar el ardor de gestión que desarrolló Maza y que tantos trastornos produjo, dejando un roto en la convivencia innecesario y, desde mi punto de vista jurídico, poco acertado. ¿Era entonces independiente el fiscal general del Estado? ¿O fue más allá de lo que el derecho refiere para dar gusto al gobernante que le había nombrado? Por cierto, la juez Carmen Lamela, primera instructora del caso en el Juzgado Cen-

---

[14] Luis Ángel Sanz, «José Manuel Maza, el ariete contra el *procés*», o. cit.

tral de Instrucción n.º 3 de la Audiencia Nacional, fue promocionada oportunamente a la Sala Segunda del Tribunal Supremo.

Pero no era rebelión

Hasta que los magistrados optaron por la sedición, este concepto fue la bestia negra para la derecha, orquestada en torno a los acontecimientos, que clamaba por que el delito se calificase como rebelión. Recuerden la que se organizó cuando la Abogacía del Estado planteó así su petición en noviembre de 2018. Las críticas fueron feroces contra el presidente del Gobierno, Pedro Sánchez, y contra Dolores Delgado, la titular de Justicia, ministerio del que depende la Abogacía del Estado. Pablo Casado lo dejó bien claro: «Es indecente que el Gobierno humille a España forzando a la Abogacía del Estado a desmarcarse de la Fiscalía y a no acusar por rebelión a los golpistas». Albert Rivera, líder en aquel tiempo de Ciudadanos, manifestaba indignado que «Sánchez está utilizando el poder ejecutivo para beneficiar a los que dieron un golpe contra nuestra democracia y lo hará para indultarles si les condenan los tribunales».

Curiosamente, Ciudadanos acababa de acoger en sus filas como candidato para las elecciones del 28 de abril a Edmundo Bal, que había sido director del departamento penal de la Abogacía del Estado desde 2002 y que fue relevado de su cargo cuando se negó a firmar el escrito de acusación por no mantenerse la acusación de rebelión. Pero cuando la sentencia de la Sala Segunda del Tribunal Supremo se hizo pública, los políticos mencionados abrazaron la decisión del Supremo calificando los hechos de sedición con buen talante: Casado manifestó su satisfacción al demostrarse que «el que la hace la paga»; «Hoy hemos ganado los buenos, los demócratas», afirmó por su parte Rivera. Hicieron la vista gorda, sin embargo, a que el auto acogiera al completo los postulados de la Abogacía con una ligera elevación de las penas solicitadas. Y sin rebelión.

Vamos viendo como la injerencia del poder político en los temas del poder judicial ha sido una constante en todo el proceso, con virulencia y a riesgo de perturbar la tranquilidad debida a la sala. Lo más escandaloso en este sentido ha sido la insistencia de nuevo de los líderes del PP y Ciudadanos en exigir que el Gobierno no debía indultar a los políticos ahora condenados. Esa tenacidad en un tema inexistente, aun cuando el juicio estaba aún en su apogeo, tuvo su máxima expresión en el debate que los candidatos a la presidencia celebraron en televisión en el mes de abril. Me pareció, y así lo manifesté en público, «una interferencia gravísima en la independencia e imparcialidad de los jueces del *procès* que todavía no se han pronunciado». Incluso el propio tribunal introdujo en la sentencia unas líneas, en las que se intuye el enfado, sobre estas tenaces exigencias de los políticos: «El debate sobre la procedencia de un indulto, cuando todavía ninguno de los acusados ha sido declarado culpable, es un elocuente ejemplo de falta de rigor y responsabilidad institucional». Está muy claro lo que señalan los jueces, pero parece no afectar a los políticos, que son quienes más deberían velar por los deberes fundamentales y no lo hacen.[15] ¡Ah! Por cierto, también reprobó la derecha a la ministra de Justicia por los indultos que no podían darse ni intuirse en aquel tiempo, dado que no existía sentencia.

En ese cierre en falso de una rebelión que pasó a ser sedición y que no tenía que haberlo sido tampoco, los populares acaban, de manera paradójica, siguiendo los pasos de los acusados en su errático devenir actual. ¿No les suena esta actitud de pasar olímpicamente de la ley, de hacer lo que les parece sin atenerse a las

[15] Baltasar Garzón, «El tiempo de los jueces ha pasado», *elDiario.es*, 15 de octubre de 2019, disponible en <https://www.eldiario.es/opinion/tribuna-abierta/tiempo-jueces-pasado_129_1304984.html>.

consecuencias y de demostrar que les importan un bledo el bien común y la propia Constitución? Exacto, el PP y su tozuda negativa a cumplir con la norma que prometieron, juraron u otra fórmula admitida recuerda mucho al fundamento de los delitos de los que acusaron a los independentistas y por los que fueron luego condenados.

Como he repetido antes y después de la sentencia, nunca he creído que lo que cometieron estos políticos fuera sedición, al contrario de lo que decidieron los colegas del Supremo, así que no utilizaré tampoco ese concepto en ese caso. Pero, veamos: ¿será que nos encontramos ante una insumisión flagrante por parte del PP? ¿El desprecio a la Constitución que practica podría tener consecuencias de otro calibre?[16]

Jueces controladores

En apariencia, a veces los jueces, en esta dinámica de ir más allá de lo que sus competencias les exigen, se convierten en controladores. Resulta sorprendente que una de las juezas más recusadas en los casos de corrupción Gürtel en la Audiencia Nacional, Concepción Espejel, acabara al frente de la Sala de lo Penal, con amplias posibilidades para conocer y opinar en todas las causas. O que su colega, el también recusado Enrique López, fuera adscrito a la Sala de Apelaciones de la misma instancia por la Comisión Permanente del Consejo General del Poder Judicial, de 18 de julio de 2019. En esta sala es donde se estudian los recursos de quienes no están de acuerdo con sus sentencias. Es estar sin estar, poder intervenir en los asuntos sin

[16] Baltasar Garzón, «Insumisión», *infoLibre,* 14 de septiembre de 2021, disponible en <https://www.infolibre.es/opinion/ideas-propias/insumision_1_1209150.html>.

que oficialmente estén a su cargo por el inconveniente de la recusación.

En este caso de la Sala de Apelación, el nombramiento de López, junto al de otro magistrado, había sido recurrido ante el Tribunal Supremo por la Asociación Juezas y Jueces para la Democracia (JJpD) y la Asociación de Jueces y Magistrados Francisco de Vitoria (AFV). El recurso fue rechazado por el Alto Tribunal «debido a la falta de legitimación de las asociaciones recurrentes para impugnar dicho acuerdo que resuelve una situación concreta y singular contra la que no han recurrido ni los titulares de la Sala de Apelación ni los de la Sala de lo Penal de la Audiencia Nacional».[17]

Qué diferente suerte corrió la impugnación de 35 nombramientos de altos cargos del Gobierno presentados por la Federación de Asociaciones de los Cuerpos Superiores de la Administración Civil del Estado, que no solo fue admitida por la Sala de lo Contencioso-Administrativo del Tribunal Supremo, sino que, en dos de los casos, les dieron la razón, anulando los nombramientos. Casualmente se trataba de las direcciones generales del Instituto de la Juventud y de Políticas Palanca para el Cumplimiento de la Agenda 2030, vinculadas a Podemos. Según sentenció la sala, existe obligación legal de que las direcciones generales del Gobierno sean ocupadas por funcionarios de carrera, y solo en casos debidamente justificados se puede omitir tal norma. Debieron entender los magistrados que entre los funcionarios debe existir un efectivo y suficiente número de personas que no solo son expertos en todos los temas, sino que, sobre todo, compartan los puntos de vista en este caso de esta formación para impulsar sus políticas. El despropósito deja entrever cómo, nuevamente, no hay mayor problema

---

[17] Francisco Velasco, «El Supremo rechaza el recurso contra la asignación de Enrique López y Eloy Velasco a la Sala de Apelaciones de la Audiencia Nacional», *La Razón,* 12 de marzo de 2021, disponible en <https://www.larazon.es/espana/20210312/bhai3s2ab5fhjbeqkrczxuslfq.html>.

en apartarse de lo estrictamente jurídico para satisfacer las pretensiones políticas e ideológicas del grupo al que pertenecen. La ideología y su concepción desfasada del mundo, asentada en los valores de la dictadura pasada y que persisten aún hoy, nubla su criterio jurídico.

Lo mismo sucede cuando deben conocer de situaciones relativas a conceptos como la libertad de expresión. Titiriteros, cantantes, artistas en mayor o menor grado han comparecido ante los tribunales y han sido condenados por atentados que en realidad eran contra el buen gusto. Pero en aras de una vigilancia extrema sobre lo que se dice y la supuesta ofensa en particular a temas tales como la monarquía o la religión, hay jueces que condenan por parodiar una procesión utilizando símbolos sexuales o por las letras de una canción pasada de tono, pero no necesariamente objeto de acción penal.

El 28 de diciembre de 2021, el Tribunal de Apelación de Gante rechazaba la extradición a España del rapero José Miquel Arenas, Valtònyc como nombre artístico. En esta ocasión se trataba de un delito de amenazas, una vez descartados los de insultos a la Corona y enaltecimiento del terrorismo. A falta de los pertinentes recursos, el tribunal nos dejaba la impresión de que, desde fuera, se ve a la justicia española como fuera de este siglo, lejos de los países más avanzados de Europa, en un limbo que hunde sus raíces en épocas en que la blasfemia era delito. Un delito que se mantiene, transformándolo en el Código Penal en delito de «ofensa al sentimiento religioso» desplegado en cinco artículos. Curiosa paradoja en un Estado constitucionalmente declarado aconfesional. Pero el legislador, asesorado por un equipo de juristas sin duda entregados a la causa, permitió la pervivencia de la tipificación de la blasfemia camuflada con una nueva denominación. Y en el artículo 525 del Código Penal se establecen multas de ocho a doce meses para aquellos que «para ofender los sentimientos de los miembros de una confesión hagan públicamente, de palabra, por escrito o mediante cualquier tipo de documento, escarnio de sus dogmas, creencias, ritos o ceremonias, o vejen, también públicamente, a quienes los profesan». No es una situación cómoda y, de hecho, en febrero de 2021, la Comisión de Justicia del Senado aprobó una moción para que el Gobierno diera impulso a los trámites y el procedimiento para la modificación, o en su caso la derogación, del citado artículo 525.

Ese punto de ideología que en ocasiones parece incluso radical se ha visto mejor en algunas cuestiones que afectan al Tribunal Constitucional. Por ejemplo, el dictamen de inconstitucionalidad sobre el estado de alarma, que el Gobierno tuvo que declarar en su día ante la enormidad de la pandemia y el desconocimiento sobre cómo actuaba el virus que tantos muertos y enfermos crónicos está dejando en el mundo. Fue otro caso en el que queda claro que la toga, las puñetas y el compromiso ante la Biblia o la Constitución no garantizan la legitimidad en el ejercicio del cargo, y que la toma de decisiones justas, no solo en términos técnicos, sino en explicaciones bien argumentadas, tranquilizan a la ciudadanía o, por el contrario, la llevan a la desconfianza hacia sus instituciones. Así ocurrió en este recurso promovido por Vox. Seis votos contra cinco, con la ausencia por baja de uno de los magistrados, llevaron a decidir que el estado de alarma no era la herramienta para afrontar la pandemia, por coartar las libertades, y que el apropiado era el de excepción, mucho más restrictivo en la práctica. Una afirmación desaforada desde mi punto de vista, y desde el de muchos más juristas, que llevó la impresión a la sociedad de que el tribunal que debe interpretar la Carta Magna está compuesto por algunas personas caprichosas ajenas a la ética y a la realidad del día a día que vivimos.[18]

---

[18] Baltasar Garzón, «Jueces: menos partidos y más ciudadanía», *infoLibre,* 30 de julio de 2021, disponible en <https://www.infolibre.es/opinion/ideas-propias/jueces-partidos-ciudadania_1_1207884.html>.

Las tripas del Constitucional

Lo que transciende como idea general es la excesiva ligazón entre partidos e instituciones, más grave aún cuando se refiere al tribunal que analiza qué leyes, decretos y acciones del Gobierno central y los Gobiernos autonómicos son acordes con la Constitución. Los últimos nombramientos acordados para renovar el Tribunal Constitucional, después de que durante un largo tiempo el PP se negase a hacerlo, asombraron e indignaron a muchos. Fueron en concreto las designaciones como magistrados de Concepción Espejel y Enrique Arnaldo, ambos con suficientes indicios de proximidad al entorno del Partido Popular, los que provocaron esta reacción. ¿Cómo confiar en la independencia e imparcialidad de un magistrado, que será ponente del recurso presentado por el PP contra la actual ley del aborto, cuando se ha manifestado públicamente en contra mediante sus escritos? ¿Se abstendrá la jueza recusada en temas de corrupción de la Gürtel cuando los condenados presenten sus recursos de amparo?

Son tesituras que no deberían plantearse nunca, pero que, de hecho, devienen en el pan nuestro de cada día. Eso sí, los conservadores niegan la mayor, dando muestras de desfachatez o siguiendo una estrategia previamente acordada. Sus críticas a lo que hacen otros partidos son continuas, pero no les tiembla la mano al proponer y pelear por sus propios candidatos o cuando omiten casos propios que están en el poder. Ocurrió así con Carlos Lesmes, presidente del CGPJ a la hora de escribir estas líneas y, por tanto, el más alto responsable del Tribunal Supremo, donde su influencia, dado su cargo, es notable. Pues bien, Lesmes fue director general en sendos Gobiernos de José María Aznar desde 1996 hasta 2004. Después ocupó plaza en la Audiencia Nacional, que dirigió en funciones, y en una meteórica carrera llegó en 2010 a magistrado de la Sala Tercera del Tribunal Supremo. Ya en 2012, con el ministro de Justicia Alberto Ruiz-Gallardón, Lesmes fue nombrado miembro de la comisión institucional para asesorar en la elaboración de la propuesta de reforma de la Ley Orgánica del Poder Judicial y, un año después, acabó presidiendo el órgano de gobierno de los jueces. Todo ello mientras Pablo Casado clamaba contra quienes meten sus manos en la justicia señalando, inevitablemente, a los socialistas con la ayuda de una leal y comprometida prensa afín.[19]

Me viene a la memoria el libro de Maurice Joly, *Diálogo en el infierno entre Maquiavelo y Montesquieu,* publicado en 1864, que viene a ser una conversación imaginaria en la que los dos filósofos tratan sobre la realidad del Estado autoritario moderno y la corrupción de la democracia liberal. En el diálogo decimotercero, ante un mundo maquiavelizado, plantea Montesquieu: «No basta, empero, con instaurar una legislación draconiana; es indispensable encontrar una magistratura que esté dispuesta a aplicarla; este aspecto no deja de tener sus dificultades».[20]

Maquiavelo rechaza el argumento y expone su plan, que pasa por obviar la inamovilidad de los jueces dictando un decreto por el cual los magistrados, una vez llegados a cierta edad, deberán pasar a retiro. Para Maquiavelo, «los jueces cumplirán con su deber como corresponde lo hagan; pues, en materia política, en interés del orden, es imprescindible que los jueces estén siempre de parte del poder. Lo peor que podría acontecer sería que un soberano pudiese ser vulnerado por medio de sentencias: el país entero se aprovecharía de ellas al instante, para atacar al gobierno. ¿De qué serviría entonces haber impuesto silencio a la prensa, si ella tuviera la posibilidad de renacer en los juicios de los tribuna-

---

[19] Baltasar Garzón, «Jueces: menos partidos y más ciudadanía», *infoLibre,* 30 de julio de 2021, disponible en <https://www.infolibre.es/opinion/ideas-propias/jueces-partidos-ciudadania_1_1207884.html>.

[20] Maurice Joly, *Diálogo en los infiernos entre Maquiavelo y Montesquieu,* El Aleph, Barcelona, 2002.

les?». Después, frente a las pegas que plantea Montesquieu, Maquiavelo concluye:

> Imaginaos lo que habrá de ser cuando sean treinta o cuarenta las vacantes que se produzcan simultáneamente. No solo hará desaparecer el espíritu colectivo en lo que este puede tener de político, sino que permitirá una más estrecha proximidad con el gobierno, que dispondrá de gran número de cargos. Tendremos hombres jóvenes deseosos de abrirse camino, cuyas carreras no se verán ya detenidas por la perpetuidad de quienes los preceden. Estos hombres saben que el gobierno gusta del orden, que también el país aspira al orden; y solo se trata de servir a ambos, administrando convenientemente la justicia, cuando el orden esté en juego.[21]

Qué buena definición de lo que supone una judicatura dispuesta a servir al poder que a su vez influye en su beneficio. Traspuesto el diálogo a nuestra realidad, se diría que el poder conferido por un Gobierno de la mano de nombramientos interesados e interesantes para cierto sector judicial se mantiene vigente aun siendo otros quienes conforman el Ejecutivo, y frente a los que ciertos jueces se presentan belicosos y controladores para mantener o restituir el orden de *los suyos* frente a los actuales e ilegítimos mandatarios. Estas situaciones parecen asomar en sentencias comprometidas o en la actitud de determinadas asociaciones de fiscales que se resisten a aceptar que los tiempos han cambiado y no todas las designaciones de cargos en su negociado deben ser a su gusto.

¿Qué hubiera dicho Montesquieu? Charles-Louis de Secondat, barón de Montesquieu, planteó la doctrina de la división de poderes porque «para que la libertad quede a salvo es preciso que

---

[21] Maurice Joly, *Diálogo en los infiernos entre Maquiavelo y Montesquieu,* o. cit.

el poder esté dividido, de manera que el poder limite el poder». La separación de poderes, por tanto, preservaría la independencia judicial.

El catedrático de Derecho Constitucional y senador socialista José Asensi Sabater hacía hincapié en este aspecto en su artículo de septiembre de 2021 publicado en la web de la Fundación Sistema que ha titulado «¿Separación de poderes o división de poderes?». Para Asensi Sabater, «la vinculación del poder judicial al principio democrático impide que grupos, estamentos o cuerpos de funcionarios se conviertan por sí solos en poderes autónomos y separados, pues en tal caso la unidad del poder del Estado se quebraría en beneficio de un corporativismo sin control».[22] Y añade:

> En un momento de extrema politización, como actualmente sucede en España, el uso de la expresión «separación de poderes», muy frecuente en medios conservadores —también entre las asociaciones judiciales conservadoras— no es algo casual y carente de intención. Porque bajo la apariencia de doctrina acreditada lo que se pretende esparcir es la falacia de que el Poder Judicial no es únicamente un poder de naturaleza jurídica que se ejerce en el marco de un estatuto de garantía de su independencia, sino que se trata de un poder de tipo estamental, separado de los otros dos, sin conexión alguna con el principio democrático. De suerte que cualquier regulación que suponga, por ejemplo, la intervención del Parlamento en el nombramiento de los titulares del Consejo General del Poder Judicial se tacha de intromisión ilegítima de los políticos, de atentado a la independencia judicial y a la «separación de poderes». Que tal falacia circule como moneda corrien-

[22] José Asensi, «¿Separación de poderes o división de poderes?», *Fundación Sistema,* 6 de septiembre de 2021, disponible en <https://fundacionsistema.com/separacion-de-poderes-o-division-de-poderes/>.

> te y que se propague como un bulo más en medio de una marea de desinformación solo se explica por ser el judicial un terreno fértil para la manipulación política y potencialmente apto para la desestabilización de la democracia.[23]

Estos dos conceptos, la manipulación política y la aptitud potencial de cierto sector de la carrera judicial y fiscal para desestabilizar la democracia, son particularmente acertados en la situación actual. Una peligrosa combinación que puede llevar al totalitarismo. La respuesta frente a tal hipótesis está no solo en la sociedad, que se ve indefensa ante el poder que detentan políticos y magistrados, sino en la propia profesión, que debe ser capaz, cuando menos, de denunciar y señalar aquellas conductas corporativas o personales que desvíen la impartición de justicia hacia una interpretación del derecho sesgada y beneficiosa para determinados actores políticos o económicos.

La exigencia demasiado frecuente de independencia por parte de algunas asociaciones y grupos políticos de carácter conservador es un mantra tan anodino como falso. Lo primero que esos operadores judiciales deben hacer es asumir la responsabilidad como servidores públicos, no someterse a otro poder como instrumento o incluso como una estructura más en la estrategia de ocupación del poder, y demostrar esa independencia. Hoy día en nuestro sistema democrático existen todos los mecanismos suficientes para ser independiente dentro de la judicatura e incluso dentro del ministerio fiscal. Los contrapesos y normas son tan explícitos que quien no sea independiente es porque no quiere serlo o porque tiene un interés distinto al de la justicia.

El Poder Judicial forma parte del Estado, y dentro de él lo que realmente le corresponde es ser un contrapoder de los demás poderes, Ejecutivo y Legislativo.

---

[23] José Asensi, «¿Separación de poderes o división de poderes?», o. cit.

Estrategia ultraderechista

Más aún cuando la estrategia de la ultraderecha pasa por recurrir a los juzgados para intentar revertir decisiones políticas. Un interesante reportaje en *Público* de Ana María Pascual relataba cómo las entidades ultraderechistas presentan ante los juzgados denuncias y recursos referidos a temas contrarios a su pensamiento. Enumeraba la periodista: violencia de género, educación igualitaria, eutanasia, derecho al aborto, libertad de expresión sobre el catolicismo y la monarquía.[24]

De ese modo, Hazte Oír presentó una macroquerella contra el Gobierno por la gestión de la pandemia, y el colectivo okupa fascista Hogar Social se sumó a las treinta denuncias presentadas contra el Ejecutivo por las decisiones tomadas durante el primer estado de alarma. Son simples botones de muestra.

Pero más allá de estos colectivos, la ultraderecha cuenta con la afinidad ideológica de asociaciones de juristas, como Pro Lege, personada junto a Vox en una pieza del caso Villarejo que afecta a Podemos y en alguna más contra esta formación y contra el presidente Quim Torra; además de Abogados Cristianos, que presentó durante 2021 veinte denuncias por todo el país contra artistas y Administraciones públicas.

No podía dejar de lado la ultraderecha el capítulo transcendental de la formación. Abogados Cristianos cuenta con una academia para formar a jóvenes abogados. En España se ha implantado, además, el Instituto Superior de Sociología, Economía y Política (ISSEP), impulsado por el Frente Nacional de Marine le Pen. La propia página web del centro refiere quiénes son los pro-

---

[24] Ana María Pascual, «La estrategia judicial de la ultraderecha: denuncias en cascada y escuelas para futuros jueces y líderes políticos», *Público,* 10 de enero de 2021, disponible en <https://www.publico.es/politica/lawfare-espana-estrategia-judicial-ultraderecha-denuncias-cascada-academias-formar-futuros-jueces-lideres-politicos.html>.

fesores, entre los que se cuentan Jaime Mayor Oreja o Julián Ariza, entre otros firmes ideólogos ultraconservadores. Su aspiración, dicen, es formar líderes para una nueva realidad. Nada diferente a lo que hizo y hace el Opus Dei, pero con un sesgo de pensamiento aún más siniestro.

La pregunta es: ¿está alertada la sociedad ante tal contingencia?

Me sumo a las palabras del profesor de Filosofía Juan Manuel Aragüés:

> Inmunizar a nuestras sociedades contra el fascismo debiera ser uno de los empeños políticos más urgentes de la actualidad. En los años 30 y 40 del siglo xx, Europa vivió una de las páginas más terribles, más atroces, de la historia de la humanidad. Olvidar ese pasado, trivializarlo o falsearlo solo puede contribuir a repetir experiencias que debieran permanecer en el basurero de la historia. De ahí la importancia de cultivar la memoria, tarea que, en nuestro país, donde los tics reaccionarios anidan en demasiadas instituciones, se convierte en condición inexcusable para la construcción de una sociedad de perfiles inequívocamente democráticos.[25]

Vemos, pues, como el fascismo se disfraza muchas veces con toga y utiliza la maquinaria judicial para sus propios intereses. Se aprovechan de que, en ocasiones, el afán por el poder ciega a algún sector de la profesión que, en lo sustancial, no ha variado demasiado de aquellos jueces indignados por el atrevimiento de un joven recién salido de la oposición que, armado con el nombramiento de inspector, se asombraba de lo anacrónico, conservador y poco eficiente de su trabajo. Tratan hoy de hacerse con las rien-

---

[25] Juan Manuel Aragüés, «Horror, memoria, fascismo», *infoLibre,* 11 de enero de 2021, disponible en <https://www.infolibre.es/noticias/opinion/plaza_publica/2021/01/09/horror_memoria_fascismo_115061_2003.html>.

das para volver a aquella época indolente en que se creía que todo seguía «atado y bien atado». Todavía hay demasiados juristas que sienten nostalgia de esos tiempos, algunos sin haberlos vivido. Y este es el desafío que nos aguarda, eliminar esos tics o manchas de podredumbre en la función judicial, que solo tiene sentido si genera confianza y, siguiendo una visión progresista y progresiva del derecho y de la sociedad, buscar la defensa de los derechos de todas y todos los que la conformamos, siempre en un plano de igualdad en dignidad y derechos.

2

La cobardía

Los verdugos suelen ser católicos
creen en la santísima trinidad
y martirizan al prójimo como un medio
de combatir el anticristo
pero cuando mueren no van al cielo
porque allí no aceptan asesinos [...].

MARIO BENEDETTI, «El paraíso», *Cotidianas*[1]

Esta cita de Mario Benedetti me da que pensar cada vez que la leo. ¿Cómo es posible que quienes se llaman cristianos, o son hombres o mujeres de religión, sean capaces de hacer el mal y defiendan que en el arrepentimiento está la solución? ¿Creen que después de confesar sus culpas y rezar un padrenuestro y unas cuantas avemarías estarán eximidos de toda responsabilidad? ¿De verdad piensan que, una vez absueltos, se ha borrado todo y que por tanto podrán volver de nuevo a juzgar, a maltratar, a abusar sexualmente, a torturar, a matar? Para mí, este tipo de comportamientos tiene un nombre, y es cobardía. Son cobardes quienes detentando el poder no saben ejercerlo, desprecian a quienes están bajo su responsabilidad y solo buscan el beneficio propio. Siempre es la misma historia, puede variar el tiempo o el lugar, pero se trata de la misma mezquindad, rodeada de grandes palabras y de discursos vacíos de contenido. Ocurre en todas las latitudes. La confesión es la excusa perfecta para volver a infringir, una y otra vez, impunemente, la palabra de Dios.

[1] Mario Benedetti, «El paraíso», *Cotidianas,* Siglo XXI, Madrid, 1979.

Si trasladamos esto al ámbito de la justicia, se traduce en la insensibilidad por parte de quienes la imparten bajo estos parámetros de prepotencia y arrogancia, en fin, de supremacismo. Se trata de ser verdugo y que te absuelvan de serlo. Nunca dudan, nunca se equivocan, porque encarnan la justicia por sí mismos. Esto es lo justo, porque yo lo digo. Poco o nada les importa la verdad material; lo importante es que quede establecida la verdad que conviene a los de su grupo, la que oportunamente interesa a quien tiene el poder. Si para ello hay que cerrar los ojos, o permitir la tortura o el quebrantamiento de la ley por un *fin más alto,* debe hacerse. Es la inercia de quienes se consideran en posesión de la verdad absoluta y exclusiva. Nada se les puede oponer, nada se les puede cuestionar, porque poseen la razón, porque siempre la tienen y siempre la tendrán, porque pertenecen a una estirpe superior.

En esta lógica, la doble vara de medir es normal como algo casi natural y evidente, que no se cuestiona, sino que se debe defender. Una vara para nosotros y otra para ellos, porque ellos y nosotros no somos iguales. Así, por ejemplo, el delincuente es un malvado que tiene que pagar el mal que ha hecho, incluso con su vida, siempre que no sea uno de los nuestros, en cuyo caso merece el perdón, porque se habrá equivocado o lo habrá hecho por una buena razón, por un bien superior. Nunca será considerado delincuente, porque tal calificativo corresponde a esos otros que siempre quieren más y no se conforman con el lugar que les corresponde en el orden natural de las cosas.

Esta lógica es auténticamente fascista y, si uno lo piensa por un momento, contradice aquella radical idea en la que la humanidad ha coincidido en los momentos de mayor inflexión de su historia: que los seres humanos nacemos libres e iguales en dignidad y derechos. Que unos fueran dignos y otros no fue típico de la concepción medieval europea, hasta que tales ideas fueron desafiadas por la Ilustración y la subsecuente Revolución francesa, que desde allí fue exportada al mundo entero y recogida en las constituciones políticas de principios del siglo XIX, a uno y otro lado del océano. Pero aquello no alcanzó a todos. Solo a la burguesía, los profesionales, comerciantes e intelectuales. El derecho a voto universal tuvo que esperar al siglo XX, como tuvo que esperar el reconocimiento universal de los derechos, de ricos y pobres, del hombre y de la mujer, de nacionales y extranjeros, de todas las razas, etnias y credos. Estos fueron proclamados en la Declaración Universal de Derechos Humanos de 1948, es decir, dos años después de acabado el juicio de Núremberg, tres años después de finalizada la Segunda Guerra Mundial y del triunfo de la democracia sobre el fascismo.

Sí, amigas y amigos. El fascismo tuvo que ser derrotado, porque no entiende de razones, de pactos y de negociaciones. El fascismo tiene su propia agenda, y si se pacta con él, te arrastrará por su misma senda. El fascismo proclama, como antes de la Revolución francesa, que no somos todos iguales, que unos son más dignos que otros, que no todos nos merecemos los mismos derechos. Incluso, en su versión más radical, que hay algunos seres humanos que no merecen vivir o que no deberían ser considerados seres humanos. De ahí la estrategia de deshumanizar al enemigo, tan presente en todos los grupos represivos.

El objetivo

En su lógica, si algo interesa a los propios, se actúa, pero si beneficia al pueblo en general, se lo piensan. Si hay que actuar de una determinada forma, se lleva a cabo, sin importar los medios. Lo importante es el objetivo. El martillo debe seguir golpeando en el yunque, aunque no haya hierro que domar. En esta dinámica infernal, los argumentos y razonamientos están al servicio del objetivo, no al revés. Lejos queda la búsqueda de la verdad al estilo socrático, antes bien, la verdad se relativiza, depende del punto de vista de cada uno, llegando hasta cuestionarse la evidencia empírica, a la propia ciencia y al método científico.

En estos tiempos que corren, de exceso de información, de bulos, noticias falsas *(fake news)* y desinformación, muchas personas, de todas las generaciones y confesiones, han sido presa de teorías de la conspiración, de negacionismo, de recelo y desconfianza hacia las instituciones, elementos que han sido explotados por los neofascistas para sumar adeptos como parte de su agenda previamente establecida. Terraplanistas, antivacunas, negacionistas, grupos de marginados o simplemente apáticos que han perdido la fe en todos y en todo han sido presa fácil de la mentira, el engaño, la desconfianza hacia al otro, hacia lo establecido, hacia lo oficial, y abrazan al grupo que promete acogerlos, defenderlos, y que les repite una y otra vez que son especiales, que son importantes, que son superiores y que, digan lo que digan esos políticos, esos científicos y expertos, nosotros tenemos la razón.

Basta con recordar las palabras del entonces presidente de Estados Unidos, Donald Trump, cuando tras el asalto al Capitolio todos los medios de comunicación pedían su comparecencia para que dijera algo, para que se definiera, porque su silencio resultaba cada vez más cómplice. Cuando por fin se dignó a aparecer ante las cámaras, literalmente dijo: «Go home. We love you, You're very special» («Volved a casa. Os queremos, sois muy especiales»).

El fascismo desprecia los derechos humanos precisamente porque son su antítesis. El fascismo usa códigos sociales muy parecidos a los que utiliza la mafia y, en general, el crimen organizado. Se castiga la deslealtad, la venganza es algo normal y necesario, impera la *omertá* (ley del silencio que proviene de los mafiosos sicilianos) y se plantea la eliminación del contrario como medio para conseguir sus fines. Si la eliminación física es posible, se perpetra, como sucede con los líderes indígenas y comunitarios en Colombia, como ocurrió en las dictaduras del siglo XX en Europa y en América Latina y en el nazismo, y si no se garantiza la total impunidad, se debe eliminar de otras formas al enemigo, como deteriorando al completo su imagen a fuerza de su desprestigio constante; su encarcelamiento a base de acusaciones falsas *(lawfare)* o su bloqueo mediático como actor político y social. La idea es la misma, neutralizar y sacar del camino a quienes no piensan como aquel que impone la línea de actuación o ha diseñado la senda.

Frente a todo esto, la pasividad de los poderes públicos es inaceptable y no se explica sino desde la complicidad o desde el miedo y, en definitiva, desde la cobardía.

Bien lo sabe la criminalidad organizada que utiliza el miedo, incluso el terror, como método de acción para alcanzar sus únicos dos objetivos: el lucro y el poder. A partir de ahí se pueden derivar otras razones que no serán sino extensiones de estos dos conceptos.

La náusea

Mi experiencia como juez, en el tiempo en el que ejercí como tal, me ha enseñado muy bien a distinguir a los servidores públicos que entregan su vida por cumplir con denuedo la misión que les fue encomendada, y que asumieron con su juramento o promesa, de quienes deciden estar en la posición de verdugos de los débiles y de complacientes con los poderosos. En mi primera época como servidor público judicial, no entendía cómo podían existir jueces o fiscales, y operadores judiciales en general, que dejaban actuar a los poderosos sin perturbarlos. La pasividad frente al crimen organizado me daba náuseas, me hacía daño. No comprendía, y sigo sin poder hacerlo, la indiferencia y la pasividad frente a delitos como los relacionados con el narcotráfico, el terrorismo o la corrupción, que son verdaderas plagas sociales a través de las cuales se rompe la convivencia democrática y se pisotean los derechos de millones de personas; la inmovilidad frente a los abusos de poder y la criminalidad financiera, frente a los crímenes más horrendos, como el genocidio y los crímenes contra la humanidad, incluso justificándolos ideológicamente, o amparándolos con normas de impunidad o interpretaciones que van en el mismo sentido. Con esa pasividad se destruye la confianza en los sistemas de justicia. Cobardemente se esconden tras la toga, se escudan en pretextos, en resquicios y tecnicismos legales, para no *meterse en problemas,* para no perturbar al poder. En cambio, están siempre dispuestos para recibir una lisonja, reconocimiento o recompensa a cambio de su defección y dejación, con lo cual renuncian a sus más elementales obligaciones en defensa de la sociedad. Les importa poco la sociedad, salvo lo que afecta al reducido grupo con el que se sienten identificados. El resto da igual.

No se debe generalizar, y no pretendo hacerlo. Por favor, que no se me malinterprete. Hablo de las cúpulas, de las que vi y padecí en primera persona y de las que ahora, con más distancia, observo que se reproducen con el mismo talante. No exactamente idéntico, pero iguales en esencia, en esa esencia perversa y destructiva que es el fascismo.

Siempre desde mi experiencia, pondré otro ejemplo. Ya lo sé, es un ejemplo odioso, que muchos prefieren evitar, pero por esa misma razón hay que mirarlo de frente, ya que esquivarlo o negarlo solo lo hace más y más poderoso. Me refiero al narcotráfico. Esta lacra social que produce muerte y destrucción.

Por alguna razón, hubo un momento en el que desapareció del índice de preocupaciones de la sociedad. En un momento histórico concreto, no más de veinte años, las agencias encuestadoras, los medios de comunicación, los Gobiernos de turno y todos en general decidimos que ya no existía o que no *vendía.* Lo invisibilizamos y, con ello, no les quepa duda, el negocio y sus consecuencias vuelven a resplandecer como en sus mejores épocas. Es claro el fracaso de decenas de Gobiernos a lo largo y ancho de estos tiempos a la hora de afrontar este fenómeno. Al final, para estas empresas criminales, lo que importa es la cuenta de resultados. Sus líderes, muchas veces, ocupan o controlan el poder político, económico y judicial. Las víctimas, un mal necesario, vienen a ser una especie de material humano biodegradable. Las sociedades en las que vivimos son culpables del crimen de insensibilidad e indiferencia, por mirar hacia otra parte, porque nos agobia, porque creemos que el fenómeno es más grande que nosotros y que no podremos hacerle frente o, simplemente, para no contaminarnos. Me duele y ofende como persona y ciudadano esa falta de interés social sobre estos temas.

Aquí, allá y en cualquier parte del mundo, cuando ustedes identifiquen una formación con ideología fascista, vean quiénes la financian. Si usted es fiscal o juez instructor y puede indagar sobre ello, no se sorprenda cuando encuentre uno o más nexos de estas formaciones políticas con el narcotráfico. Comparten muchas cosas en común, por lo que tarde o temprano terminan colaborando entre sí.

En mi opinión, el narcotráfico puede ser considerado, incluso, un modo de fascismo. Creen en la primacía del grupo y la defienden frente a otras bandas rivales y frente a la justicia y las fuerzas policiales con un fuerte sentimiento de hermandad. Su autoestima se liga a la fuerza y poder del grupo a cuyo líder endiosan. La violencia es un elemento indispensable para su supervivencia y acción. Saben, también, manipular las emociones desde el punto de vista del poder que ejercen. En muchas sociedades aparecen como benefactores, cuando en realidad menosprecian de forma supremacista a quienes están fuera de ese círculo, que o son víctimas necesarias (sin consumo no habría negocio) o son elementos útiles para el progreso de sus intereses, que unas veces serán políticos; otras, económicos o sociales o, incluso, religiosos. Pero, en todo caso, son instrumentos necesarios en la dinámica delictiva a la que se entregan con voracidad.

Un gran negocio

El tráfico de drogas es, ante todo, un negocio, ilegal, pero un gran negocio. Mueve miles de millones de dólares por todo el mundo. El esfuerzo para acabar con el narcotráfico debiera ser enorme, y no solo con medidas de represión, sino, muy especialmente, a base de prevención. No sucede así. Echando la vista atrás podremos comprobar que ni siempre estuvo castigado ni obedece su penalización a la salud de los ciudadanos, sino a los intereses económicos de las superpotencias por controlar las vías de comercialización de esas sustancias. Lo que sucede es que, como en tantas otras ocasiones, se crea el monstruo y este escapa al control, y comienza a elaborarse el bucle en el que nos hallamos. Llevamos así más de un siglo. Los gastos milmillonarios en combatirlo, sumados a los enormes beneficios que genera, lo convierten, de lejos, en el negocio más lucrativo del crimen organizado. Hoy día, al menos en España, a los políticos les interesa muy poco hablar de ello porque no les reporta beneficio electoral alguno. La alarma suena cuando las cifras se disparan. El hecho de no repensar la posibilidad de despenalizar estos comportamientos e impulsar el sistema —menos rentable políticamente, pero más efectivo— de combatir las adicciones provoca también la consolidación del fenómeno.

En un lejano noviembre de 1993, cuando ostentaba el cargo de secretario de Estado-delegado del Plan Nacional sobre Drogas, tuve ocasión de representar a España en la Asamblea General de las Naciones Unidas, en Nueva York. Entonces, siendo consciente de que probablemente no se me presentarían muchas más ocasiones (y así fue, porque presenté mi dimisión en abril de 1994), expuse con contundencia, no sin antes soportar las reticencias del señor embajador de nuestro país, la necesidad de realizar un cambio de estrategia sobre lo que estábamos haciendo. Después de mi intervención, la lista de embajadores que pidieron hablar conmigo por el cambio de paradigma que proponía fue muy grande. Pero, pese a algunas personas bien intencionadas, no hubo voluntad real de cambio. O por cobardía, o por complicidad, o por ambas razones. Juzguen ustedes. Al regresar a Madrid, el ministro del Interior Antonio Asunción, desafortunadamente fallecido, me dijo:

—Has sido muy valiente, pero lo que propones es imposible llevarlo a cabo porque nuestros aliados (se refería, como yo pensaba, a Estados Unidos) no lo permitirían nunca.

—Sí, lo sé —le contesté—, pero es necesario denunciar esta mentira permanente en la que estamos instalados. —Recordaba que, en aquella época, en las prisiones se proporcionaban jeringuillas y lejía a los internos adeptos a la heroína, y a la vez se negaba el tráfico en el interior de los centros penitenciarios—. Sabes que hay soluciones alternativas y otros caminos que nos ayudarían a paliarlo. El crimen organizado se combate atacando sus causas y especialmente las estructuras económicas y directivas. Cuando lo hemos hecho en España desde la Audiencia Nacional, hemos conseguido avanzar, aunque cueste vidas.

Recuerdo que me miró y, con media sonrisa muy característica suya, me dijo:

—Sigue adelante y prepárame la estructura que consideras que debería ejecutarse.

Aunque lo intenté, otras motivaciones de índole política y, especialmente, la falta de cumplimiento de las promesas electorales de luchar contra la corrupción por parte del presidente Felipe

González motivaron mi dimisión y mi vuelta al Juzgado Central de Instrucción n.º 5.

Sigo pensando, como entonces, que hay que dejar de criminalizar a las víctimas, despenalizar muchas de las conductas que continúan tipificadas como delitos contra la salud pública y buscar tratamientos y soluciones alternativas para reducir el daño. En mi experiencia personal, he podido estar en plantaciones de opio (Afganistán), hoja de coca y su conversión en cocaína (Bolivia y Colombia), y marihuana (México). He comprobado que cambiar costumbres ancestrales y el único medio de supervivencia de muchas familias campesinas es muy difícil si no se ofrecen otras vías de subsistencia, otras posibilidades de vivir dignamente. El consumo de la hoja de coca y del opio siempre ha existido, y, en muchas ocasiones, con efectos puramente medicinales contra el dolor y el cansancio, o con un carácter ceremonial que no hace daño a nadie y que forma parte de una cultura antigua. Ese consumo jamás se va a abandonar y no es, en sí mismo, perjudicial.

He trabajado en esos países y en otros en los que también se padece este fenómeno; países productores, desde donde se distribuyen las sustancias químicas resultantes, explotadas por las redes criminales que se nutren de ellas para enriquecerse y luego inyectar a la economía global (debidamente lavados) miles y miles de millones de dólares. Dado que España es un enclave estratégico para este tipo de comercio ilícito, también como juez me correspondió coordinarme con múltiples países. Pero también he colaborado con organizaciones humanitarias de esos mismos países y de España, como el Proyecto Hombre.[2] En este último caso, agradezco las enseñanzas recibidas por tantos y excelentes profesionales dedicados a salvar vidas de las adicciones a los consumos de sustancias ilícitas.

---

[2] Véase <https://proyectohombre.es/>.

Me mantengo en que reforzar la educación para evitar el consumo es el eslabón fundamental de la cadena de la prevención. Con ello se conseguiría eliminar la vertiente criminal y convertir el comercio y el consumo en un problema de salud pública, como lo son el tabaco y el alcohol. Las personas harían uso (de las drogas) a su libre albedrío, con ciertas limitaciones marcadas legalmente, como sucede con las otras drogas lícitas. No se puede fumar en cualquier parte, tampoco beber alcohol en todo lugar ni a la hora que a uno le apetezca. De este modo, el esfuerzo iría enfocado a prevenir el consumo de sustancias dañinas para la salud. Las medidas represivas, se ha demostrado, son ineficaces contra el tráfico ilegal. Hace años que me manifiesto a favor de una despenalización selectiva y controlada del delito de tráfico de drogas. Ahora bien, sin duda hace falta impulsar un debate que debería partir de un movimiento global, a nivel tanto institucional como social. Nos queda mucho camino por recorrer para lograr la voluntad y el consenso de toda la sociedad.[3]

La historia

Para conocer los orígenes del problema, debemos remontarnos al conflicto entre China y el Imperio británico que fue conocido como *la guerra del Opio*. En 1912, el 23 de enero, hace más de un siglo, se aprobó la Convención Internacional del Opio, a propuesta de Estados Unidos. Sus 25 artículos se incorporaron al Tratado de Paz de Versalles de 1919, después de la Primera Guerra Mundial. Se pretendía «lograr la gradual supresión del uso indebido del opio, la morfina y la cocaína, así como las dro-

---

[3] Baltasar Garzón, «Cómo vencer al narcotráfico», *La Vanguardia,* 6 de marzo de 2018, disponible en <https://www.lavanguardia.com/vida/20180306/441307606944/como-vencer-al-narcotrafico.html>.

gas preparadas o derivadas de estas sustancias, que pueden dar lugar a abusos similares». Hasta aquí todo bien, pero el problema comenzó debido a esa doble vara de medir propia del supremacismo. Unas normas para ellos, otras diferentes para nosotros o, como sucedió en este caso: normas para todos, menos para nosotros.

Simultáneamente a estos acuerdos, rápidamente se establecieron los obstáculos utilizando el propio comercio como un arma de guerra, en una doble moral que invade la mayoría de las relaciones diplomáticas entre países poderosos. Las secuencias que siguieron lo demuestran. La carencia de atención al campo preventivo, la falta de persecución de los aspectos económicos demostraba una ausencia de voluntad real. Por ejemplo, la Convención de las Naciones Unidas contra el Tráfico Ilícito de Estupefacientes y Sustancias Psicotrópicas es de 1988 (casi setenta años después). La Oficina de Naciones Unidas contra la Droga y el Delito (UNODC, por sus siglas en inglés) fue creada en 1997. La Convención de las Naciones Unidas contra la Delincuencia Organizada Transnacional es del año 2000. Demasiada ventaja se le dio a esta criminalidad. Ahora atajarla se hace muchísimo más difícil.

La doble moral y la hipocresía en el caso de las drogas radican en que se ha traficado con la misma intensidad y al mismo tiempo que se han creado estructuras nacionales e internacionales para combatirlo, pero sin solucionar la degradación de la vida y las desigualdades y la falta de soluciones de los países productores que, bien por las grandes potencias, bien por la corrupción de sus líderes o los convenios criminales entre estos y las organizaciones delictivas, han consentido estas carencias hasta el día de hoy. Los programas de erradicación de cultivos han fracasado, han destruido ecosistemas y producido graves daños a las personas. Los de sustitución de cultivos normalmente se vuelven inútiles a causa de la corrupción.

Es descorazonador emitir este juicio, pero, al final del día, debo reconocer que hemos avanzado poco, y las veces que estuvimos en el buen camino, se abandonó la dirección regresando a una visión pacata del fenómeno. Las organizaciones dedicadas al tráfico siguen beneficiándose; los Gobiernos utilizan métodos de represión como principal sistema para *contener* la situación, llevando a prisión a los eslabones más débiles de la cadena, pero no impiden que sigan creándose paraísos fiscales que blanquean el dinero obtenido, con lo que fortalecen el negocio. Prosperan los campos de cultivo de coca en Colombia, de amapola en Afganistán o el Kurdistán. En ocasiones se fumigan grandes extensiones de terreno con glifosatos para aparentar alguna acción visible contra el narco, pero esto solo sirve para dañar los ecosistemas y a las poblaciones indígenas, mientras el problema permanece.

Hacia el final de los años ochenta y principios de los noventa, en España, las organizaciones criminales estaban especializadas por sustancias. Quienes se dedicaban al tráfico de hachís no manejaban la heroína, y los que comerciaban con esta última normalmente no lo hacían con la cocaína, y así sucesivamente. Después se fueron enredando unas con otras. Eso fue un efecto al que contribuimos, sin pretenderlo, al juntar en las prisiones a los responsables encarcelados de unos y otros grupos, que aprovecharon para poner en común su conocimiento y extender su radio de acción. La unión hace la fuerza, cómo no, también para el crimen organizado.

Avanzando con la historia, entre 1989 y 1990 se establecieron en España, y en particular en la Costa del Sol y en Madrid, varias organizaciones formadas por personas de nacionalidad turca. Querían consolidar una estructura permanente en España para facilitar la entrada y distribución de grandes cantidades de heroína. Nos encontramos con que los principales clanes de la heroína estaban en manos de organizaciones dirigidas por sus líderes desde Turquía, que enviaron a un conjunto de personas que cubrían toda la cadena, desde el cultivo de la amapola en la frontera del Kurdistán (familia Korkmaz), el transporte, el almacenamiento y negocios a nombre de testaferros con documentaciones falsas y unas estructuras piramidales muy cerradas y con manejo de grandes cantidades de dinero y fácil distribución de heroína, a bajo precio pero de buena calidad. Con ello liquidaban a la competencia. En aquel momento, estaba radicado en España lo más granado de las *mafias turcas.* Trabajamos en firme de manera coordinada la Policía, la Guardia Civil, la Fiscalía y el Juzgado Central de Instrucción n.º 5 y conseguimos desarticular diez grupos criminales y se avanzó sustancialmente en la persecución del tráfico de heroína. Nunca se volvieron a reconstituir esos clanes con la expansión que habían logrado, porque las acciones judiciales continuaron golpeando a las organizaciones de forma sistemática y con inteligencia hasta llegar a vencerlas. Pero después, como suele suceder, llegó el cansancio, y los narcos, pacientes e imperturbables, y con gran capacidad de sustitución, volvieron a la carga, aunque esta vez con elementos *nacionales* con enlaces esenciales con otras latitudes, especialmente latinoamericanas, africanas y europeas.

Tráfico y arrepentidos

1990 fue el inicio de una década en la que cambiaron muchas cosas, en España en general, y en particular en las investigaciones sobre el crimen organizado. Debo reconocer que, a fuerza de voluntad, con escasez de medios materiales y no mucho personal humano, se alcanzaron grandes metas de la mano de la aplicación de la normativa internacional y mediante una interpretación progresiva y directa de esas normas internacionales, especialmente la Convención de Viena sobre Tráfico Ilícito de Estupefacientes y Sustancias Psicotrópicas, de 1988, y otras que fueron apareciendo y que daban la posibilidad, no sin muchos riesgos, de actuar de una manera integral y eficaz contra el crimen organizado.

La cuestión, una vez más, era la inercia negacionista del fenómeno, la simpleza en los planteamientos oficiales sobre nuestras propias posibilidades y el desastre en las pesquisas que rodeaba a todos los cuerpos policiales que actuaban por su cuenta, sin coordinación, incluso con enfrentamientos, ocultando las técnicas de investigación a los jueces y fiscales, que, por lo general, también se inhibían ante esta situación, adoptando la pasividad habitual que ha aquejado de forma recurrente a la Justicia y a las instituciones, en general, en España. Era mejor no hacer nada, negar que existía el problema o, lo que es peor, introducir la cabeza debajo del ala y aguardar a que la solución llegara sola. Obviamente, esto propiciaba una mayor consolidación de las redes criminales y su penetración paulatina y casi imperceptible por los meandros institucionales, como comprobaríamos poco tiempo después en alguno de los cuerpos de élite de lucha contra el narcotráfico.

España de nuevo era diferente, como se decía. Una vez más esa arrogancia nacional. Comparar a Galicia con Sicilia era casi un sacrilegio o, cuando menos, no debía exponerse el tema porque perjudicaba la tranquilidad política de la zona. Mientras tanto, la incidencia del narcotráfico impactaba de una forma cruenta en miles de jóvenes que vieron truncada su vida o su futuro por una falta de comprensión del fenómeno a su debido tiempo.

Recuerdo que cuando se planteó el operativo, que después fue conocido como la *Operación Nécora,* la negativa de los altos mandos policiales fue generalizada. Solo los inspectores y comisarios más jóvenes se entusiasmaron. Obviamente, después, como siempre ocurre, fueron muchos los que estuvieron en primera línea para aparecer en la foto y recoger los frutos de un acontecimiento que marcó una época.

Si me preguntan por las claves de aquella acción, debo decir que tienen que ver con asumir el rol que a cada cual corresponde y, a partir de ahí, trabajar coordinadamente para conseguir un objetivo común. El Poder Judicial, la Fiscalía, el Cuerpo Nacional de Policía, la Guardia Civil son instituciones diferentes, con jefaturas distintas, con una historia y una cultura institucional particular. Pero si, respetando eso, se logra la coordinación bajo una dirección clara, con unos objetivos igualmente manifiestos, las sinergias surgen solas, porque la finalidad es compartida. En este caso, serían el juez con la asistencia del fiscal quienes tomarían el mando y la dirección de la operación, un papel que, por lo demás, siempre debería haber sido así, y que, desde que comencé a ejercer como juez el día 13 de febrero de 1981, tenía meridianamente claro que asumiría. Agentes encubiertos, circulación controlada de sustancias estupefacientes y de dinero, abordajes en alta mar, arrepentidos, autorizaciones de creación de empresas encubiertas, etc. Buscábamos el corazón de la bestia y no solo sus tentáculos. Y esa nueva estrategia era algo no solo novedoso, sino inesperado. Se trataba de golpear con la fuerza de la ley, utilizando todos sus resortes, a quienes la quebrantaban, fueran quienes fueran, tuvieran los amigos que tuvieran, perturbaran a quien perturbaran.

No faltaron voces discrepantes que criticaron la formación de macrocausas, como si la extensión de una organización criminal la determinara el juez y no el ilícito negocio al que se dedican. Pero no solo se trataba de asestar un golpe, sino de hacerlo con estrategia y de forma sostenida en el tiempo. No componíamos una canción, sino una sinfonía que debía perdurar en el tiempo, y para ello era preciso calcular todos los movimientos y coordinar a todos los músicos de la orquesta, sabiendo qué hacer para que todos tocaran su instrumento *a tempo*, y dentro de los acordes que conformaban la armonía de la obra. Era complicado, pero, poco a poco, todos y cada uno de quienes participaron en aquella aventura acompasaron sus movimientos y siguieron las directrices que se impartían. Esto fue lo que determinó que los éxitos llegaran uno detrás de otro, para regocijo de los mandos de las diferentes instituciones implicadas, que merecían los créditos por el esfuerzo realizado siempre en beneficio de una ciudadanía que agradecía que, por fin, se abordara un problema tan enraizado y perjudicial.

Compensamos la escasez con soluciones imaginativas, que luego fueron ejemplo para otros países que disponían de muchos más medios. Se atacó a los clanes más importantes, descabezándolos; se decomisaron miles de toneladas de cocaína, miles de kilos de heroína, miles y miles de toneladas de hachís, ingentes cantidades de pastillas de éxtasis. En fin, se procedió a la detención de varios miles de responsables, desde los máximos cabecillas hasta los últimos componentes de esas organizaciones. De este modo, desarticulamos redes que llevaban décadas operando, incluidos los clanes colombianos, con importantes operaciones internacionales que involucraron a decenas de países. Además, se impulsaron las investigaciones por blanqueo de dinero. Esto despertó en otras regiones lo que acabó en un impulso decidido para la aprobación de normas de prevención y sanción de este delito en Europa, auspiciados por un movimiento continental de varios jueces y fiscales que decidimos unir nuestras fuerzas para llevarlo a cabo.

No nos quedamos solo ahí: exigimos que todo se hiciera con transparencia, con firmeza y pulcritud, aun cuando eran los primeros pasos en la aplicación de muchas técnicas de investigación que pusimos en marcha y que fueron respaldadas por el Tribunal Supremo y expresamente reguladas casi diez años después. La idea clave, de nuevo, era considerar que la función de la justicia es proteger a los ciudadanos y, en esa labor, se debían emplear coordinadamente todos los medios a nuestro alcance.

De aquella época me queda un sabor agridulce. Dulce porque soy consciente de que conseguimos importantes logros no solo en el campo operativo y judicial, sino, especialmente, en el apoyo a las familias de las víctimas del narcotráfico, que hasta ese momento se escondían ante la dominación de los capos de la droga, imponiendo su ley de coacciones y muerte. Agrio porque esas mismas instituciones tan preocupadas de salir en la foto y recibir los créditos no fueron capaces, y no lo han sido hasta hoy, de dar la debida protección a quienes prestaron esos grandes servicios a la justicia. El Estado también dejó abandonados a la práctica totalidad de los arrepentidos y colaboradores en el sentido legal de la expresión. El resultado es lamentable. Ante el desamparo estatal, algunos volvieron a delinquir, otros murieron a manos de sus antiguos jefes, o fueron abandonados a su suerte y utilizados por los desaprensivos de turno en contra de las propias investigaciones. No se ha detallado hasta el día de hoy el daño que se ha hecho a la seguridad de los ciudadanos por parte de las instituciones al omitir la adopción de las leyes de protección. Y como el costo por ir de frente es tan elevado, actualmente se sigue utilizando a los despectivamente llamados *confidentes,* pero de forma oculta y tramposa ante la cobertura legal que existe en otros países.

Narcos y política

Cuando se pierde el miedo al crimen, se triunfa frente a quienes lo practican. Ahora bien, cuando la cobardía se impone y se abandona a quienes se atreven a luchar, perdemos todos la batalla.

Afortunadamente, hay muchos ejemplos de valor en este ámbito tan peligroso; personas que se la juegan desde los medios de comunicación, a veces a riesgo de su propia vida; otros desde la denuncia, superando el dolor ante la pérdida de seres queridos, y la valentía de quienes ejercen la función pública como funcionarios o autoridades. Una vez que prende la llama, la reacción se produce en cadena, muchas veces después de hechos cruentos, como aconteció con los asesinatos de los jueces Giovanni Falcone o Paolo Borselino en Sicilia en mayo y julio, respectivamente, de 1992. En otras ocasiones, es la reacción de la sociedad civil ante la toma de postura judicial contra las organizaciones criminales de un país o de una región la que desencadena los acontecimientos. Este fue el caso de Galicia con la Operación Nécora, a la que ya me he referido. Así sucedió también con la conocida como *Operación Pitón,* que dirigí junto con el juez Carlos Bueren, contra las redes de tráfico de hachís en Andalucía, con ramificaciones en Italia ('Ndrangheta calabresa-clan Di Giovine), Países Bajos, Marruecos, Francia y Albania, con implicaciones de autoridades y funcionarios. A veces es el clamor social, como acontece en el Campo de Gibraltar, el que obliga a las autoridades a reaccionar.

Sea como fuere, está claro que el motor de todas estas actuaciones está inmediatamente enlazado con la sociedad civil, que, en un momento determinado, grita ¡basta!, abandonando el silencio y superando el miedo, ese mismo temor que ahoga a las instancias oficiales, que se parapetan detrás de los despachos y que teniendo la potestad, el deber y los recursos para actuar no lo hacen, dando la espalda a la sociedad.

No debería ser así, porque ello implica echar un peso enorme sobre las espaldas de quienes no deberían soportarlo, pero suele ser el hartazgo por la pasividad de las autoridades, la lenidad de estas en el tratamiento del fenómeno o directamente la impunidad que propician lo que dinamiza las reacciones.

Así ha sido siempre para acabar con dictaduras, sean estas de un signo o de otro, y especialmente las regidas por el crimen;

para acabar con el terrorismo; para hacer más angosto el espacio del crimen organizado, o para desenmascarar a quienes hacen de la corrupción su *modus vivendi.*

Hay mucho escrito, y muy bueno, sobre la connivencia entre política y narcotráfico, no solo en el ámbito electoral (financiación de campañas), sino también en negocios conjuntos; espacios de poder autónomo; territorios entregados a las organizaciones criminales; tratos delictivos entre responsables públicos, sean políticos, jueces o parlamentarios; compraventa de votos, e incluso ofrecimientos para satisfacer la deuda externa de ciertos países. Los ejemplos son muchos, baste citar a Afganistán con el sustrato de los opiáceos, especialmente la heroína; Colombia en ciertos momentos históricos y actuales (a nivel más local) y México, con un nivel de violencia extremo. No puedo dejar de mencionar a Colombia, con lo que fue en su día Pablo Escobar; Italia, con la Cosa Nostra en Sicilia, la Camorra en Nápoles, la 'Ndrangheta en Calabria, o la Sacra Corona Unita en Puglia; las mafias rusas y del Este; las Triadas chinas; las Yakuzas japonesas; el crisol de las mafias más diversas en Estados Unidos con todo tipo de sustancias; Países Bajos y Bélgica con las drogas sintéticas; Nigeria con la heroína; Turquía como ejemplo del cruce de rutas del tráfico de heroína y, consecuentemente, lugar de encuentro de las más variadas organizaciones criminales que se nutren de esa sustancia; España, en donde se ha reunido un variado conjunto de todas ellas, añadiéndole matices propios, y muchos otros ejemplos. Corrupción policial, judicial y política, asociada a esta amalgama criminal explosiva que genera ingentes sumas de dinero y más grandes dosis de dolor en todos quienes lo sufren.

Siendo esto cierto, la forma de combatirlo no es otra que la firme decisión de acabar con ello. Y esto supone un hercúleo esfuerzo de trabajo bien coordinado; de preparación de las personas que deben afrontarlo; de medios; de normas que no vayan exclusivamente dirigidas a la penalización de las drogas, aunque sí del crimen organizado; de decisiones drásticas sobre el blanqueo de activos; de erradicación de la corrupción; de pedagogía y educación para la prevención, y de consideración de las adicciones como la consecuencia de este fenómeno y, por ende, con prioridad en su atención por el Estado.

El *conmigo o contra mí* del crimen organizado tiene dos vertientes extremas. La de la protección o la del asesinato. Y del mismo modo que están presentes en la estructura social, son capaces de infiltrarse y enraizar en las instituciones.

A lo largo de mi vida profesional, en mis investigaciones me he encontrado con casos paradigmáticos que ejemplifican ese oscuro espacio en el que anida el crimen en sus más diversas formas. Quienes ejercen un cargo político, judicial o económico gozan de una serie de medios que, puestos al servicio del crimen, hacen sumamente difícil la persecución de este y de quienes lo practican.

Recuerdo el llamado *Yomagate,* que implicaba a una serie de funcionarios y responsables políticos en Argentina en el blanqueo de dinero procedente del tráfico de cocaína y que utilizaron el aeropuerto de Ezeiza y al jefe de aduanas, cuñado, a la sazón, del presidente Carlos Saúl Menem y a otros funcionarios en la recepción y transporte de sacas de dinero que llevaban a Montevideo, en donde la organización tenía sus cuentas. Otro sonado caso fue el denominado *Proceso 8000,* en Colombia, relacionado con la financiación de campañas electorales; por no hablar de la existencia de políticos a sueldo en el caso de Pablo Escobar o Rodríguez Gacha, alias el Mexicano, cofundadores del cartel de Medellín, o sus socios, los componentes de la familia Ochoa Vásquez, a quienes se les atribuye, además de ser narcotraficantes, haber sido quienes dieron inicio al paramilitarismo en Colombia. O los Rodríguez Orejuela, fundadores del cartel de Cali, también en el país andino; o el Chapo Guzmán en México; o en España con el caso Ucifa (que concluyó con la desarticulación de la unidad de élite antidroga de la Guardia Civil por pagar con droga a los confidentes); o el de la Operación Pitón y la implicación en ella de un fiscal general en Albania; múltiples alcaldes, concejales, diputados, en varios países. Narcotráfico, corrupción y lavado de dinero conforman un trío difícil de separar y, entre los tres, dan forma a otro de los disfraces del fascismo.

Recuerdo un artículo de Alexander Stille, profesor de la Universidad de Columbia (Nueva York), y experto en la Mafia, publicado en 2008 en *El País.* Decía lo siguiente:

> Desde que llegó al poder por primera vez en 1994, Berlusconi ha librado una campaña implacable para debilitar los poderes del aparato judicial italiano, que le ha sometido a él y a varios colaboradores suyos a diversos procesos por cargos que van desde corrupción y soborno hasta connivencia con la Mafia. Uno de los mejores amigos y antiguo jefe de campaña de Berlusconi, Marcello Dell'Utri, de Palermo, fue declarado culpable de esto último. Y después de que acusaran a Salvatore Cuffarò [presidente de la región de Sicilia] de haber avisado a Giuseppe Guttadauro [un jefe de la mafia siciliana al que Cuffarò advirtió de que estaba siendo grabado], el propio Berlusconi le llamó para mostrarle su solidaridad y decirle: «He hablado con el ministro del Interior y me ha dicho que está todo controlado». En esa misma conversación, Cuffarò le dijo a Berlusconi: «Ya sabes que te queremos y que estás en mis oraciones cada mañana».[4]

Añadía Stille:

[4] Alexander Stille, «Mafia y política en la Italia de Berlusconi», *El País,* 31 de mayo de 2008, disponible en <https://elpais.com/diario/2008/05/31/opinion/1212184812_850215.html>.

Este puñado de conversaciones muestra cómo la Mafia se ha insertado en la vida política de Italia. Sus jefes locales tienen lazos con los políticos sicilianos, a los que dan dinero y de quienes reciben favores, bien en forma de contratos públicos desviados hacia sus empresas o avisándoles cuando están bajo investigación. Por su parte, los políticos locales acumulan bases de poder importantes y gran número de votantes leales, y los políticos nacionales buscan esos contactos y, a su vez, les ayudan. Es un sistema basado en el clientelismo y el poder, que cuenta con el apoyo del crimen organizado.[5]

No se me olvidará la vez que Silvio Berlusconi tuvo que declarar ante mí, en la Audiencia Nacional, allá por 1997, en el caso de Telecinco. Su posición hacia la justicia italiana siempre había sido de desprecio, y solo quería hablar en mi presencia, y lo hizo. Lo de menos fue el contenido de su declaración, lo relevante fue su actitud desafiante en todo momento, aunque, por supuesto, sin faltar. En otro momento, nos había catalogado como miembros de una inexistente Internacional Roja de Togas. Según él, todos los que le investigábamos, a él o a sus empresas, formábamos parte de dicha red. Lo que sí es cierto es que todos fuimos objeto de espionaje telefónico, según se acreditó, por los servicios secretos italianos, una vez que Berlusconi llegó al poder. En nuestro país, fue protegido por una resolución del Tribunal Constitucional que, en una interpretación más que discutible sobre la extensión de la inmunidad, declaró nula la comisión rogatoria por la que había enviado todo el proceso a las autoridades italianas que lo tuvieron que devolver, para luego aquí quedar archivado. Como ven, la protección del poder por parte de la justicia no es nada extraño. Sucede y seguirá sucediendo.

---

5 Alexander Stille, «Mafia y política en la Italia de Berlusconi», o. cit.

Actualmente, en Latinoamérica tenemos múltiples ejemplos de este maridaje criminal. Me limitaré a dos países, Colombia y México.

Sospechas en Colombia

El proceso de paz en Colombia, un país en el que el narcotráfico tiene mucho que ver, salió adelante pese a los intereses de los narcos. La historia dirá si los intentos de torpedearlo no parten también de esa visión criminal e interesada. En 2018, una serie de documentos desclasificados del Departamento de Estado de Estados Unidos señalaban que el senador, y presidente de Colombia de 2002 a 2010, Álvaro Uribe fue acusado varias veces por diplomáticos estadounidenses por supuestos vínculos con el narcotráfico en los años noventa, según documentos desclasificados.

La agencia EFE reseñaba una comunicación de 1993 en la que se describía una reunión de diplomáticos con Luis Guillermo Vélez Trujillo, entonces senador del Partido Liberal, formación política en la que militaba Uribe. En ella, Vélez Trujillo explicó al Gobierno de Estados Unidos que Uribe había recibido *financiación* para sus campañas electorales al Senado por parte de la familia Ochoa Vásquez, miembro del cartel de Medellín, que dirigía el capo del narcotráfico Pablo Escobar. Y que fue Uribe quien inició contactos con la madre de Pablo Escobar, mientras el narcotraficante intentaba negociar un canal de comunicación con el entonces presidente, César Gaviria (1990-1994). Según Vélez, Escobar exigió a Uribe, a través de «los Ochoa», que le ayudara a comunicarse con Gaviria «a cambio del favor» de la financiación de su campaña. Asimismo, el senador liberal informó a los diplomáticos de que Uribe «temía por su vida» y la de su familia «por no poder responder a sus mentores del Cartel de Medellín», explicaba EFE sobre el telegrama diplomático, concluyendo en que «los cables arrojan nueva luz sobre las acusaciones que han perseguido a Uribe durante años y que él ha negado categóricamente, argumentando que se trataba de intentos infundados de sus rivales políticos para acabar con él». Si bien alguno de los documentos planteaba dudas: «Sus lazos familiares con narcotraficantes (es primo de los Ochoa), además de rumores provenientes de contactos creíbles le enturbian, aunque sus declaraciones en el pasado en contra de los traficantes, así como sus protestas vehementes ante la embajada dicen lo contrario», exponían.

También en estos telegramas desclasificados en enero de 1992, después de que el narcotraficante Pablo Escobar se entregara a las autoridades colombianas para no ser extraditado a Estados Unidos, se remitió desde la Embajada de Estados Unidos en Bogotá una lista de políticos colombianos «sospechosos de tener vínculos con el narcotráfico». La lista se dividía en dos secciones: «los narco-políticos», que eran «políticos con sólidas historias» de relación con el narcotráfico, y «los posibles narco-políticos», que eran sospechosos de tener lazos con el tráfico de drogas, aunque no estaban comprobados. Así eran las cosas.[6]

México, candidatos asesinados

Estas informaciones producen escalofríos, del mismo modo que estremecen las noticias que llegaron de México en las últimas elecciones federales en cuanto al asesinato de candidatos en dis-

[6] «Documentos desclasificados vinculan a Uribe con el narco en los 90», *EFE,* 26 de mayo de 2018, disponible en <https://www.efe.com/efe/usa/politica/documentos-desclasificados-vinculan-a-uribe-con-el-narco-en-los-90/50000105-3628338>.

tintos estados. Los cambios geopolíticos en la producción de diferentes drogas o la legalización de algunas de ellas en países de destino han obligado a que los narcotraficantes amplíen su radio de acción con otros intereses e, inevitablemente, se hayan fijado en el poder político. Sería muy interesante realizar una investigación en profundidad sobre a quién ha interesado especialmente la muerte de estos políticos y quiénes se han beneficiado al sacarlos del juego electoral.

Sobre estadísticas de candidatos asesinados, Carlos Matienzo Zamora, director de la consultora mexicana DataInt, centrada en el análisis de seguridad mediante inteligencia de datos, informó de que, a finales de abril de 2021, se habían contabilizado 70 homicidios de personas vinculadas al proceso electoral 2020-2021 en México. De ellas, 28 eran candidatos o aspirantes a diferentes cargos públicos. El nivel de violencia política se incrementó, y los asesinatos totales relacionados con los comicios ascendieron a 80 víctimas, de las que 32 eran candidatos o aspirantes. Matienzo Zamora señaló que los estados de Guanajuato y Veracruz se veían especialmente afectados en este sentido, y que en el caso de Veracruz «se documentan asesinatos relacionados con el periodo electoral desde antes de que comenzara el mismo proceso de elecciones en septiembre de 2020», añadiendo que allí «se vive un ambiente de violencia política generalizada, donde es muy común que asesinen a periodistas, a políticos, a activistas sin que necesariamente sea uno de los estados más violentos de México».[7]

Un análisis de InSight Crime,[8] medio de comunicación sin ánimo de lucro, especializado en investigación y análisis sobre el

[7] «Elecciones teñidas de sangre: ellos son los candidatos y aspirantes asesinados de cara a los comicios de México en 2021», *CNN,* 2 de junio de 2021, disponible en <https://cnnespanol.cnn.com/2021/06/02/elecciones-mexico-candidatos-aspirantes-asesinados-orix/>.

[8] Véase <https://es.insightcrime.org/>.

crimen organizado, publicaba el 4 de junio de 2021 que los ataques, intimidaciones y asesinatos de políticos en Veracruz se debían a que «se convirtió en un objetivo primordial del crimen debido a su ubicación y en cuyo territorio actúan grupos como el Cártel Jalisco Nueva Generación (CJNG), Los Zetas y las ramificaciones de este último». Precisaba en su análisis que «Veracruz se ha convertido en un campo de batalla en los últimos años, debido al conflicto entre el cartel más poderoso de México y Los Zetas Vieja Escuela, una disidencia de Los Zetas que intenta reclamar el territorio que controlaban», y señalaba, además: «según el último informe sobre violencia política en México, realizado por Etellekt, en Veracruz se han registrado 117 actos de violencia, de los 782 contabilizados en todo el país desde que inició el proceso electoral en septiembre pasado. En esta entidad también han sido asesinados 16 políticos, casi la quinta parte del total de muertes en el rubro».[9]

El 19 de enero de 2021, tal vinculación se reflejaba con toda su crudeza en un documento presentado por los partidos de la oposición coaligados —PRI, PAN y PRD— a la Organización de Estados Americanos (OEA) y a la Comisión Interamericana de Derechos Humanos (CIDH). En este documento, basado en el apoyo de cientos de militantes y de denuncias, se evidenciaba que «el crimen organizado impuso candidatos, amenazó o asesinó a los que no tenían su anuencia y operó el día de la elección con levantones y llenado de urnas para asegurar triunfos en al menos siete estados del país». Y se añadía, para resumir cómo murieron 27 candidatos en el proceso electoral de 2021:

---

[9] «Cárteles, detrás de asesinatos de políticos en Veracruz: InSight Crime», *El Economista*, 4 de junio de 2021, disponible en <https://www.eleconomista.com.mx/politica/Carteles-detras-de-asesinatos-de-politicos-en-Veracruz-20210604-0006.html>.

> Grupos armados secuestraron e inmovilizaron a equipos completos de campaña, se apoderaron de casillas electorales y obligaron a los ciudadanos a emitir su voto públicamente y por consigna.

Relataban, además, que las amenazas se hicieron extensivas a los días siguientes a los comicios mediante una ley del silencio impuesta sobre los hechos sucedidos y que violencia y asesinatos sucedieron en todo el país, con especial hincapié en Sinaloa, Estado de México, Veracruz, San Luis Potosí, Guerrero y Guanajuato.

Como horrible y macabro ejemplo, refieren que «la muestra más palpable de la violencia fueron las cabezas humanas lanzadas en la casilla número 1440, en Tijuana, Baja California».[10]

Esta conexión de políticos y narcotraficantes que se recrudece en México es un modo de fascismo muy peligroso porque la corrupción se infiltra en las instituciones y hace bueno el mal, dándole alas. *De facto,* los narcotraficantes tienen el dominio o influyen sobre las instituciones para consolidar sus intereses criminales. En un país en que tal vinculación se da en los centros de poder, es muy difícil eliminar la podredumbre, que se extiende con facilidad y acaba impregnando a la sociedad.

El fascismo desde el Estado

El terrorismo es otro tipo de fascismo, ya lo hemos visto, pero cuando el terrorismo viene de la mano del Estado, o se produce o propicia desde el Estado, es especialmente perverso, porque ello

[10] «PRI, PAN y PRD acusan intervención del crimen en elección de 2021», *Plano Informativo,* 19 de enero de 2022, disponible en <https://planoinformativo.com/829579/pri-pan-y-prd-acusan-intervencion-del-crimen-en-eleccion-de-2021>.

supone la ruptura de todas las barreras de contención y la destrucción del propio Estado de derecho, y su sanción es harto improbable, al menos durante el tiempo en el que se produce el ataque, que, al final, suele transformarse en impunidad. Este modo de criminalidad lo he conocido bien y he sufrido sus consecuencias. No es fácil enfrentarse a todo un aparato estatal que niega la verdad, esconde pruebas y difama de manera implacable a quien pretende indagar.

Mi ejercicio de resistencia judicial por excelencia fue la instrucción de la primera causa de los Grupos Antiterroristas de Liberación (GAL), organización que se nutrió de hampones, mercenarios de diferentes nacionalidades, antiguos extremistas relacionados con la Organización del Ejército Secreto (OAS, por sus siglas en francés, una organización terrorista francesa de extrema derecha) y algunos funcionarios de la Policía españoles. Su teatro de operaciones se desarrolló en el sur de Francia y en algún caso en España, y su objetivo era acabar con la vida de supuestos miembros de ETA, aunque también resultaron afectadas personas totalmente ajenas a dicha organización.

Recuerdo al abogado del Ministerio del Interior Jorge Argote y su agresividad. Acusaba al juzgado, y a mí como su titular, de beneficiar más la acusación contra policías que contra quienes pertenecían a la banda terrorista ETA. Llegó a decir que en el Central n.º 5 (mi juzgado) era «más sencillo ejercer la acusación popular contra miembros de la policía que contra miembros de la organización terrorista ETA en cuanto a cuantía de fianzas se refiere». Le contesté con firmeza resaltando lo injusto de la imputación, lo simplista del análisis y el desconocimiento que revelaba sobre las resoluciones. Es sabido que admití una querella presentada por 103 personas, pertenecientes en su mayoría a la Asociación Contra la Tortura, que ejercieron la acción popular, así como la acusación particular que se presentó en nombre de seis víctimas.

Razón de Estado

El fascismo se viste de mil formas y anida incluso en el seno de ideologías aparentemente contrarias a los planteamientos extremos que lo avalan. A veces, pretexta ser el salvador de la seguridad del Estado y, por ende, de los ciudadanos, en plena democracia. Es entonces cuando se invoca la *razón de Estado* como algo impenetrable, a lo que la ciudadanía no puede ni debe acceder. Se trataría de una supuesta necesidad, un motivo, algo que justifica un proceder atípico, para preservar un bien mayor, el propio Estado. Generalmente, cuando tales razones y justificaciones son reveladas, y los hechos que pretendían ocultar salen a la luz con toda su crudeza, se puede apreciar que el Estado nunca estuvo en riesgo, sino los intereses particulares de un gobernante o de quienes forman parte de ese inextricable espacio o arcano más profundo de los denominados *aparatos del Estado,* en el que todo está permitido bajo la doctrina de que la democracia más pura necesita para su subsistencia el juego sucio de las cloacas.

Obviamente, esto no deja de ser una falacia en la que se escudan quienes no sienten la democracia y para quienes los límites del Estado de derecho son tan laxos que llegan hasta donde su voluntad les permite. Si hay una razón especial, debería ser pública y no ser ocultada a la ciudadanía. El Estado está para servirnos y no se entiende que se perciba a sí mismo como algo superior, que tiene sus propias razones y dinámicas de las cuales la población debe permanecer ignorante por siempre jamás.

La llamada *razón de Estado* ha sido siempre la excusa de los dictadores y el mecanismo más eficaz de corrupción de la democracia. Por ello, cuando desde el Estado se potencia o se genera la violencia como forma de atacar aquellos problemas que no se saben solucionar dentro de los cauces del Estado de derecho, quedamos en manos de la arbitrariedad y del autoritarismo y, por tanto, sometidos a la mera voluntad del gobernante de turno.

En España, uno de los momentos más delicados de nuestra democracia recién estrenada no solo fue el fallido golpe de Estado del 23 de febrero de 1981, sino también, poco más de un año después, y bajo el mandato del primer Gobierno socialista, la aparición de los GAL.

¿Cómo se originaron los GAL? Existen diferentes teorías. Recién aterrizado en la Audiencia Nacional, y después de que la causa hubiera sido archivada por mi antecesor y revocada su decisión por la Sala de lo Penal de la Audiencia Nacional, me encontré entre las manos con un caso que marcaría gran parte de mi trayectoria profesional. No es fácil enfrentarse a los aparatos del Estado ni a quienes ejercen el poder y se valen de todos los medios que no solo no se ponen a tu disposición como juez, sino que se utilizan para boicotear cualquier investigación de unos hechos criminales gravísimos. Tras una concienzuda indagación deseché que estuviera en su inicio el ultraderechista Batallón Vasco Español, que actuó en el País Vasco desde 1975 hasta 1981 y cuya relación con la Policía era estrecha. Pienso que surgieron de la decisión de aquellos que controlaban los aparatos de seguridad del Estado ante los continuos y sangrientos atentados terroristas. En unos casos, sus acciones se vincularon a la Policía y, en otros, a la Guardia Civil, pero nunca planteé que hubiera relación entre ambos GAL. Probablemente, la desorganización en ese sentido beneficiaba su forma de actuar anárquica y carente de estrategia. Tampoco pude dar sustento a la teoría de la financiación por parte de empresarios.

Al menos en lo que yo pude investigar, todo apuntó siempre al mismo sitio, el Ministerio del Interior, y así se demostró en parte con la acreditación de los aportes con cargo a fondos reservados que se establecieron en la instrucción. Nunca me fue entregada la información que solicité a dicho ministerio para comprobar si el viaje de los policías a Portugal, para contratar a los mercenarios portugueses, que después cometerían los atentados de los bares Batzoki y La Consolation, se habían sufragado con cargo a dichos fondos reservados. Únicamente me contestaron con una negativa amparándose en la ley de secretos oficiales y el acuerdo del Consejo de Ministros que así lo había decidido. El Gobierno socialista, inexplicablemente, se comportaba como lo hacen todos los sistemas autoritarios. La seguridad de los gobernantes o de quienes actúan amparados por estos se confunde con la del Estado, y de ahí a la exclusión de cualquier investigación solo hay un paso. Y ese paso lo dieron sin vacilar. En vez de colaborar con la justicia, como años después exigiría el propio Tribunal Supremo, optaron por su obstaculización. Actitud que se reiteraría en otros procedimientos, y en especial en el caso Oñaederra y los denominados *papeles del Cesid* (servicios de inteligencia), que contenían datos relevantes para la investigación. La resistencia se llevó hasta sus últimas consecuencias, provocándose un conflicto de jurisdicción y una sentencia en la que se ordenó el alzamiento del secreto con determinadas garantías.

Es decir, cuando mayor era la necesidad de cooperación por parte de las autoridades policiales, más dificultades se generaron y se hizo lo imposible para boicotear la instrucción. Solo pusieron a mi disposición a un policía y ningún medio más.

Cuando tomé posesión de mi juzgado en 1988, me hice cargo de la investigación sobre las acciones del subcomisario José Amedo y concluí que los policías José Amedo y Michel Domínguez habían viajado a Portugal en 1986 con cargo a los fondos reservados del Estado y con carácter oficial. Este subcomisario había sido implicado en los asesinatos del GAL en un juicio celebrado en Lisboa, en el que unos mercenarios portugueses declararon haber sido contratados por Amedo para atentar contra etarras en el sur de Francia. A pesar de haber propuesto su procesamiento por integración en organización terrorista, no se atendió esta calificación por el tribunal, que los consideró miembros de una asociación ilícita, señalando que no era posible determinar la estructura interna, la escala jerárquica ni las fuentes de financiación de los GAL, con lo que quedaba en suspenso la identidad de los jefes superiores de los dos agentes en esta trama.

Resumo el caso: los Grupos Antiterroristas de Liberación (GAL) fueron agrupaciones parapoliciales que practicaron lo que se ha denominado *terrorismo de Estado* o *guerra sucia* contra la organización criminal ETA y su entorno. Estuvieron activos entre el último trimestre de 1982 y finales de 1987. Durante el proceso judicial contra esta organización se probó que fue dirigida por altos funcionarios del Ministerio del Interior y financiada con fondos reservados. Aunque decían combatir a ETA y «los intereses franceses en Europa», a estos últimos por responsabilizar a Francia de «acoger y permitir actuar a los terroristas en su territorio impunemente», lo cierto es que cometieron más de treinta acciones terroristas, matando e hiriendo a aproximadamente sesenta personas. Colocaban bombas en los vehículos, asesinaban por el método del tiro en la nuca o con metralleta en establecimientos donde supuestamente había etarras, de forma indiscriminada y afectando a ciudadanos que ninguna relación tenían con la organización terrorista. Era combatir el terror con el terror. La forma más antigua e inútil para combatir el crimen. En nada se diferenciaban de aquellos a los que decían combatir, con la agravante de que actuaban con la protección y financiación de algunos de los aparatos del Estado y con su participación.

El juez francés

Como consecuencia de la falta de investigación en España de las causas relacionadas con los GAL y las sospechas reiteradas de que se amparaban la tortura y los malos tratos a los presuntos miembros de ETA, las relaciones judiciales de cooperación entre Francia y España eran inexistentes. Por otra parte, para poder avanzar en la instrucción, dada la ausencia de actividad investigativa en España y el encubrimiento de las actividades de los GAL en nuestro país, resultaba absolutamente necesario desplazarse al país vecino.

No era fácil, porque la voluntad era nula, pero tampoco podían evitar que el viaje se llevara a cabo, de modo que la comisión rogatoria tuvo que ser autorizada. En ejecución de esta, en mayo de 1988, me desplacé a Bayona en compañía del fiscal Gordillo para tomar las pertinentes declaraciones a los mercenarios portugueses que estaban presos en Bayona. El encuentro con el juez Armand Riberolles fue tenso, especialmente porque no estaba cómodo con la presencia del fiscal español. Luego de las presentaciones de rigor, Riberolles pidió hablar conmigo a solas. Me dijo que tenían poca fe en nuestra justicia, pues habían intentado que se investigara a los GAL con escaso éxito. Me sentí muy incómodo cuando mi colega me mostró un ejemplar de la Declaración Universal de los Derechos Humanos que tenía abierto en su despacho, no sé si para la ocasión o porque formaba parte de sus objetos y documentos. Lo cierto es que me sentí obligado a contestarle diciéndole que en España también se respetaban los derechos humanos y que por eso estaba allí, porque el proceso avanzaría, con independencia y hasta donde fuera necesario para descubrir la verdad.

¿Qué puedo decir? El juez francés llevaba bastante razón, porque en la Audiencia Nacional «se dejaba hacer» en cuanto a la revisión de los procedimientos de la Policía. Y creo que es obvio que el Ministerio del Interior no tenía voluntad de que se investigara este asunto.

Tomé declaración a los mercenarios en Francia. El Ministerio del Interior me negó información sobre los fondos reservados. A pesar de todo, el policía que tenía asignado y yo conseguimos nutrir la causa con suficientes indicios para recibir declaración a los imputados el día 13 de julio de 1988. Se negaron a hablar. No obstante, la evidencia disponible era lo suficientemente contundente como para decretar la prisión provisional de ambos, lo que sucedió entre los gritos del abogado defensor, Jorge Argote, que me espetaba: «Está loco», «no sabe lo que hace», «las consecuencias serán muy graves». Corrió despavorido hasta la Dirección General de Seguridad del Estado, en una calle próxima a la Audiencia Nacional, para dar cuenta a las autoridades del Ministerio del Interior de lo sucedido. Tanto el subcomisario de Policía, José Amedo, como el subinspector, Michel Domínguez, resultaron finalmente condenados por dos atentados contra diferentes personas en los bares Batzoki (Hendaya) y La Consolation (San Juan de Luz) en Francia, en 1986. Esta sería la primera condena para ellos.

Había más atentados que investigar. Entre ellos, uno resultó especialmente paradigmático por las consecuencias políticas que traería. Pero eso iba a ser a partir de 1994.

Previamente, en mayo de 1993, abrí un paréntesis en mi función de servidor público de la justicia y pasé a desempeñar la de diputado y, posteriormente, secretario de Estado delegado del Plan Nacional sobre Drogas, hasta mi dimisión en el Gobierno presidido por Felipe González. Debo reconocer que fracasé en mi intento político de aportar una visión diferente, no sujeta a las estrictas disciplinas de partido. En una democracia, ningún político debería anteponer sus intereses o los de su partido por encima de los derechos e intereses de la ciudadanía a la que representan. Mentir a los ciudadanos de forma consciente a través de programas electorales que no se tiene intención de cumplir es una traición a la propia democracia, y quienes así quieran actuar nunca van a contar conmigo.

Cuando tomé mi decisión, tanto a la entrada como a la salida, lo hice de forma coherente y con la convicción de que era lo correcto. En política no se deben instaurar la mentira, la hipocresía y la conveniencia como normas de conducta, ni dejar arrinconada la idea de servicio público, porque, con ello, se distorsiona el propio sistema y se corrompe el discurso y la función en perjuicio de todos.

En septiembre de 1994, reactivé la investigación del denominado *caso Marey*, referente al secuestro del ciudadano francés del mismo nombre por parte de los GAL en Hendaya, al que confundieron con un jefe de ETA. El secuestro llevó a la condena en 1987 de los dos autores del secuestro, Jean-Pierre Échalier y Mohamed Talbi, quien afirmó haber entregado a Marey a policías españoles en la frontera con Navarra tras haber llamado a dos números de teléfono previstos para urgencias. Correspondían al Gobierno Militar de Vizcaya y a la Jefatura Superior de Policía.

A lo largo de la instrucción de este procedimiento, y como ya me había ocurrido con el caso Ucifa, fui objeto de una persecución implacable por el propio aparato del Estado y sus responsables. La investigación acabó con la elevación de una exposición razonada en julio de 1995 al Tribunal Supremo en la que se incluía al presidente del Gobierno y al vicepresidente, además de otros responsables políticos. Gracias a tamaña osadía (yo no hacía otra cosa que mi trabajo como juez instructor), fui objeto de las más variadas técnicas fascistas de acoso y derribo. Penetraron en mi domicilio; me vigilaron; me interceptaron las comunicaciones telefónicas; envenenaron a mi perra; propiciaron campañas de difamación reiteradas con documentos falsos y fabricados al efecto; portada tras portada, los ataques y descalificaciones por investigar a los GAL se convirtieron en una constante; querellas ante el Tribunal Supremo; denuncias ante el CGPJ y desamparo por parte de este; campañas en televisión propiciadas desde el poder. Es decir, todos los ingredientes de la guerra sucia de baja intensidad que se desencadena contra aquellos jueces que llegan donde *no deben* en el ejercicio de sus funciones. O, mejor dicho, donde *deben,* pero ellos *no quieren* y no están dispuestos a aceptar que se llegue.

Finalmente, resultaría condenada toda la cúpula del Ministerio del Interior de la época. Los funcionarios de Policía, el director de la Seguridad del Estado, el secretario de Estado e incluso el propio ministro. Todos fueron condenados por el Tribunal Supremo, que los enjuició gracias al aforamiento del último.

Otros casos también fueron muy importantes, aunque finalmente no se consiguieran esclarecer en la parte española, en la que la pasividad e inacción policiales habían sido escandalosas. Fue el caso del atentado en el bar del hotel Monbar de Bayona, en 1985, en el que cuatro personas fueron asesinadas.

En el caso Oñaederra se libraría una batalla legal, con la razón de Estado como telón de fondo, que hace indispensable cambiar la legislación sobre la materia, pues no es democrática. Me refiero a la ley de secretos oficiales del Estado. La denominada *acta fundacional de los GAL*, los documentos referidos a informaciones sobre sus acciones, tuvieron que ser filtrados por el propio personal del Cesid (hoy CNI) a la prensa y luego autorizado su conocimiento judicial parcial por una sentencia del Tribunal Supremo. Los obstáculos que encontré para investigar los fondos reservados fueron incesantes.

Pero no solo en estos casos. En otros, como los de tortura, desaparición y asesinato de Lasa y Zabala, se ejemplificó, primero, la impunidad más rampante; luego, la parálisis de la justicia, y, después, cuando ya era inevitable la reacción institucional, su enjuiciamiento. Todo ello gracias al valor individualizado de determinados funcionarios judiciales y policiales, pero no al sistema judicial, que siempre se inhibió. Fueron condenados altos funcionarios de la Guardia Civil, como el general Galindo, y, al menos, en estos casos se impartió algo de justicia, que en otros muchos aún sigue pendiente.

Tengo muy claro que la seguridad del Estado no se logra transgrediendo la legalidad. Ni en este país ni en ningún otro. El Estado no puede financiar asesinatos y torturas. Simplemente, no es tolerable, nunca. No hay justificación, ni excusa, ni excepción posible. Aprovecharse de los fondos reservados es corrupción, y quienes lo hacen no pueden bajo ningún concepto acceder a la función pública. La obligación de un Gobierno democrático es combatir el terrorismo mediante las vías legales. Lo contrario deviene en no respetar el Estado de derecho, en no ser democrático y en envilecer las instituciones hasta sus raíces.

Justificaciones

Escribe Raúl Zaffaroni, juez en la Corte Interamericana de Derechos Humanos:

> [...] ningún crimen de Estado se comete sin ensayar un discurso justificante, y el riesgo en tiempos de terrorismo es que la prevención de crímenes de destrucción masiva e indiscriminada, si bien fuera de toda duda es imprescindible, pase rápidamente a ser la nueva justificación putativa del crimen de Estado. Con ello, los protagonistas de estos crímenes de destrucción masiva e indiscriminada habrían obtenido el resultado que se propusieron.[11]

Añade en otro punto de este texto:

> Los criminales de Estado ni siquiera suelen rechazar frontalmente los principios que imponen límites racionales al ejercicio del po-

[11] Raúl Zaffaroni, *El crimen de Estado como objeto de la criminología*, UNAM, Ciudad de México, 2006, disponible en <https://www.corteidh.or.cr/tablas/r20412.pdf>.

> der del Estado, sino que más bien lamentan que no puedan ser respetados en las circunstancias en que ellos operan desde el poder y en ocasiones pretenden ser los restauradores de las circunstancias que permitirán volver a respetarlos o bien de otras que los realicen más plenamente. Ni siquiera en este aspecto puede decirse que rechacen los valores dominantes. Aunque destruyen las repúblicas suelen hacerlo en nombre de su fortalecimiento o restauración.[12]

No puedo estar más de acuerdo. Esa visión de que enfrentando el crimen con métodos criminales este se pueda justificar subyace en la decisión de realizar tales actos delictivos, e incluso puede llegar a ser vista con cierta benevolencia por un sector de la sociedad. Quizás resulte fácil el argumento de justificar el asesinato de los asesinos, pero es una aberración que un Estado llegue a ponerse al mismo nivel de terror que el terrorista. ¿Qué tipo de Gobierno es capaz de argumentar la maldad del otro para perpetrar la suya propia? Es condenable porque supone conducir a la sociedad a una política del ojo por ojo que solo puede traer la discordia y dar vía libre a una *guerra* entre *nosotros y ellos* sin considerar las consecuencias de tal decisión. Eso es fascismo, ni más ni menos, la excusa de golpear más fuerte desde el parapeto de las instituciones y utilizando sus recursos para esa guerra sucia que deteriora y degrada la convivencia porque implanta la idea de que, en ciertas circunstancias, la tortura, el asesinato o el atropello a los derechos humanos son argumentos aceptables por ser necesarios.

A pesar de todas las dificultades y descalificaciones, de los ataques que sufrí acusándome de no investigar a ETA porque estaba «muy ocupado» con los GAL, a pesar de las acusaciones de

---

[12] Raúl Zaffaroni, *El crimen de Estado como objeto de la criminología*, o. cit.

protagonismo, de ser un «juez estrella» (término que aún hoy no sé lo que significa, aunque sí comprendo la intención con la que se me espetaba), a pesar de las presiones sufridas, a pesar de todo, tengo la conciencia tranquila porque hice lo que debía hacer, y si otros no lo hicieron, quienes actuaron mal fueron ellos. El servicio público de la justicia debe asumirse con todas sus consecuencias. Por otra parte, tengo que reconocer que muchas veces casi me superaron la desazón y la frustración al comprobar como funcionarios y autoridades que comparecieron ante mí se diferenciaban poco de otros muchos que también lo hicieron como imputados. Constaté que, efectivamente, se pusieron a su mismo nivel. La responsabilidad de quien ejerce un cargo público, en estos casos, brilló por su ausencia, y fueron ejemplo de lo que no debe ocurrir en una democracia. Es decir, se convirtieron en la negación del Estado de derecho. Por ello, admiro la ejemplaridad de la Justicia argentina, que, durante años, y hasta ahora, ha sido implacable con quienes reprimieron a la sociedad y cercenaron sus más elementales derechos.

La enormidad de la cuestión

Las organizaciones criminales, del tipo que sean, son por tanto una muestra de diferentes fascismos latentes entre nosotros. Tanto más repudiables en cuanto son los que están obligados a proteger nuestros valores constitucionales quienes atentan contra ellos o quienes se ponen de perfil a la hora de enfrentarlos. El terrorismo de Estado viene de atrás y se alimenta de viejas prácticas de un régimen como el que vivió España con la dictadura franquista, caracterizado por la represión, el pensamiento único y la impunidad. Viven entre nosotros elementos que añoran aquella época y que pretenden volver a esos principios despóticos. Son aquellos que no harían ascos a beneficiarse de las organizaciones criminales o justificarían a un Gobierno que no respetara la ley, y los que quitan hierro a la corrupción alegando que siempre la ha habido. La cobardía suele ser interesada, bien por el lucro que se espera o porque dejar pasar las cosas pone a bien con quienes las perpetran y puede favorecer el provecho propio.

3

Extremistas

Él sabe que miente, sabe que nosotros sabemos que está mintiendo, pero, por pertenecer a la tipología de comportamiento del mentiroso compulsivo, seguirá mintiendo aunque tenga delante de los ojos la más desnuda de las verdades, repetirá la mentira incluso después de que la verdad le haya estallado ante su rostro.

José Saramago, «George W. Bush o la edad de la mentira», *El País*[1]

Esta cita del premio nobel de literatura se podría aplicar a todos aquellos gobernantes que actúan desde la prepotencia y el autoritarismo extremo. Parece hecha a la medida de líderes como Bolsonaro o Donald Trump, entre otros muchos que se caracterizan por esa arrogancia y esos aires de superioridad, la mayoría de extrema derecha, pero también es adaptable a algunos de la izquierda. Respecto de estos últimos, suelen existir algunos diques de contención; en cuanto a los primeros, sencillamente o no existen o se dinamitan, o, lo que es peor, se obvian. Esto es especialmente grave porque se trata del uso arbitrario del poder, que nos puede llevar a situaciones extremas de inseguridad o, incluso, desembocar en movimientos violentos cuyas consecuencias sufren todos los ciudadanos, en particular los más vulnerables. Hay muchos casos que lo demuestran. La invasión de Ucrania por parte de Vladímir Putin es un claro ejemplo.

---

1. José Saramago, «George W. Bush o la edad de la mentira», *El País,* 20 de octubre de 2004, disponible en <https://elpais.com/diario/2004/10/20/opinion/1098223210_850215.html>.

Nada justifica la invasión de otro país, menos en el estado actual de cosas en el ámbito internacional. Han provocado al matón del barrio, y este ha mordido el anzuelo y ha dado un tremendo bofetón por toda respuesta. Creo que el responsable no es solo este jactancioso, sino también aquellos que le han provocado sabiendo que, antes o después, reaccionaría de esta forma. Desde su punto de vista, la OTAN se le quiere meter hasta en la despensa, rodeado por el norte y por el oeste y aprisionado por Turquía y China. Pero todo ello no es excusa para una nueva intrusión.[2] Putin alega el incumplimiento de un pacto tras la caída del Muro de Berlín en el que la OTAN se comprometía a no expandirse hacia el Este, más allá de las nuevas fronteras de la Alemania unificada. Este pacto está siendo hoy puesto en tela de juicio por Occidente, ya que, si bien hubo conversaciones e intercambio de notas diplomáticas, un acuerdo formal, como tal, no habría existido.[3] Pero, más allá de esto, tales antecedentes señalan que, efectivamente, Mijaíl Gorbachov fue muy claro en afirmar que una expansión de la OTAN hacia el Este sería algo inaceptable.

Según Andréi Grachov, asesor y portavoz de Gorbachov en los años finales de su mandato, la abrupta desintegración de la Unión Soviética dejó muchos asuntos sin resolver.

> Es simbólico que la crisis entre Rusia y Ucrania haya empezado exactamente cuando se cumplen 30 años de la disolución de la URSS. Aquella súbita ruptura y disolución de la Unión Soviéti-

---

[2] Baltasar Garzón, «El oportuno enemigo común», *infoLibre*, 24 de enero de 2022, disponible en <https://www.infolibre.es/opinion/ideas-propias/oportuno-enemigo-comun_129_1217699.html>.

[3] Mary Elise Sarotte, «A Broken Promise? What the West Really Told Moscow About NATO Expansion», *Foreign Affairs*, septiembre-octubre de 2014, disponible en <https://www.foreignaffairs.com/articles/russia-fsu/2014-08-11/broken-promise>.

> ca, que también interrumpió el proceso de reformas políticas de Gorbachov, dejó tras de sí numerosos problemas y conflictos territoriales e interétnicos en el territorio de la antigua URSS y creó nuevos centros de tensión. En estos 30 años ha habido la guerra en Chechenia, la guerra entre Rusia y Georgia, problemas en Moldavia..., incluso los recientes acontecimientos en Kazajistán evidencian que todos estos asuntos pendientes no están resueltos.[4]

Y añade:

> La evolución de Rusia tras la disolución de la URSS, empezando por los años de [Boris] Yeltsin, ya empujaba a Rusia en dirección opuesta a la que sugirió Gorbachov y la Perestroika. La intención de Gorbachov era la de modernizar la sociedad rusa y hacerla parte del mundo global y de la comunidad europea. Aquello no sucedió y la evolución iniciada primero por Yeltsin y continuada por Putin está llevando a Rusia hacia atrás tanto en lo histórico como en lo político. Rusia no está moviéndose hacia el siglo XXI sino hacia el XIX, hacia la Unión Soviética y el tiempo del imperio ruso. Es una evolución muy arriesgada y lamentable.[5]

El problema es que mientras Estados Unidos, la OTAN y Rusia juegan a este pulso por ver quién ronca más fuerte, los muertos, heridos y refugiados los ha puesto Ucrania. Dicen que dos no pelean si uno no quiere, y creo que en este caso todos querían, menos los ucranianos.

---

[4] Laura Puig, «La invasión de Ucrania en los ojos del exasesor de Gorbachov: "Rusia avanza hacia el tiempo del imperio ruso"», *EPE,* 25 de febrero de 2022, disponible en <https://www.epe.es/es/internacional/20220225/invasion-ucrania-exasesor-gorbachov-13292145>.

[5] *Ibid.*

Otro elocuente ejemplo de extremismo lo encontramos en el Irak de Sadam Huseín, bajo cuyo régimen existían violencia e incluso crímenes de lesa humanidad, como la tortura de opositores políticos o las ejecuciones sumarias, pero no operaban organizaciones terroristas. Después de la invasión en 2003 de ese país por la coalición abanderada por Estados Unidos, surgieron ramas de Al Qaeda y el propio Dáesh.

Tan fascista es el comportamiento de quien invade un país como de quien provoca tal invasión, incluida la acción de las organizaciones terroristas que imponen su agenda a cualquier precio. No me cabe la menor duda de que el terrorismo es otra forma de fascismo. Niega la libertad y utiliza la violencia irracional, despreciando los derechos más elementales.

Intolerancia y supremacismo

En España hemos conocido el terrorismo de ETA, que anunció el cese definitivo de su actividad armada el 20 de octubre de 2011. Hasta esa fecha, dejó un saldo terrible de 857 asesinados, 2.597 heridos, 3.571 acciones terroristas y 86 secuestrados. Pero también sufrimos lo que se ha venido a denominar el *terrorismo tardofranquista,* compuesto por grupos que ejercían acciones violentas políticas de extrema derecha neofascista. Estuvieron activos desde la muerte del dictador hasta principios de la década de los ochenta. Se presentaban bajo nombres diversos: Batallón Vasco Español, Triple A, Antiterrorismo ETA (ATE), Guerrilleros de Cristo Rey y otros títulos que coincidían en sus ataques y asesinatos contra aquellas personas de pensamiento contrario.

El terrorismo es todo un ejemplo de intolerancia y supremacismo. Si no piensas y no actúas como yo, debes morir. Así de simple y cruel. Esto es así en España, en Siria y en cualquier parte del mundo, y se aplica tanto a grupos insurgentes como al terrorismo cometido desde el propio Estado. Supone no aceptar las diferencias, las discrepancias, y querer imponer las propias ideas, por ser las únicas válidas, porque se tiene la verdad absoluta, porque se sienten iluminados por una suerte de luz celestial que los hace superiores a los demás.

Aún hoy quedan crímenes por esclarecer cometidos por elementos de ideología inequívocamente próxima al nazismo. El periodista Mariano Sánchez, en su libro *La transición sangrienta,* recoge que entre 1975 y 1983 se produjeron 591 asesinatos. Lo referencia así:

> Los grupos incontrolados de extrema derecha causaron 49 muertos; los grupos antiterroristas asesinaron a 16 personas, principalmente del entorno de ETA y el GRAPO; la represión policial costó la vida a 54 personas; 8 personas fueron asesinadas en la cárcel o en comisaría; 51 murieron en enfrentamientos entre la Policía y los grupos armados. ETA y el terrorismo de izquierdas asesinaron a 344 y el GRAPO a 51. Los abogados de Atocha, Arturo Ruiz, Yolanda González, Arturo Pajuelo, son víctimas de la ultraderecha cuyos verdugos no han sido nunca suficientemente identificados y castigados. Muy al contrario, en algunos casos los asesinos han trabajado incluso para el Ministerio del Interior como expertos. Ese es el caso de Emilio Hellín, condenado a 43 años de prisión por secuestrar y matar con saña a la joven militante del PST Yolanda González. Hellín se fugó durante un permiso penitenciario a Paraguay donde asesoró al dictador Stroessner, fue extraditado en 1989 y puesto en libertad en 1990, pasando a aportar su experiencia de ingeniero industrial y experto en espionaje como perito para las fuerzas de seguridad del Estado.[6]

---

[6] Mariano Sánchez Soler, *La transición sangrienta. Una historia violenta del proceso democrático en España (1975-1983),* Península, Barcelona, 2010.

En conversación con Mariano Sánchez, el periodista reflexionaba sobre su extensa investigación:

> Martín Villa tuvo un papel bastante complejo porque era el ministro del Interior en un momento en que la policía todavía estaba militarizada, aunque él fue el que aceleró que se desmilitarizara. En su seno tenía a la antigua brigada social, policías torturadores y policías antiterroristas del franquismo que se convirtieron en los dirigentes de la lucha contra el terrorismo. Hay que recordar que fue quien puso a Roberto Conesa, al súper agente Conesa, como comisario principal. Se recuperó también a Billy el Niño bajo su mandato para que se dedicara a los Grapo porque paradójicamente era un experto en ese tipo de cosas y se le incorporó al trabajo activo ya que había sido apartado después del caso Atocha en que se vio su presunta relación. Bajo su Ministerio hubo mucha violencia, pero tuvo que mantener y también desactivar a algunos de los miembros que tenía dentro. Es así, porque la forma en que se hizo la transición conllevaba inevitablemente no depurar a la policía sino todo lo contrario, mantenerlos en sus puestos o modernizarlos. Convertir la brigada social en brigada de información, por ejemplo. En cuanto a Manuel Fraga, ministro de Gobernación en 1975, los dos o tres hechos luctuosos le pillaron en el extranjero, curiosamente como ministro de Gobernación. Sin ir más lejos viajaba a Londres cuando ocurrió el tema de Montejurra. No se puede olvidar la actuación de la policía en las manifestaciones en la época de Fraga y en la época de Martín Villa, fueron épocas muy duras con respecto a la represión, hubo muchos muertos…[7]

---

[7] Mariano Sánchez Soler, *La transición sangrienta. Una historia violenta del proceso democrático en España (1975-1983)*, Península, Barcelona, 2010.

Pero también hubo un golpe de Estado fascista, alentado por determinados sectores franquistas, militares y guardias civiles, que supuso la toma de las calles, en alguna ciudad española, y del Congreso de los Diputados, además de otras intentonas frustradas. Es decir, los tentáculos del fascismo apenas estaban soterrados en la transición. La ausencia de rendición de cuentas, la impunidad instalada por la ley de amnistía de octubre de 1977, dejó en el limbo las responsabilidades de los crímenes franquistas y se aceptó una especie de pacto de silencio y de olvido expreso ante la desmesura de los hechos que deberían haberse fijado, investigado y sancionado. No se hizo y eso ha traído consecuencias.

Acabar con el terrorismo

Durante la transición se dieron las condiciones para establecer una tormenta perfecta tanto para los crímenes de la ultraderecha como para los de ETA. Dentro de estas condiciones, la más destacada fue la debilidad del Gobierno. Y no podía ser de otra manera, porque el Gobierno tenía en su contra la salida de una dictadura prácticamente sin anestesia, el enraizamiento de los franquistas que pretendían seguir ocupando el poder, la necesidad urgente de cambio expresada por una oposición que apretaba cada vez más y los movimientos ciudadanos y sociales que salían a la calle reclamando democracia.

En ese escenario no era fácil presentar contundencia frente al terrorismo, lo que explica la aparición de esos grupos parapoliciales que siguieron operando en los años sucesivos. De esa misma debilidad sacaron fuerzas los criminales para golpear a las instituciones, especialmente en el ámbito judicial.

Con el terrorismo de ETA tuve la ocasión de comprobar a partir de 1988, desde mi puesto de juez instructor del Juzgado Central de Instrucción n.º 5 de la Audiencia Nacional, que el sistema exclusivo de represión, mediante la técnica de acción-reacción, no era suficiente. Frente a un atentado de la organización terrorista se respondía con acciones, asimismo, de comando, o con detenciones, prisión y condena. Casi indefectiblemente, los detenidos eran condenados, a veces con pruebas, a veces casi sin ellas. En ese momento, la norma era que la declaración de un detenido se produjera cuando permanecía incomunicado y sin posibilidad de asistencia de abogado de su libre elección. Así fueron condenados centenares de terroristas. Sin embargo, mucho tiempo después, el Tribunal Europeo de Derechos Humanos (TEDH) declaró la nulidad de esos interrogatorios sin las debidas garantías. Concuerdo con el TEDH, pero la tardanza en resolver este asunto es, sin duda, cuestionable.

Partiendo del estudio de las actuaciones judiciales frente al crimen organizado en otros países, como Italia, y las desarrolladas frente al narcotráfico, nunca tuve duda de que ETA podía ser muchas cosas y justificar sus acciones desde una perspectiva política, pero se trataba de una organización criminal y con actuaciones propias de las organizaciones mafiosas. Igualmente es cierto que sus componentes trataban de huir de esa condición y asumían determinados roles para que los vistieran de algo diferente, como, por ejemplo, perseguir y eliminar a traficantes de drogas. Ello tan solo demostraba la maldad y el cinismo de sus propios planteamientos. Solo cambiaba el argumentario y los objetivos, pero los métodos eran idénticos. Y si esto era así, la técnica de investigación tenía que ser la misma, y, en particular, en el ámbito económico-financiero, que se nutría de la extorsión de empresarios (el llamado *impuesto revolucionario*) y el pago de rescates por los secuestrados; a ello se sumaban las cuotas y los apoyos familiares y del entorno por medio de pequeños negocios, rifas y cuestaciones populares, y algún que otro apoyo extranjero durante varias décadas.

Pero si ya es difícil de por sí la investigación penal de los aspectos económicos y la financiación de las organizaciones criminales, aquí se complicaba aún más por el tipo de pagos que se hacían y la informalidad de los *negocios* y la economía de subsistencia de los miembros de la organización. Por ello, se debía desarrollar una estrategia a largo plazo que, sin abandonar las acciones de combate inmediato, fuera generando un acervo documental suficiente para proceder contra la organización y todos sus satélites de forma integral y conjunta, con vocación de permanencia, continuidad y agotamiento de todas las vías y en todos los frentes que componían el Movimiento de Liberación Nacional Vasco (MLNV) en el que aquella se integraba y que lideraba como su vanguardia armada.

La estructura de ETA respondía a una estratificación de ámbitos y responsabilidades propia de cualquier formación fascista. Se componía de varios frentes (escuadras): militar, institucional, social, económico, presos, mediático e internacional. Su objetivo era crear un contra-Estado que hiciera frente al Estado español. En ese tiempo no era nada fácil que se asumiera por los cuerpos y fuerzas de seguridad del Estado que un juez o un fiscal tratara de dirigir personalmente las operaciones, aunque pronto se percataron de la ventaja de ello, porque se actuaba con criterios jurídicos y de legalidad, y, con ello, la efectividad era mucho mayor al existir seguridad jurídica y menor probabilidad de nulidad por la comisión de irregularidades. Pero junto con estos cambios positivos hay otras cosas que se resistían a cambiar, como una especie de trato institucional diferenciado para quienes componían las organizaciones de extrema derecha y los terroristas de alguna otra ideología. La condescendencia era evidente. Una de las pruebas más elocuentes se dio en el caso Muguruza, que supuso el asesinato del diputado *abertzale* cuando iba a asumir tal condición en noviembre de 1989. La condena se redujo a un único policía, Ángel Duce, quedando fuera, incomprensiblemente, quienes habían diseñado y preparado el golpe, que hundían sus raíces en la extrema derecha española.

Jueces y fiscales, piezas para abatir

En mayo de 2018, la Fiscalía recordaba a fiscales, jueces y servidores públicos que «dieron su vida» para que el anuncio de la disolución de ETA llegara. Se referían especialmente a Carmen Tagle, fiscal de la Audiencia Nacional encargada de las causas de terrorismo que fue asesinada por ETA en Madrid en 1989, y a Luis Portero, el fiscal jefe de Andalucía, asesinado en Granada en 2000, entre otros servidores de la justicia.[8]

«Ten cuidado», es lo último que me dijo Carmen Tagle, con quien trabajaba codo a codo. Fue el 12 de septiembre de 1989, cuando vino a mi despacho muy preocupada por mi seguridad. Dos días después, no fui yo la víctima, sino ella. La mataron a sangre fría. Habíamos asistido juntos a los interrogatorios de varios responsables de ETA detenidos en Francia, entre los cuales se hallaba Josu Ternera. Nunca sabremos si fue por esto o por otra cosa, porque Carmen ya mantenía una clara posición de dureza frente al terrorismo, viniera de donde viniera. Sea como fuere, ETA la asesinó, como hizo con otros jueces y fiscales. Era una acción intimidatoria más frente a la justicia, y frente a la Audiencia Nacional, adonde envió varios paquetes bomba. ETA mataba y quería seguir matando. Lo intentaron en 1986 contra el presidente del Tribunal Supremo, Antonio Hernández Gil, un asunto que yo mismo investigué. Después del asesinato de Carmen Tagle, el presidente de la Audiencia Nacional Fernando de Mateo Lage perdió las manos el 27 de febrero de 1990; el presidente de la Sección Segunda de la Sala Penal, José Antonio Jiménez Alfaro, sufrió la amputación par-

[8] Yolanda Rodríguez Vidales, «La Fiscalía recuerda a los fiscales y jueces que "dieron su vida" por la disolución de ETA», *Confilegal,* 6 de mayo de 2018, disponible en <https://confilegal.com/20180506-la-fiscalia-recuerda-a-los-fiscales-y-jueces-que-dieron-su-vida-por-la-disolucion-de-eta/?nowprocket=1>.

cial de una mano en su despacho el 12 de junio de 1996, y, afortunadamente, no llegó a estallar otro paquete bomba dirigido el 28 de febrero de 1990 al teniente fiscal Eduardo Fungairiño. Hubo más asesinatos, como el del expresidente del Tribunal Constitucional Francisco Tomás y Valiente, cuyo cadáver yo mismo levanté en la Universidad Autónoma de Madrid, un 14 de febrero de 1996; los de los magistrados del Tribunal Supremo Rafael Martínez Emperador (1997) y José Francisco Querol (2000) y el de la Audiencia de Bilbao José María Lidón (2001). Algunos sufrimos seguimientos, amenazas y probablemente acciones intentadas y frustradas, como tantos otros colectivos en aquellos años oscuros de la violencia terrorista.

En Italia, también habían sido asesinados jueces que cumplían con su trabajo haciendo frente a las organizaciones criminales. Paolo Borsellino y Giovanni Falcone fueron víctimas de la Cosa Nostra en mayo de 1992. Con Falcone, murieron su esposa, también juez, y tres escoltas. La explosión de un coche bomba acabó dos meses después con la vida de Paolo Borsellino y cinco policías que le custodiaban. Falcone y Borsellino habían puesto en marcha en 1986 el llamado *Maxiproceso de Palermo.* El fenómeno no es exclusivo europeo, también en otras latitudes se han vivido momentos muy duros, como, por ejemplo, en Colombia con el narcoterrorismo o los grupos armados de uno y otro bando, o en México y en otros tantos países.

El terror, instrumento del fascismo

El objetivo, en todos los casos, es provocar miedo y terror. El terror, instrumento por excelencia del fascismo, busca paralizar al enemigo para que incumpla sus obligaciones y se inhiba de perseguir a estas bandas criminales. Es la coacción, que se escenifica de múltiples formas y que amedrenta a quien interesa de manera gradual, desde las más sutiles amenazas hasta las más cruentas, para acabar en la eliminación en caso de que todo lo demás falle. Nuevamente, se trata de cumplir el objetivo, pase lo que pase, cueste lo que cueste, con un desprecio a la vida humana que denota ese supremacismo que se enseñorea de la vida de inocentes, de la verdad, del bien y del mal.

Además de jueces y fiscales, policías, políticos y ciudadanos en general, hay otro estamento de profesionales que suele ser objetivo predilecto de los ataques del terrorismo: la prensa. El objetivo es similar. En el caso de los profesionales de la justicia es la impunidad, y tratándose de periodistas lo que se busca es el silencio, un silencio obligado sobre sus negocios delictivos. En el momento de escribir estas líneas, en 23 estados mexicanos se sucedían las manifestaciones ante los asesinatos de informadores. Entre ellos, una periodista, Lourdes Maldonado, que había planteado al propio presidente de México unos años atrás su situación de perseguida y su temor a que acabaran con ella, como finalmente sucedió. En su editorial del 28 de enero de 2022, titulado «Periodistas asesinados en México», afirmaba el diario *El País:*

> Hay zonas en el país donde los medios de comunicación ya no informan de las balaceras, ni del crimen organizado, ni de la política más corrupta. Se las llama, con un dulce eufemismo, *zonas de silencio.* Muchos reporteros han dejado el oficio o se han desplazado a otros lugares para protegerse. La podredumbre que anida en las instituciones tiene una difícil salida cuando más del 90 % de los casos quedan impunes: el poder político conchabado con el crimen y una justicia ausente, por miedo o por la misma colusión de intereses.[9]

[9] «Periodistas asesinados en México», *El País,* 28 de enero de 2022, disponible en <https://elpais.com/opinion/2022-01-28/periodistas-asesinados-en-mexico.html>.

Así de duro y desesperanzador es el escenario mexicano para los servidores de la información, y tan peligroso o más para los profesionales de muchos lugares del mundo.

En febrero de 2022, ante el asesinato del periodista Roberto Toledo, del *Monitor Michoacán,* el director del medio dijo: «Nosotros no estamos armados. Nosotros no traemos armas. Nuestra única defensa es una pluma».[10] Las autoridades y, en especial, la Justicia se muestran incapaces de contener esta ola de asesinatos en los que se mezclan los ataques a la libertad de expresión y la lucha por controlar el narcotráfico y eliminar a todo aquel que incomoda o denuncia a las bandas criminales. ¿Dónde están las autoridades para erradicar estos comportamientos fascistas del terror?

La Federación Internacional de Periodistas (FIP) ha contabilizado desde 1991 un total de 2.721 periodistas asesinados en el mundo. Durante 2021, los criminales se cobraron la vida de 45 periodistas en 20 países; en 2020 fueron 60. Encabeza esta lista sangrienta del pasado año la región de Asia-Pacífico, con 20 víctimas, por delante de América (10), África (8), Europa (6) y Oriente Medio y el mundo árabe (1). Para la FIP, estos profesionales denunciaban la corrupción, el crimen y el abuso de poder en sus comunidades, ciudades y países. Señalan algo interesante:

> Los riesgos asociados a los conflictos armados han disminuido en los últimos años debido a la limitada exposición de los profesionales de los medios de comunicación, que cubren los conflictos armados en menor número. Por contra, «las amenazas del dominio de las bandas criminales y los cárteles de la droga, desde los barrios marginales de México hasta las calles de las ciudades euro-

---

[10] Lucía Mimiaga León, «Nosotros no estamos armados, nuestra única defensa es la pluma», *Pressreader,* 1 de febrero de 2022, disponible en <https://www.pressreader.com/mexico/el-debate-de-los-mochis/20220201/281569474126003>.

peas de Grecia y los Países Bajos, siguen aumentando y son la causa de muchos de los asesinatos selectivos de trabajadores de los medios de comunicación en 2021».[11]

Pero tampoco debemos olvidar esa persecución cuando se lleva a cabo desde determinadas posiciones de poder en países como Rusia o Turquía, donde el número de periodistas perseguidos por el poder político y el judicial es sumamente preocupante. El fenómeno se recrudece hoy en día en la guerra de Rusia contra Ucrania, en la que una de las primeras víctimas fue la libertad de prensa.

Desinformar

La otra forma de evitar que los ciudadanos conozcan la verdad de lo que sucede es la desinformación, un método tradicionalmente utilizado por el fascismo. Los 11 principios de la propaganda nazi, desarrollados por Joseph Goebbels, lamentablemente, están hoy vigentes en las noticias falsas *(fake news).*[12]

En 2021, el periodismo se encontraba con graves impedimentos en 73 de los 180 países que analiza anualmente Reporteros sin Fronteras (RSF) en su Clasificación Mundial de la Libertad de Prensa, y en otros 59 tenía serios obstáculos para el ejercicio de su labor, lo que supone un 73 % de los países evaluados. La crisis sanitaria supuso un buen pretexto para acceder a las coberturas

---

[11] «Desciende la cifra de periodistas asesinados en el mundo en 2021», *Asociación de la Prensa de Madrid,* 3 de enero de 2022, disponible en <https://www.apmadrid.es/desciende-en-2021-la-cifra-de-periodistas-asesinados-en-el-mundo/>.

[12] «Los 11 principios de la propaganda nazi están hoy vigentes en las "fake news" o noticias falseadas», *Confilegal,* disponible en <https://confilegal.com/20200812-los-11-principios-de-la-propaganda-nazi-hoy-vigentes-en-las-fake-news-2/>.

de temas y a las fuentes de información, señala RSF. Asia y Oriente Medio son, en este caso, los lugares en que se observa una creciente dificultad para investigar y divulgar, si bien Europa también muestra esta tendencia en diversos países. En cuanto a la percepción de la ciudadanía, según el barómetro Edelman Trust 2021, es de desconfianza hacia la prensa. El 59 % de las personas encuestadas en 28 países creen que los periodistas intentan engañar deliberadamente difundiendo información falsa.[13]

Siguiendo el mismo informe, en el caso de España se apunta:

> La pandemia de Covid-19 ha puesto fin a tres años de considerable violencia física contra periodistas por parte de la policía, pero también de manifestantes, sobre todo en el marco del conflicto en Cataluña y por el auge de la extrema derecha (el partido Vox). El clima de polarización que persiste, y que incluso se intensifica en la vida política y en el posicionamiento de los medios de comunicación desde la llegada al poder de la coalición del PSOE y Unidas Podemos, está erosionando la confianza de la sociedad en los periodistas y refuerza el discurso de odio contra la prensa. Vox insiste en su estrategia de estigmatizar a los periodistas «enemigos», endurece sus maniobras de acoso en internet y de intimidación, y prohíbe a los periodistas la cobertura de sus eventos.[14]

Destacan, además, que los periodistas han criticado falta de transparencia en el Gobierno de Pedro Sánchez y hostilidad de Unidas Podemos y su entonces líder Pablo Iglesias contra determinados medios y reporteros. Las ruedas de prensa en que no se

---

[13] «Clasificación 2021. Análisis general: Periodismo, una vacuna contra la desinformación vetada en más de 130 países», *Reporteros Sin Fronteras,* disponible en <https://www.rsf-es.org/clasificacion-mundial-de-la-libertad-de-prensa-2021-periodismo-una-vacuna-contra-la-desinformacion-vetada-en-mas-de-130-paises/>.

[14] *Ibid.*

permitía formular preguntas son otro punto conflictivo, afirma RSF. También destacan las trabas impuestas para cubrir la llegada de inmigrantes a nuestro país. Con la pandemia, fue complicado para la prensa cubrir la realidad de hospitales y morgues y obtener cifras fiables.

Resulta indudable que la prensa independiente es la mejor vacuna contra la desinformación. El caso de Brasil es paradigmático: se promocionaron medicamentos cuya efectividad nunca ha sido probada por la medicina.

> En Irán, las autoridades han reforzado su control sobre la información y han multiplicado las condenas a los periodistas para minimizar mejor la cifra de muertes relacionadas con la covid-19. En Egipto, el presidente Al Sisi prohíbe sin más la publicación de cifras sobre la pandemia que no sean las del Ministerio de Salud. En Zimbabue encarcelaron al periodista de investigación Hopewell Chin'ono poco después de que revelara un escándalo de malversación de fondos públicos en la compra de material destinado a luchar contra la epidemia.

Como ven, emergen algunas actuaciones que cumplen con directrices totalitarias que tienen sus raíces en el fascismo.

El interesado bulo judicial

Frente a estos métodos, propios de las dictaduras, existe una técnica más sutil y bien eficaz que es la utilización de los bulos y las noticias falsas. Afectan a todas las áreas de la sociedad, pero provocan más problemas según sea de sensible el sector al que se dirigen. El mundo de la justicia sabe bien de esto. Jueces y fiscales han visto su trabajo empañado por afirmaciones falsas que lleva mucho tiempo desmentir y neutralizar. Recuerdo un artículo del diario *Cinco días,* de 2019, que me llamó la atención por lo certero del contenido. Señalaba varios ejemplos: «No se puede despedir a un trabajador que está de baja»; «los padres no pueden en ningún caso desheredar a uno de sus hijos»... Comentaba que el problema es la información parcial de una resolución judicial sobre casos extensos en que cada línea puede ser decisiva para entender el dictamen. Es cierto, y aunque esto se produce en ocasiones por la falta de preparación de quien redactó la noticia, en otras subyace el deseo sesgado de relatar una historia en beneficio de alguien o en coincidencia con la línea editorial del medio.

Hay un caso paradigmático en el que una falsedad se ha repetido continuamente desde que se formó el Gobierno progresista de coalición, y es el referido a la sentencia en casación del Tribunal Supremo sobre la sentencia previa de la Audiencia Nacional en el caso Gürtel. La Sección Segunda de la Audiencia Nacional, formada por tres jueces, condenó al PP como partícipe lucrativo, mencionando la existencia de la caja B que coordinaban los tesoreros de la formación, Álvaro Lapuerta y Luis Bárcenas. Tras la ratificación en todos sus términos de esta sentencia por parte del Tribunal Supremo, los populares han reiterado hasta la saciedad que el Alto Tribunal ha suprimido algunas frases de la primitiva sentencia, casualmente las referidas a esa caja B. En su argumentario, y de manera que la difusión fuera máxima, han ido comprimiendo la mentira hasta el punto de ahorrar toda explicación. Lo que han propagado, y en lo que insisten, es que «había una morcilla» en la sentencia de la Audiencia Nacional, obra de uno de los magistrados que dictaron tal sentencia, que «incriminaba a Rajoy», que «dio pie a la moción de censura de Pedro Sánchez» y que «era tan falsa» que el Tribunal Supremo «la eliminó». Como verán, en un asunto de tanta transcendencia, el mensaje falso se resume en una simplicidad estridente para no tener que entrar en honduras. Lanzan con pocas palabras el mensaje envenenado de cómo un juez malvado (no todo el tribunal) utilizó «mala voluntad» para dañar al PP. Así se expresó también en enero en TVE1 la exportavoz del grupo parlamentario de los populares en el Congreso, Cayetana Álvarez de Toledo, con la falta de precisión y el veneno que la caracterizan. En su opinión, esa *morcilla* se había incluido para fastidiar al partido ¿y dar una baza a Sánchez? No lo afirmó, pero lo sugirió con claridad.

En lo que sí insistió la entonces diputada fue en que el Supremo había eliminado la frase sobre la caja B que tanto preocupa al PP en la línea de «no dejes que la realidad te estropee una buena historia». Ese argumento intenta tapar la pestilente punta del iceberg de corrupción que cada vez asoma más en Génova 13, y es una mentira flagrante. El Tribunal Supremo no solo no ha eliminado párrafo alguno de la sentencia de la Sección Segunda de lo Penal de la Audiencia Nacional que entendió del caso, sino que la suscribió de principio a fin con alguna matización en cuanto a las condenas. El PP, tergiversando las cosas, se refiere a la respuesta que los magistrados del Supremo dieron al voto particular del magistrado Ángel Hurtado, el único en el tribunal que no estuvo de acuerdo con la condena al PP. Sin más. Pero el dictamen final no deja lugar a dudas y respalda la sentencia primitiva, caja B incluida. Curiosamente, Ángel Hurtado fue a renglón seguido ascendido a magistrado de la Sala de lo Penal del Tribunal Supremo. Los otros dos magistrados han sido y siguen siendo vilipendiados por los afines al Partido Popular.

A mí, este tipo de bulos interesados para esconder la porquería bajo una alfombra de mentiras flagrantes no me viene de nuevas. A lo largo de mi vida profesional he tenido que convivir con muchos inventos sobre mi trabajo y mi vida con la finalidad de neutralizarme o apartarme de mi juzgado. Todo tipo de invenciones han circulado a mi alrededor. Quienes me conocen bien hasta se sonreían de las barbaridades que había que soportar.

Como yo, otros jueces y fiscales han tenido y tienen que aguantar lo indecible para mantener su independencia. No, no viene en el cargo, aunque así se diga, pero desgraciadamente hay que convivir con ello. Ese intento de coaccionar o de eliminar directamente del juego a los investigadores, que se da por parte de los investigados o de quienes temen serlo, es otro de los tentáculos de ese barniz totalitario, en su peor acepción, que recubre a corruptos y mafiosos.

Redes sociales, correa de transmisión

Hoy día vemos como el fascismo aprovecha cualquier meandro para expandir sus redes y llegar a lugares a los que ningún discurso de un líder carismático llegaría. Mecanismos y avances que son un logro para la humanidad, como acontece con internet, se convierten en armas letales de propagación de ideologías extremas. El fascismo, ejemplificado en cualquiera de sus disfraces, se nutre de falsas afirmaciones y consignas que viajan por las redes sociales a una velocidad vertiginosa, más que la de quienes se ocupan de desmentirlos. Y se implantan en las mentes con una enorme precisión. Las falsas noticias, como todas aquellas que apelan a las emociones y a los más oscuros instintos humanos, prenden mucho mejor y de forma más efectiva en un altísimo porcentaje de gentes, y, muy particularmente, en la juventud, que ha convertido a las redes sociales en el sostén de un mundo en evolución donde la comunicación nos separa en vez de aproximarnos; nos aísla en vez de relacionarnos.

Por eso es crucial educar a los niños y las niñas, a los y las jóvenes y a la población adulta en la cultura de contrastar las informaciones y analizar su veracidad. Los ciudadanos deben estar preparados para discernir entre los datos falsos que circulan, y, sobre todo, para saber contrastarlos y verificarlos. No es de extrañar que hayan tenido que aparecer plataformas que actúan contra la desinformación, papel que también debería ejercer el Gobierno desde algún organismo cualificado. Estas organizaciones contrarrestan mucha basura contaminante. Se trata de una guerra nueva en la que actúan armas diferentes, como las granjas de bots que hacen pasar las falsas informaciones robotizadas como mensajes enviados por personas físicas que emiten su personal opinión.

Mentiras y conspiraciones se asoman a nuestros dispositivos a diario, haciendo mella y retroalimentando a aquellos que ya tienen la tendencia a dejarse llevar por los bulos. Una encuesta, realizada por una investigadora de la Universidad Johannes Gutenberg de Maguncia (Alemania) en veinte países sobre 100.000 personas, reflejaba que las personas de ideología ultra son más proclives a creer las teorías conspirativas y que cuanto más se alejan del centro político, más las consideran ciertas, sobre todo en el espectro de la ultraderecha.[15]

Los expertos preguntaban, de un lado, por la posición del encuestado en cuanto a su escala ideológica, y, de otro, se medía su grado de conspiranoia preguntando si creían que sucesos no aparentemente conectados son frecuentemente resultado de actividades ocultas o si en la política influyen organizaciones secretas. Sobre esas bases crearon un índice de hasta qué punto su mentalidad era conspirativa. Además de obtener una concentración en los extremos y de niveles reducidos en el medio, localizaron una curva adicional hacia la derecha que llevaba a concluir que, en general, «los ultraderechistas tienen una mentalidad conspirativa más acusada», en palabras del coordinador del trabajo, Roland Imhoff. Esta situación es común a países como Fran-

---

[15] Miguel Ángel Criado, «Los ultras se creen más las teorías conspirativas», *El País,* 28 de enero de 2022, disponible en <https://elpais.com/ciencia/2022-01-28/los-ultras-se-creen-mas-las-teorias-conspirativas.html>.

cia, Austria, Alemania, Polonia, Países Bajos o Bélgica (región flamenca en especial). Pero también obtuvieron el dato de que la creencia en la conspiración crece en la extrema izquierda en Rumanía, Hungría y España. En nuestro país, los investigadores apuntan entre otros factores a una mayor juventud y a su exposición a las tecnologías sin filtros. También en este caso, internet propaga las teorías más rocambolescas, con absoluta apariencia de veracidad, y favorece la relación entre afines. Sin olvidar que, como bien señala este artículo, los algoritmos se ocupan de encontrar solo el contenido que nos reafirme en nuestras creencias, con lo cual el bucle está servido.

La expansión de contenidos extremos, normalmente manipulados y falsos, y la difusión de la mentira son letales para la democracia. La cuestión que debemos plantearnos entonces es cuál es la razón por la que esto está sucediendo. Y ahí es donde nos encontramos con carencias educativas en valores cívicos y ciudadanos. De una parte, existe desinterés en los poderes públicos en general; de la otra, la juventud vive inmersa en un entorno digital que da más importancia a lo inmediato, y no a la reflexión a medio y largo plazo, donde son la clave los valores transcendentes y los principios fundamentales sobre los que se cimenta nuestra sociedad. De todas formas, cuando los jóvenes reciben información y formación, responden con un interés inusitado. Esta es, al menos, nuestra experiencia en la fundación que lleva mi nombre, en particular en los proyectos sobre memoria democrática, que están especialmente dirigidos a personas jóvenes. Eso sí, hay que saber utilizar los canales adecuados por los que ellos se mueven para difundir un mensaje que desconocen, pero tras cuya recepción se muestran ávidos de saber más. Creo que este es el camino. No debemos dejar que sea únicamente la ultraderecha la que use y abuse de las redes sociales. La defensa de la democracia y de los valores en los que esta se funda bien merecen ser difundidos por todos los medios.

La ultraderecha navega en las redes

Otro ejemplo palpable es el referido a los antivacunas que utilizan las redes sociales, incluidas las de ultraderecha —como es el caso de Vox en España—, para lanzar sus mensajes contrarios a la vacunación contra la COVID-19. El diario digital *Público* refería en enero de 2022 cómo un espacio de Telegram, «Vox Nación Canal», difundía las actividades del partido de extrema derecha y propagaba imágenes de la resistencia antivacunas en diferentes países de Europa.[16]

Esta vinculación entre negacionistas y ultraderecha viene siendo habitual. Lo cierto es que los antivacunas tienen importantes avales internacionales, incluso entre mandatarios de otros países, como es el caso del presidente brasileño Jair Bolsonaro, quien manifestó públicamente que «no tiene sentido vacunarse». El Open de Australia de 2022 se vio engrandecido por el triunfo del tenista español Nadal, pero, previamente, empañado ante la deportación del tenista antivacunas Novak Djokovic, número uno del mundo en la clasificación *(ranking)* de la ATP en ese momento, que fue deportado de forma ejemplar por las autoridades de ese país al haber mentido sobre la vacuna, su salud y otros aspectos cuando cruzó la frontera. En otros casos, los mensajes contrarios han triunfado. El mítico cantante Neil Young planteó un órdago a la plataforma de música y pódcast Spotify al exigir que se retirase el programa del presentador Joe Rogan, quien daba cabida a entrevistas de antivacunas,[17] lo que al artista le parecía escandaloso y nefasto

---

[16] Danilo Arbin, «Los antivacunas se sirven de las redes de ultraderecha afines a Vox para difundir su mensaje negacionista», *Público,* 18 de enero de 2022, disponible en <https://www.publico.es/politica/antivacunas-sirven-redes-ultraderecha-afines-vox-difundir-mensaje-negacionista.html>.

[17] Aunque parece que lo que provocó el ultimátum de Young fue una entrevista al médico antivacunas Robert Malone, el propio Rogan es antiva-

para la salud de los oyentes. Previamente, 270 científicos y profesores se habían dirigido a la plataforma reclamando la retirada del programa. Sucede que Rogan fichó en Spotify por cien millones de dólares y su audiencia suma once millones de personas. Al tener que optar entre ética, responsabilidad y negocio, Spotify no lo dudó y decidió mantener a Rogan. He aquí una muestra nefasta de cómo las empresas privadas siguen anteponiendo los beneficios a su deber de respetar y promover la información veraz. Frente a ello, Neil Young retiró toda su producción musical de esa plataforma. Todos deberíamos seguir su ejemplo para mostrar a quienes no tienen límite en sus ganancias que no todo vale frente a atentados contra la salud de la sociedad en su conjunto.

Un interesante artículo publicado en *elDiario.es,* y firmado por Miren Gutiérrez, señalaba:

> Las plataformas digitales, que ofrecen una comunicación masiva e instantánea, han permitido la magnificación del alcance de los mensajes de la ultraderecha. La violencia cometida por individuos y grupos inspirados por ideologías de extrema derecha se considera cada vez más una amenaza transnacional. Esto provoca tres retos de máxima relevancia para nuestras democracias: cómo abordamos la difusión de la mentira, la manipulación y los mensajes de odio; la desconfianza en las instituciones, y la opacidad de las plataformas.[18]

---

cunas y había esparcido ya varias desinformaciones, como que las vacunas eran terapia genética o que se debía tratar la enfermedad con ivermectina, un medicamento de uso veterinario.

[18] Miren Gutiérrez, «Violencia y manipulación: la influencia digital de la ultraderecha durante la pandemia», *elDiario.es,* 14 de mayo de 2021, disponible en <https://www.eldiario.es/tecnologia/violencia-manipulacion-influencia-digital-ultraderecha-durante-pandemia_130_7933193.html>.

Pienso que los tres desafíos que se citan son cruciales y resumen perfectamente lo que tenemos por delante. La autora incluye una idea que también lleva a la reflexión:

> Ser de ultraderecha no es sinónimo de ser violento. Por ejemplo, jefes y jefas de partidos de derecha radical europea se apresuraron a condenar el asalto al Capitolio en febrero de 2021. Pero existe una diferencia entre los partidos de derecha extrema que han aceptado el juego democrático y los grupos de extrema derecha actuando en la semiclandestinidad, que representan una amenaza para la seguridad pública. La violencia cometida por individuos y grupos inspirados por ideologías de extrema derecha se considera cada vez más una amenaza transnacional.[19]

El problema es que estos grupos, en los momentos adecuados, nutren la ideología de los partidos del mismo sesgo, o son utilizados por estos para difundir subrepticiamente su planteamiento corrosivo y fascista. Los partidos de ultraderecha tiran la piedra y esconden la mano. Incitan a otros a la violencia de manera muy sutil para no caer en la ilegalidad, pero luego, cuando la violencia se produce, no la condenan o la condenan de una manera suave o con matices.

Como ejemplo, la autora cita una serie de sucesos preocupantes:

> Después de una disminución en los ataques en 2018 y 2019, la UE notificó un total de seis ataques terroristas de derecha y varios de otro tipo cometidos por extremistas de derecha. En 2019, estos ataques se suman a una oleada de incidentes violentos en todo el mundo, con ataques en Christchurch (Nueva Zelanda), Poway

[19] Miren Gutiérrez, «Violencia y manipulación: la influencia digital de la ultraderecha durante la pandemia», o. cit.

(EE. UU.), El Paso (EE. UU.), Bærum (Noruega) y Halle (Alemania), cuyos autores eran parte de comunidades transnacionales de derecha que se inspiraron mutuamente.[20]

La amenaza no es teórica. A finales de enero de 2020, la Policía española detenía a siete personas en Barcelona y Madrid por su presunta participación en delitos de odio, tenencia ilícita de armas, injurias a las instituciones del Estado y pertenencia a grupo criminal. Eran adultos de 45 a 60 años que querían unirse para coordinar ataques contra colectivos vulnerables, se cohesionaban a través de las redes sociales e incitaban al odio y a la violencia extrema contra inmigrantes y personas homosexuales. Entre el material incautado figuraba indumentaria y documentación de ideología nazi.[21]

Es cierto que, gracias a las redes sociales, el fascismo no tiene límites en sus recorridos y se organiza a toda velocidad ganando adeptos mediante una batería de mentiras que enardecen a los que simpatizan con esta visión intolerante y bronca de cómo influir en la sociedad. Jair Bolsonaro pidió a sus seguidores en 2021: «Regístrense en mi canal oficial de Telegram». La respuesta fue inmediata y, al poco tiempo, la plataforma de mensajería encriptada había acumulado decenas de millones de nuevos usuarios en el país. La elección del canal no es casual: Telegram permite el contenido problemático y no hace ascos a la desinformación.[22]

---

[20] Miren Gutiérrez, «Violencia y manipulación: la influencia digital de la ultraderecha durante la pandemia», o. cit.

[21] Patricia Ortega Dolz, «La policía desmonta un grupo de ultraderecha nacido en redes sociales para atacar a migrantes y homosexuales», *El País,* 28 de enero de 2022, disponible en <https://elpais.com/espana/2022-01-28/la-policia-desmonta-un-grupo-de-ultraderecha-nacido-en-redes-sociales-para-atacar-a-migrantes-y-homosexuales.html>.

[22] Ernesto Londoño, Flávia Milhorance y Jack Nicas, «La ultraderecha brasileña se refugia en Telegram para promover la desinformación», *The New York Times,* 9 de noviembre de 2021, disponible en <https://

El filósofo de origen coreano Byung-Chul Han recuerda que las redes nos presentan solo aquello que nos gusta. Es decir, al final esta interconexión digital no facilita el contacto con otros, sino que sirve «para encontrar personas iguales y que piensan igual, haciéndonos pasar de largo ante los desconocidos y quienes son distintos», escribe en *La expulsión de lo distinto*. La consecuencia es que nuestro horizonte de experiencias «se vuelve cada vez más estrecho».[23] Nos controlan, al menos es lo que pretenden, y en muchos casos lo están logrando.

No solo conocen nuestra forma de pensar, sino también nuestros gustos y preferencias: «¿Buscas algo en nuestra tienda de [nombre del departamento]? Si es así, quizás te interesen estos productos». Y ello basándose en los datos que de forma voluntaria, o no tan voluntaria, hemos suministrado previamente. El *big data* y sus complejos algoritmos descifran en cuestión de segundos nuestros gustos y preferencias para ofrecernos —dicen— «publicidad personalizada». Sin embargo, en esos *datos* también están nuestras preferencias sociales y políticas, nuestros anhelos y temores, de modo tal que este valioso conocimiento ya está siendo utilizado en política.[24]

Cuando el tema es ideológico —lo que apenas es perceptible muchas veces—, se produce, sin duda, el mejor caldo de cultivo para permitir esa difusión entre afines y el crecimiento del extremismo de derecha apoyado en un discurso de odio que circula por internet y ensucia la convivencia.

Las amenazas extremistas adoptan diferentes semblantes, tienen enemigos en la justicia independiente y en la libre infor-

---

www.nytimes.com/es/2021/11/09/espanol/brasil-telegram-desinformacion.html>.

[23] Byung-Chul Han, *La expulsión de lo distinto,* Herder, Barcelona, 2017.

[24] Baltasar Garzón, «Derechos, control y algoritmos», *infoLibre,* 28 de abril de 2020, disponible en <https://www.infolibre.es/opinion/plaza-publica/derechos-control-algoritmos_1_1182496.html>.

mación y utilizan la mentira como herramienta principal para acabar con sus contrarios. Los mensajes falsos vuelan por las redes sociales y arraigan allá donde la formación y la capacidad de cuestionar es más débil. Hay que estar alerta, desmontar las mentiras y actuar contundentemente contra estos extremistas, portadores del caos, que buscan horadar la democracia.

4

Los dictadores

[...] la ley prevalecerá sobre el odio a largo plazo. Hay que vivir con el hecho de que haya personas que no estén contentas y hay que tratar de evitar que lleguen al poder y esperar que, a largo plazo, y sobre todo los jóvenes, se den cuenta de que son más los que no están por un mundo de odios, porque en un mundo de odios no podemos sobrevivir...

BENJAMIN FERENCZ[1]

Leo en una entrevista las palabras del juez Eugenio Raúl Zaffaroni sobre la influencia del régimen de Franco:

> Aquellos intereses que sostuvieron el franquismo o que continuaron ¿se han desentendido del todo del franquismo? ¿Continúan siendo los mismos? Ese es el problema. Y si continúan siendo los mismos, claro que es un obstáculo. El Poder Judicial es sensible a esas cosas. En cualquier país. Hay una estructura económica, empresarial, financiera cuyo origen está en el franquismo y se mantiene.[2]

---

[1] Juan Cruz, «Benjamin Ferencz: "Se sigue matando al adversario pase lo que pase"», *El País,* 20 de mayo de 2021, disponible en <https://elpais.com/internacional/2021-05-20/benjamin-ferencz-se-sigue-matando-al-adversario-pase-lo-que-pase.html>.

[2] Olga Rodríguez, «Zaffaroni: "Si no se hace nada ante los crímenes de una dictadura, se deja abierta la posibilidad de que se repitan"», *elDiario.es,* 15 de enero de 2022, disponible en <https://www.eldiario.es/sociedad/zaffaroni-si-no-crimenes-dictadura-deja-abierta-posibilidad-repitan_128_8631482.html>.

Concluye:

> ¿Tendrá esta estructura interés en que se descubra la memoria, en que aparezcan algunos de sus antecesores involucrados, en que se la deslegitime éticamente?[3]

Qué razón tiene. La historia de España desde el golpe de Estado de Francisco Franco y los suyos en 1936 es una constante presencia, con mayor o menor grado de intensidad, de quienes lo perpetraron e impusieron una dictadura que terminó con la muerte natural de su máximo exponente y que se intentó imponer, de nuevo, de manera violenta durante la transición mediante asesinatos fascistas, y ya al inicio de la democracia, con una intentona golpista, añorante de los viejos tiempos. El franquismo, que era la versión hispana del fascismo, aunque sus exaltadores siguen defendiendo las diferencias entre uno y otro —interesadas, por supuesto—, se ha mantenido agazapado durante todos estos años, asomando su rostro feo en momentos puntuales y ahora camuflándose en las instituciones con las siglas de un partido que ha obtenido escaños en el Parlamento nacional, en comunidades autónomas y ayuntamientos, y que, desafortunadamente, entrará por primera vez en un Gobierno autonómico.

La ultraderecha, sin caretas, sin pudor, sin disimulos, está instalada en las instituciones gracias a la incapacidad de los partidos tradicionales, que no han sabido acondicionar sus estructuras a los nuevos tiempos ni expandir su discurso democrático conservador o progresista a las necesidades de la población. Comprobamos cómo, cada vez con más frecuencia, movimientos populistas liderados por planteamientos poco o nada democráticos se adue-

[3] Olga Rodríguez, «Zaffaroni: "Si no se hace nada ante los crímenes de una dictadura, se deja abierta la posibilidad de que se repitan"», o. cit.

ñan de los espacios que la democracia proporciona, para limitar derechos y libertades, precisamente en nombre de la libertad y la democracia, como, por otra parte, advirtiera hace muchos años George Orwell.

Están aquí y no se quedan en manifestaciones locales, sino que han aprendido que el mundo de la comunicación y de las redes sociales es universal y les proporciona la herramienta idónea para expandirse y conseguir ámbitos más amplios de supervivencia y cohesión. Al contrario que las alianzas progresistas, que cuando emergen son atacadas, incluso desde las propias filas de progreso, las de contenido neofascista se desarrollan y establecen alianzas y acuerdos internacionales para dar un giro a las democracias a través del recorte de derechos y la derogación de normas de progreso que se obtuvieron con mucho esfuerzo e, incluso, con muertes.

> Metidos como estamos en una guerra jurídica (*lawfare,* en inglés) permanente y universal del conservadurismo reaccionario contra todas las leyes que han servido para avanzar en los derechos humanos, España es una excepción absoluta porque somos el único estado que no ha exigido ni una sola responsabilidad penal, ni administrativa por el golpe militar y la represión hasta la muerte del dictador en 1975.[4]

Así escribía, en noviembre de 2021, Ángel Fernández Millán. El periodista refería una manifestación, unos días antes, ante el sevillano palacio de San Telmo, sede del Gobierno autonómico, en la que los manifestantes, asociaciones memorialistas, reclamaban que el Ejecutivo andaluz hiciera efectivos la aplicación y

---

[4] Ángel Fernández Millán, «La reinvención de la memoria», *El Plural,* 15 de noviembre de 2021, disponible en <https://www.elplural.com/opinion/reinvencion-memoria_278604102>.

el desarrollo normativo de la ley 2/2017 de memoria histórica. Se refería a mí en estos términos:

> La presencia de Baltasar Garzón en la manifestación evidenciaba como el único juez que ha intentado investigar los crímenes del franquismo está fuera de la judicatura tras un juicio que la ONU ha considerado arbitrario.[5]

Pero esto solo es un ejemplo más de los muchos que existen. En los días en los que escribo estas líneas (febrero y marzo de 2022) se anuncia la proximidad del juicio contra la expresidenta golpista de Bolivia Jeanine Áñez, que derrocó al presidente constitucional Evo Morales y que se mantuvo en el poder con la aquiescencia y complicidad del secretario general de la Organización de los Estados Americanos (OEA), Luis Almagro, los Estados Unidos de Donald Trump y otros Gobiernos y líderes conservadores. Áñez gobernó bajo un régimen de excepción hasta que, de nuevo, el pueblo instauró la democracia con la elección del presidente Luis Arce, y, como era de esperar, una panoplia de líderes ultraconservadores —entre los que se incluyen Álvaro Uribe, Andrés Pastrana, José María Aznar, Felipe Calderón, Vicente Fox, Mauricio Macri y otros similares—, entre los cuales también están los que participaron en aquellos hechos, descalifican el juicio y lo tildan de guerra jurídica *(lawfare).*

La técnica es vieja. El ladrón acusa de robo. El estafador acusa de fraude. Usurpan las palabras y los conceptos, y quienes practicaron, durante su mandato, esa estrategia de guerra jurídica contra sus oponentes políticos, a través de funcionarios judiciales sumisos y corruptos, la reivindican como propia y se hacen las víctimas para descalificar al sistema democrático y judicial que

---

5 Ángel Fernández Millán, «La reinvención de la memoria», o. cit.

trata de establecer la responsabilidad penal por un hecho objetivo, contrastado y cierto, como fue la existencia de un golpe de Estado con ruptura del orden constitucional.

Fernández Millán añadía dos opiniones que comparto y sobre las que creo que es conveniente reflexionar:

> La corrección de la historia practicada en la Unión Soviética durante el periodo estalinista, denunciada por George Orwell en la novela *1984,* ha tenido y tiene muchas versiones en el terreno de los totalitarismos fascistas que ahora se empeñan en blanquear su pasado y anular todo lo que sea progreso social. A esta rehabilitación de las ventajas de la caverna como refugio ideológico se han apuntado nostálgicos, periodistas, historiadores y tertulianos, así como jóvenes a los que se ha secuestrado en la escuela nuestra historia más reciente. Resulta descorazonador comprobar la ignorancia de jóvenes y adolescentes sobre la historia contemporánea de España como se constata en encuestas y estudios recientes.[6]

Ambos conceptos son ciertos: el blanqueo del pasado de los fascismos es un hecho. Se presentan como formaciones de ley y orden, reivindican su espíritu democrático y no se les cae de la boca la palabra *libertad.* Que imiten el método ruso de blanqueo histórico para su propio beneficio es una posibilidad que no parece tan remota, y es indudable que la falta de formación de nuestros jóvenes sobre la historia reciente de España lleva a que este sector de población sea más proclive a repetir errores ante el desconocimiento de los hechos históricos. Es sabido que la ignorancia incrementa la vulnerabilidad.

---

[6] Ángel Fernández Millán, «La reinvención de la memoria», o. cit.

Técnicas de antaño

Esa historia no se comenzó a enseñar y explicar hasta nuestros días —en los que aún está en debate el proyecto de ley de memoria democrática—, a pesar del discurso negacionista de una gran parte de la sociedad española, que se niega de forma sistemática a reconocer lo que fue la dictadura y su impacto permanente en muchos ámbitos, especialmente el judicial y el educacional, sin excluir las actitudes de quienes añoran aquel régimen o difunden su bondad y postulados. La resurrección o reivindicación de los mitos y las supuestas grandezas patrias se muestra, todavía, en discursos políticos parlamentarios sin el menor pudor. Las apelaciones al concepto de patria excluyente o la apropiación del sentimiento español es un método larvado de fascismo.

Pienso que a los nuevos fascistas de hoy les interesa, en efecto, tunear la historia y despegarse de imágenes atávicas con las que puedan confundir su actual propósito. Un partido como Vox pretende ser el adalid de una ultraderecha *moderna,* alejada de recuerdos rancios, manteniendo los homenajes nostálgicos en privado, o con sutiles guiños a la galería, como aquello del *Régimen del 78,* o que el Gobierno de Sánchez es el peor en ochenta años, incluyendo en el cómputo los casi cuarenta años de franquismo, como si fuera posible comparar un Gobierno democrático con uno dictatorial. Pero, sin duda, este no es su punto básico de propaganda.

Su fuerte es el fascismo aplicado no al pasado, sino a los problemas actuales que enfrenta la sociedad, reales o imaginarios, utilizando las técnicas propias del fascismo de antaño. Intolerancia, xenofobia, racismo, machismo y autoritarismo. Nosotros y ellos. Aquí los fuertes, los patriotas, los recios, el grupo superior; allá los blandos, que no saben acabar con el enemigo como es debido. De ahí aquello de «la derechita cobarde». Pero sin sustancia, plagados de contradicciones y con eslóganes simples y pegadizos para encarar problemas complejos que requerirían de trabajo, reflexión y cooperación entre todos, en fin, de políticas de Estado fruto del consenso.

Cualquier planteamiento que hagan siempre irá dirigido a las emociones y estará sustentado en la mentira y el engaño, y por ello será idóneo para destruir cualquier iniciativa seria y responsable. No importa mantener una postura o la contraria, todo es puro oportunismo, pero con una misma y permanente línea de actuación, contraria a los valores que *a boca llena* proclaman. Son puros émulos de la democracia, excrecencias de un sistema tolerante que, a veces, es demasiado pusilánime a la hora de defenderse. La defensa de la democracia no tiene por qué ser débil, sino todo lo contrario. Las agresiones a esta son muchas y variadas, y, entre ellas, una de las más efectivas es la manipulación y utilización de la justicia como arma jurídica con fines políticos, *lawfare,* cuyo desarrollo e implantación contribuyen de forma decisiva a los propios actores judiciales implicados. Los ejemplos en Latinoamérica son desgraciadamente abundantes: Chile, Argentina, Bolivia, Ecuador, Brasil, Honduras, México, etc. Hasta el punto de que han conseguido la caída de presidentes que han sido legítima y democráticamente elegidos. Pero no es el único continente en el que esto ha tenido y tiene lugar, aunque en él se compruebe con más claridad.

También en España ha sido y es evidente esa utilización del sistema judicial. Actuaciones que deberían haber sido inmediatas y contundentes en su rechazo se han convertido en auténticos instrumentos de extorsión política o mecanismos de destrucción o ataque a personas e instituciones. Incluso organizaciones conservadoras, sean judiciales, políticas o sociales, han actuado de forma coordinada para obtener objetivos políticos. La no renovación del Consejo General del Poder Judicial, cuyo mandato caducó hace hoy más de tres años, muestra esa realidad, que luego, debidamente manipulada, se expande fuera de nuestras fronteras para atacar a quienes quieren que las instituciones cumplan su misión. La pusilanimidad de determinadas resoluciones judiciales o la propia connivencia entre quienes las promueven y las dictan forman un cóctel explosivo en detrimento de la democracia.

Indefensión de las víctimas

En este aspecto se ha producido un cambio. Cuando en 2012 fui sometido a juicio en el Tribunal Supremo por haberme declarado competente para enjuiciar los crímenes del franquismo, me asombró —al igual que a la justicia internacional, los juristas españoles, las asociaciones de víctimas y a tantos ciudadanos que no podían entenderlo— que el Tribunal Supremo admitiera a trámite las querellas de entes franquistas, como Manos Limpias o Falange Española de las JONS, y otra organización de corte ultraconservador. Una querella tan interesada por parte de aquellos añorantes vigías de la dictadura que se levantaron como un solo hombre ante la posibilidad de hacer justicia por aquellos crímenes, que aún hoy siguen impunes. Ya me he referido previamente al dictamen del Comité de Derechos Humanos de la ONU, que ha sido claro y contundente en señalar que el Tribunal Supremo vulneró el Pacto Internacional de Derechos Civiles y Políticos en los juicios seguidos en mi contra por haber investigado los casos del franquismo y Gürtel, por lo que pide a España que borre los antecedentes penales y proporcione «una compensación adecuada por el daño sufrido».

Pues bien, el Comité de Derechos Humanos de Naciones Unidas me ha dado la razón, pero ¿qué hay de las víctimas? La sentencia del Supremo que me absolvió cerró la posibilidad de seguir la vía penal para investigar los crímenes franquistas. Como mencionaba al principio de este capítulo, el juez Zaffaroni asevera: «El poder judicial es sensible a estas cosas», refiriéndose a ese fascismo que se enraíza en las instituciones y que no es ajeno finalmente a ninguna.

Si de algo sirvió el juicio en mi contra fue para dar voz a las víctimas, que por primera y, hasta ahora, única vez pudieron narrar ante un tribunal su sufrimiento. A pesar del daño causado a mi persona con ese juicio, mereció la pena por el hecho de que las víctimas salieran de su silencio. Solo somos dueños de nuestras propias acciones, convicciones y valores. El que fracasemos o no seamos capaces de conseguir los objetivos finales muchas veces escapa a nuestras posibilidades, pero ello no debería preocuparnos. Nada es tan importante como defender los principios en los que crees. Esto es lo que me ha dado impulso todos estos años para continuar, día a día, peldaño a peldaño, a pesar de todas las dificultades que he debido enfrentar y que sigo enfrentando.

Solo estando de parte de los más vulnerables se cambia el rumbo de la historia. «La historia es nuestra, y la hacen los pueblos», dijo Salvador Allende en el día de su partida. En el caso de una guerra como la de España, estar en el lado de los vencedores supone hoy consagrar los espacios de impunidad y la consolidación de doctrinas como las del fascismo, que sigue entre nosotros, ahora revestido de unos ropajes o disfraces que, a veces, no somos capaces de detectar.

A principios de este año mantuve una conversación con el periodista de *infoLibre* Álvaro Sánchez Castrillo. Me preguntaba si se había producido algún avance judicial favorable a las víctimas. Le dije la verdad, que me produce una sensación de náusea y disgusto, difícil de definir, sobre lo que está ocurriendo con las denuncias ante los jueces y el poco éxito que obtienen las víctimas.

¡Qué difícil es conseguir que se investiguen estas desapariciones, que se abran las fosas o que se dicte justicia a favor de los represaliados! Esta actitud, propiciada desde el mismo Tribunal Supremo, me hace preguntarme qué intereses tan profundos hay para que esto no suceda; por qué esa lealtad con el régimen que raya en la complicidad; por qué tanta crueldad con las víctimas que tienen que acudir a tribunales de otros países a buscar el amparo que aquí no encuentran por parte de nuestro sistema de *justicia.* Son voces interesadas en callar lo sucedido que, en todas las áreas en que pueden influir, buscan que pase el tiempo, que los denunciantes vayan falleciendo y el asunto se olvide. Resulta muy duro de decir, pero los hechos lo corroboran. El Tribunal Supremo español, en este ámbito, sigue siendo un bastión del franquismo, del fascismo.

La historia es recurrente, y la memoria de los pueblos permanece y los olvidos inducidos fracasan una y otra vez. Así lo demuestra el ejemplo del pueblo armenio frente al genocidio de dos millones de personas, cometido por el Imperio otomano en la Primera Guerra Mundial (1915) o el genocidio en el Congo de otros dos millones de personas, también a manos de los responsables de la potencia colonial, el reino de Bélgica, a principios del siglo XX. O las reivindicaciones de los pueblos originarios, de hace más de quinientos años, contra el Imperio español o el portugués, o contra las autoridades norteamericanas, canadienses, australianas, chinas, birmanas, camboyanas, timorenses, italianas, británicas, francesas, japonesas, nazis y tantas otras.

Cuando se trata de dar cumplimiento al derecho de las víctimas a la verdad, la memoria, la justicia, la reparación y las garantías de no repetición, es necesario normalizar las cosas. Recuerdo lo que costó conseguir la exhumación de Francisco Franco y los agoreros pronunciamientos sobre lo que podría suceder. Gracias a la decisión del Gobierno socialista, con la ministra de Justicia Dolores Delgado al frente como notaria mayor del reino, ahora el Valle de los Caídos ya no tiene la significación de homenaje al dictador. Emocionalmente, y, de hecho, fue un hito para nuestra sociedad, un asunto pendiente resuelto. Ni ocurrió nada entonces ni ahora por tal asunto. ¿Por qué? Pues porque suponía resolver una situación anómala, sin más, y porque, frente a los nostálgicos que aún circulan por ahí, nuestros jóvenes están en otras cosas de futuro que son las que les interesan, como su propio papel en la sociedad y las salidas profesionales y de vida que puedan conseguir.

Ese futuro no será el mismo si se basa en una política coherente e íntegra de memoria que nos enfrente con claridad y sin trampas con nuestro pasado. Si, por el contrario, se oculta la realidad de este, la tara social se mantiene y las nuevas generaciones no podrán sentir que están en un país que es justo y equitativo y que aplica el principio de igualdad ante la ley de forma verdadera. Distinguir por tipos de víctimas, entre víctimas buenas y malas, de primera o segunda categoría, o negarles la condición de tales implica comportamientos fascistas de primer orden y supone la negación de la evidencia y la consolidación de posturas autoritarias propias del fascismo.

Estoy de acuerdo en que hay que pasar página, pero debemos leer el libro completo y con detenimiento. Y, para ello, es preciso recuperar a muchos compatriotas asesinados por apoyar el régimen democráticamente establecido por las urnas o por no pertenecer al grupo de los golpistas, o porque alguien codiciaba sus propiedades. Sin olvidar nunca que tenemos pendiente la necesidad de investigar los casos de los millares de bebés robados, y con la esperanza de que se apruebe el proyecto de ley de memoria democrática para que dé respuestas a tantas expectativas de vida pendientes.

Puede que alguna vez se investiguen en España los crímenes del franquismo, quizás no sea una causa general, pero tal vez el camino sea el de llevar a cabo causas *locales,* por comunidades autónomas o por provincias. Se trataría de intentar establecer qué ocurrió y quiénes truncaron tantos sueños. Y, de alguna manera, honrar a quienes sufrieron una represión que nos resulta impensable, pero que existió y nos ha marcado como sociedad, y que hoy la ultraderecha quiere restablecer. Revelar lo que pasó, explicar la barbaridad cometida sirve para llamar a que se rechace todo intento de totalitarismo y a combatir la recreación actual del fascismo que azotó a España tantos años.

Por ello es difícil de entender que aún se mantengan secretos archivos que vienen de la guerra civil y de la dictadura. Hay muchas cosas por conocer y no se quieren compartir. Se nos oculta la historia real y se nos trata como menores de edad cuando, a la vez, se exigen sacrificios supremos a cambio de nada. Las sociedades no se merecen el ocultamiento del proceder de sus dirigentes. La sempiterna razón de Estado ha sido malinterpretada desde que Maquiavelo diera una visión determinada de ella. La verdadera o la buena razón de Estado es aquella que beneficia a los ciudadanos, no la que les oculta la verdad o la que sirvió para atacarlos o destruirlos. La ciudadanía debe ser responsable y tiene la obligación, también, de soportar la tensión que se deriva de ello.

Argentina, contra la impunidad

En algún otro país lo han conseguido, no sin dificultad. La justicia universal ha sido el instrumento que ha permitido arrojar luz sobre la oscuridad que caracteriza a la impunidad.

En los años setenta, ochenta y noventa, la Justicia calló en Chile y Argentina, como lo haría en otros países de la región y lo sigue haciendo aún en demasiados lugares en nuestros días. La lucha contra la impunidad es una de las tareas más arduas que existen en el mundo de la justicia. Ciertamente, no es una prioridad para la gran mayoría; es algo lejano o, en todo caso, algo que no preocupa. No se percibe como algo inmediato.

Siempre será una minoría la que sienta que la justicia es algo más que un conjunto de códigos y reglas y que, además de la aplicación estricta de las leyes, estas se refieren a seres vivos que sufren y gozan, y por tanto deben ser protegidos. La justicia tiene rostro, unas veces reflejado en los miles de personas que cruzan el desierto o el mar para llegar a un espacio de seguridad y de vida; otras veces en los refugiados que huyen de una muerte segura por conflictos armados que no han provocado; otras, en la desesperación de una madre que sufre el dolor de la pérdida de un hijo que se juega la vida a miles de kilómetros; otras, en fin, en quienes sufren tortura o exilio. Pero, en todo caso, la justicia no es la simple interpretación de normas ni la mera acomodación de estas a un espacio territorial concreto: la justicia también es universal porque existen crímenes de alcance global, y las medidas para combatirlos deben ser también equivalentes y de esta forma proteger a las víctimas, que son, asimismo, universales.

En aquellos años de acero, de persecuciones y negación de la libertad y de la vida, en el Cono Sur hubo un puñado de víctimas que dieron la cara y que pelearon con todas sus fuerzas porque el olvido no fuera la regla que gobernara nuestras mentes. Lucharon y perdieron la vida contra las dictaduras; sobrevivieron a la tortura; sufrieron desapariciones, ejecuciones sumarias, exilio, pero no abandonaron la lucha por sus ideales y por derrocar esos regímenes totalitarios y fascistas que utilizaron el poder y la religión para masacrar a sus conciudadanos por pensar de forma diferente.

Su lucha por recuperar la identidad de centenares de niños robados, que continúa hasta el día de hoy, y porque se esclarecieran los crímenes cometidos ejemplifica la fuerza del pueblo frente a los abusos de poder. Esa insistencia no fue apenas atendida en aquellos años, y tampoco posteriormente, cuando la impunidad, a través de las cobardes leyes de obediencia debida y punto final, de indultos generales, de autoamnistías, de nulidades, de decretos ejecutivos y toda suerte de argucias legales, garantizó, al menos temporalmente, la tranquilidad de sátrapas y militares.

Esta impunidad rampante y este dolor de las víctimas hicieron mella en el corazón de la Justicia de varios países. En particular, en España. En los archivos de la Audiencia Nacional se guardan los testimonios de quienes perdieron a sus seres queridos en Argentina por la acción criminal del régimen de Jorge Rafael Videla, los demás miembros de las Juntas Militares y los centenares de represores de toda laya que se sumaron al aquelarre de sangre en aras de la defensa de los «valores de una supuesta civilización occidental y cristiana». Unieron fascismo, Iglesia y poder para aniquilar a todos los que les parecieron oponentes políticos, o simplemente les estorbaban por razones económicas o políticas durante la dictadura que asoló el país en pleno siglo XX.

Desde 1976 hasta 1983, las fuerzas militares de todo tipo, la Policía y los diferentes centros de poder de Argentina emprendieron una guerra contra la *subversión* intentando exterminar a todos sus antagonistas. De los treinta mil desaparecidos, según las organizaciones de víctimas y derechos humanos, aproximadamente cinco mil opositores de la dictadura argentina perdieron la vida o fueron desaparecidos en los denominados *vuelos de la muerte* en la Escuela de Mecánica de la Armada (ESMA).

El juicio a las Juntas Militares en 1985 fue un logro único en un país que salía de una dictadura, pero, como era previsible, aguantar el juicio no equivalía a hacer ejecutar la sentencia. Cuando llegó ese momento, comenzaron los problemas y se aprobaron las leyes de impunidad. Solo el robo de niños y los delitos contra la propiedad quedaron fuera del ámbito de las leyes aprobadas. El proceso judicial que emprendió la justicia civil en Argentina en 1985 se realizó por decreto del presidente Raúl Ricardo Alfonsín sobre los integrantes de las tres primeras Juntas Militares de la dictadura cívico-militar autodenominada *Proceso de Reorganización Nacional* (1976-1983) debido a sus graves y masivas violaciones de derechos humanos. Fueron condenados cinco de los militares acusados y se absolvió a otros cuatro, pero, en 1990, el presidente Menem indultó a los penados.

En aquellos años hubo víctimas y activistas que lucharon denodadamente contra la dictadura y contra esa impunidad. Muchos de ellos perdieron la vida en el empeño, y otros vivieron para contarlo. Uno de estos profesionales fue el fiscal general de Bahía Blanca, el argentino Hugo Omar Cañón. Serio, sobrio y sensible, comprometido con la causa de la justicia y la defensa de las víctimas, se levantó contra los indultos decididos en 1989 por el presidente Menem a favor de los militares represores, para vergüenza y oprobio de quien los autorizó.

El 31 de mayo de 1996, Amnistía Internacional se dirigía por escrito al entonces presidente del Gobierno, José María Aznar, mostrando su preocupación por el posible archivo de la denuncia que había presentado la Unión Progresista de Fiscales el 24 de marzo de ese mismo año —día en el que se cumplía el vigésimo aniversario del golpe militar en Argentina— en los juzgados centrales de instrucción de la Audiencia Nacional y que, por reparto, había correspondido al número cinco, que, en aquel momento, estaba bajo mi responsabilidad y competencia.

Cuatro días después de interpuesta la denuncia, el 28 de marzo, dicté el auto por el que se incoaba el procedimiento penal por presuntos delitos de genocidio, terrorismo y torturas contra los máximos responsables de las Juntas Militares argentinas en aplicación del principio de jurisdicción universal. Comenzaban así los que después se conocerían como los *juicios de Madrid.*

Lo que se pedía en la denuncia era que se investigasen el secuestro y la desaparición de 35 ciudadanos españoles que vivían en Argentina entre los años 1976 a 1983, para después continuar indagando los hechos que produjeron la desaparición de 266 personas directamente vinculadas a ciudadanos españoles, así como la desaparición de ciudadanos argentinos y de otras nacionalidades. Lo que luego solicitaría Amnistía Internacional a José María Aznar era que apoyara la iniciativa para la continuidad de las investigaciones: «que se siga el procedimiento y que se agoten las posibilidades legales para exigir responsabilidad penal a los culpables, con el fin de que los familiares de los desaparecidos puedan obtener reparación legal, ya que después de 20 años de las primeras desapariciones, siguen sin conseguir respuesta alguna...».

Probablemente, el presidente español, y presidente del Partido Popular en aquellas fechas, no miró con simpatía tal petición. De hecho, no se escucharon voces desde su partido reclamando que se hiciera justicia. Los políticos no suelen entrar en terreno resbaladizo *motu proprio.* Aunque la posición institucional del Ejecutivo estaba muy clara si tenemos en cuenta la actitud y posición procesal del ministerio fiscal en aquel caso. No solo fue contrario a la jurisdicción y competencia de la Audiencia Nacional, sino que el fiscal jefe de esta llegó a negar el carácter de dictadura al régimen de las Juntas Militares, y, por supuesto, el concepto mismo de jurisdicción universal.

Fueron dos años de inactividad y ausencia generalizada por parte de la Fiscalía en las diferentes actuaciones judiciales. Si alguna actuación tuvo, fue para favorecer la impunidad y a los perpetradores. Así se mantuvo hasta 2004, cuando cambió el titular de la Fiscalía General del Estado y se hizo cargo del caso Dolores Delgado, ya en fase de juicio oral, ejerciendo la acusación contra el militar Adolfo Scilingo.

No muchos lo saben o lo recuerdan, pero he de decir que, en 1978, siendo presidente Adolfo Suárez (UCD), el rey Juan Carlos I visitó al presidente y miembro de la Junta Militar de Argentina, Jorge Rafael Videla, en un momento terrible de este país y, a renglón seguido, el 6 de enero de 1979, se publicaba en el *BOE* la concesión al dictador del collar de la Real Orden de Isabel la Católica, máxima distinción para aquellos a los que España quiere honrar. Después, fue distinguido en similares términos Emilio

Eduardo Massera, otro militar argentino, también responsable de crímenes de lesa humanidad perpetrados entre 1976 y 1983.

Durante la instrucción debí tomar declaración a las víctimas. El relato de los hechos era estremecedor, y la constatación de estos se apoyaba en pruebas incontestables. Los testimonios fueron corroborados con una serie de documentos, archivos y manifestaciones de los propios perpetradores, que siempre se jactaron de lo que hicieron y jamás pidieron, ni han pedido después, perdón. Un extracto de estas declaraciones se recogía en el auto de procesamiento dictado por mí contra 99 personas, que incluía a todos los componentes de las Juntas Militares, en fecha 2 de noviembre de 1999, y que decía:

> Entre el 24 de marzo de 1976 y el 10 de diciembre de 1983, principalmente en los cinco primeros años, se produce el exterminio masivo de ciudadanos y se impone un régimen de terror generalizado a través de la muerte, el secuestro, la desaparición forzada de personas y las torturas inferidas con métodos «científicos», reducción a servidumbre, apropiación y sustitución de identidad de niños, de los que son víctimas decenas de miles de personas a lo largo y ancho del territorio de la República Argentina y fuera del mismo, mediante la ayuda y colaboración de otros gobiernos afines que aplican o habían aplicado similares métodos de represión, como el liderado en Chile por Augusto Pinochet Ugarte, el de Uruguay o el de Bolivia. No faltan tampoco las acciones de los represores dirigidas contra los bienes muebles e inmuebles de las víctimas adjudicándoselos de forma arbitraria y continuada hasta sustraerlos totalmente del ámbito de disposición de sus legítimos propietarios o descendientes e incorporándolos a los propios patrimonios o a los de terceras personas.[7]

---

[7] Texto extraído del auto de procesamiento en el caso Scilingo que aparece en: Baltasar Garzón, *No a la impunidad,* Debate, Madrid, 2019.

Como se puede comprobar, se reproducen los mismos esquemas de depredación e incautación que se llevaron a cabo en la Alemania nazi o en la dictadura española. En ellas no solo se eliminó a los oponentes o *enemigos* de la dictadura, sino que también se apropiaron de todos sus bienes.

El golpe militar fascista no surgió de la noche a la mañana, sino que se fue fraguando poco a poco con el apoyo de organizaciones paramilitares, como la Triple A, que actuaban en coordinación con los militares contra organizaciones revolucionarias, como Montoneros o el Ejército Revolucionario del Pueblo (ERP), para generar la sensación de desastre institucional y terror generalizado que justificara la intervención militar.

A las tres y diez de la madrugada del 24 de marzo de 1976 se emitió por la Junta de Comandantes Generales un decreto que decía:

> Se comunica a la población que, a partir de la fecha, el país se encuentra bajo el control operacional de la Junta Militar. Se recomienda a todos los habitantes el estricto acatamiento de todas las disposiciones y directivas que emanen de la autoridad militar, de seguridad o policial, así como extremar el cuidado en evitar acciones y actitudes individuales o de grupo que puedan exigir la intervención drástica del personal en operaciones. Firmado: Jorge Rafael Videla, teniente general, comandante general del Ejército; Emilio Eduardo Masera, almirante, comandante general de la Armada; Orlando Ramón Agosti, brigadier general, comandante general de la Fuerza Aérea.[8]

De esta forma aséptica, casi mecánica, comenzaba un tiempo de oscuridad y terror para Argentina. Para llevar adelante la represión, se aprovecharon las propias estructuras militares y su

[8] Baltasar Garzón, *No a la impunidad*, o. cit.

distribución territorial, en las que se habilitaron espacios reservados para las detenciones de los opositores, y en ellas se les

> tortura para obtener información, para, posteriormente matarlos o mantenerlos secuestrados, consiguiendo con ello una limpieza familiar, social, intelectual, sindical, religiosa e incluso étnica parcial, que permita cumplir el plan trazado de construir una «Nueva Argentina» purificada de la «contaminación subversiva y atea» y, simultáneamente, dar la sensación de que la violencia en las calles había desaparecido por el accionar antisubversivo del ejército, ocultando la realidad a la comunidad internacional.[9]

Las propias palabras del dictador Videla pronunciadas a final de 2011 y principios de 2012, desde la cárcel, al periodista Ceferino Reato, eran lapidarias:

> Nosotros no tomamos la decisión antes del golpe, sino cuando se nos presentó el problema de qué hacer con esa gente, que no podía ser fusilada públicamente ni tampoco podía ser condenada judicialmente. Entramos a la guerra sin saber con todas las personas que eran el costo necesario para ganarla. La solución fue apareciendo de una manera espontánea, con los casos de desaparecidos que se fueron dando. Casos espontáneos pero que, repito, no eran decididos por un joven oficial recién recibido; no, casos que eran ordenados por un capitán que, a su vez, recibía la orden del jefe de brigada, que a su vez recibía la orden del comandante o jefe de zona.[10]

Y por ese camino la cadena de mando estaba determinada hacia arriba, hasta la cúpula.

---

[9] Baltasar Garzón, *No a la impunidad,* o. cit.
[10] *Ibid.*

Se trataba de «combatir todo lo que sea contrario a la ideología occidental y cristiana», en palabras del almirante Mendía. Y, para ello, «contamos con el beneplácito de la Iglesia». Y en tal lucha contra la subversión, remataba el almirante, frente a sus oficiales en Puerto Belgrano en marzo de 1976: «se actuará con ropa de civil, en operaciones rápidas, interrogatorios intensos, práctica de torturas, y eliminación física a través de acciones en aviones desde los cuales, en vuelo, se arrojarán los cuerpos vivos y narcotizados de las víctimas al vacío, proporcionándoles de esta forma "una muerte cristiana"».[11]

En todo caso, el manto de la impunidad que venía de la dictadura, y posteriormente de los Gobiernos democráticos, tanto radicales como peronistas, permaneció inalterado. La justicia, salvo excepciones, no fue capaz de romperlo, y solo se consiguió, nuevamente por el esfuerzo de las víctimas, impulsar procesos de justicia restaurativa a través de comisiones de verdad y de memoria, como la Comisión Provincial de la Memoria de la Provincia de Buenos Aires, e iniciativas internacionales en sedes diplomáticas y de Naciones Unidas. En este caso, como en el de Chile, Guatemala, El Salvador, Sudáfrica y otros, el peso de la fuerza del poder militar y político se impuso frente a la justicia penal.

Discrepancias

No sería sino años después, y tras la iniciativa judicial española —de ahí su importancia—, cuando se derogaron por el Congreso (2003) y se anularon por la Corte Suprema Argentina (2005) las leyes de impunidad (obediencia debida y punto final) que hasta ese momento escenificaron el triunfo de la ideología más

[11] Baltasar Garzón, *No a la impunidad*, o. cit.

reaccionaria en contra de las víctimas de crímenes internacionales y en favor de los perpetradores.

Pero incluso en el país que sí estaba investigando estos crímenes, es decir, en España, no faltaron voces discrepantes, no ya en el sentido jurídico, con interpretaciones diferentes del principio de jurisdicción universal, sino con exposición de rictus pseudofascista. Me refiero al escándalo acontecido por un informe que el fiscal Eduardo Fungairiño había enviado al fiscal general, y que este había expuesto en el Parlamento el 10 de diciembre de 1997, en el que, según refería, las desapariciones de españoles en Chile y Argentina no debían considerarse delitos de terrorismo porque el «exterminio de la disidencia» no tuvo por fin la subversión del orden constitucional, ya que no cabía «olvidar que las Juntas Militares no pretendían sino la sustitución temporal del orden constitucional establecido, mediante acta institucional que tenía por objeto, precisamente, subsanar las insuficiencias de que ese orden constitucional adolecía para mantener la paz pública».

Debo reconocer que, si bien la atención mediática en este asunto siempre se basó en la existencia de ciudadanos españoles y descendientes de españoles entre las víctimas, fue más por una estrategia de comprensión por parte de la ciudadanía, a la que se le hacía difícil entender por qué un juez español investigaba crímenes cometidos en otros países. Así se lo expliqué a Carlos Slepoy, de añorado recuerdo, que ejercía como acusador popular, junto con otros letrados, como también lo había hecho la Unión Progresista de Fiscales. Incluso a los más fieles tuve que explicarles la esencia del principio de jurisdicción universal y tranquilizarlos, advirtiéndoles que ya se había aplicado puntualmente en otros casos y que realmente el concepto de víctima era universal, y por tanto la acción debía ser, asimismo, de un alcance equivalente. Ese era y sigue siendo el verdadero sentido de la justicia universal. Desde entonces hasta ahora, la labor pedagógica sobre este principio ha sido constante por parte de quienes creemos en la bondad del mismo. Después de dos años de instrucción, y con una persona privada de libertad por estos crímenes desde octubre de 1997, Adolfo Scilingo, era tiempo de avanzar y ampliar la investigación a otros espacios más abiertos que nos llevaban fuera de las fronteras argentinas, hasta los países de alrededor, que se vieron afectados por similares dictaduras y regímenes fascistas, en el seno de los cuales surgió el conocido con el nombre de *Operativo* (u *Operación*) *Cóndor,* en honor del ave rapaz característica de los Andes.

La cuestión es que entre los países afectados se encontraba Chile, y la participación de los servicios de inteligencia, comandados por Manuel Contreras, responsable de la Dirección de Inteligencia Nacional (DINA), bajo las órdenes del jefe del Estado, el dictador Pinochet, en la creación de esa operación de secuestros, desapariciones, torturas y asesinatos tenía una relevancia especial, hasta el punto de haberse creado en la capital, Santiago. Los crímenes de esta dictadura se investigaban en el Juzgado Central de Instrucción n.º 6.

La historia dice que, una vez detenido Augusto Pinochet en Londres por orden mía, precisamente por el Operativo Cóndor, reclamé la inhibición a mi colega García Castellón, y aunque el fiscal, nuevamente y por razones obvias, no jurídicas precisamente, se opuso, el juez aceptó y la Sala de lo Penal lo confirmó. Con ello, los crímenes cometidos durante las dos dictaduras de Argentina y Chile y los crímenes enmarcados en el Operativo Cóndor quedaron bajo mi competencia.

Recuerdo muy bien a los testigos: las víctimas, los expertos, el escritor Ernesto Sábato —presidente de la Comisión Nacional sobre la Desaparición de Personas (Conadep)—, Julio César Strassera —fiscal en el juicio contra las Juntas Militares en 1985—, Adolfo Pérez Esquivel —que recibió el Nobel de la Paz en 1980—, madres, abuelas, familiares, hijos, sindicalistas, gremialistas, universitarios, abogados, agrupaciones de víctimas de colectividades judías, etc., fueron pasando por mi despacho del Juzgado Central de Instrucción n.º 5 de la Audiencia Nacional. Los testimonios eran cada vez más impresionantes, y los indicios acumulados, de una calidad procesal muy importante. Además, por primera vez utilicé documentos y testimonios extraídos de los informes de los relatores de la ONU, de los diferentes comités a los que las víctimas habían acudido con su demanda. Recabé todos los elementos posibles que pudieran contribuir a que la Justicia no tuviera dudas sobre la actuación delictiva de quienes habían cometido aquellos crímenes. Recuerdo que un militar, acompañado por el fiscal Hugo Omar Cañón, me aportó los documentos que demostraban la existencia de un plan sistemático de eliminación. Poco a poco, se iba formando una causa con tal cúmulo de datos y evidencias probatorias que el procesamiento de los responsables y la expedición de órdenes de captura eran inevitables e inminentes.

Nunca me cansaré de repetir que, en todos los casos, y máxime en aquellos en que la impunidad ha sido el plato fuerte, las víctimas sienten un inicio de reparación al acudir ante el juez. Así ocurrió en esta indagación sobre los crímenes de la dictadura argentina, porque por primera vez alguien prestaba atención y escuchaba a quienes habían sido detenidos y torturados, a los familiares de los desaparecidos, a las abuelas de los niños robados. En sus declaraciones, tremendas, muchas veces desgarradoras, asomaba siempre la esperanza: de pronto sentían que podían reivindicar a los suyos, que la justicia por fin llevaría ante los tribunales a los perpetradores de crímenes contra la humanidad.

Kirchner y la ley

El presidente de Argentina, Néstor Kirchner, derogó, el 25 de julio de 2003, el decreto de su antecesor, Fernando de la Rúa, que impedía la extradición a países terceros de represores de la dictadura militar. Un día después, atendiendo una orden de detención de julio de 2003 emitida por mí, el magistrado Rodolfo Canicoba Corral ordenaría la prisión con fines de extradición de 46 personas (45 militares y un civil). Entre ellos se encontraban los máximos dirigentes de la época del terrorismo de Estado en Argentina.

Con la derogación del decreto, el presidente Kirchner estableció un punto de inflexión y abrió la puerta a la intervención de la Justicia para poder determinar en cada caso si correspondía o no la extradición ante el requerimiento de los jueces de España y también de otros países, como Italia, Francia o Alemania. Kirchner hizo vigente la igualdad ante la ley, de manera que los militares ya no gozaban del privilegio de quedar excluidos frente a una solicitud de extradición. Eran los jueces quienes decidirían si correspondía extraditar o no, y luego el Gobierno tomaría la decisión conforme a la ley.

Las órdenes de detención y las peticiones de extradición causaron gran revuelo en la República Argentina. Posteriormente, con la colaboración, de nuevo, del fiscal Fungairiño, el Gobierno del Partido Popular, encabezado por José María Aznar y siendo ministro de Justicia José María Michavilla, se opuso a cursar la demanda de extradición pretextando que ya podían ser juzgados en su país, cosa que no era cierta, porque solo se habían derogado las leyes que impedían la extradición.

La documentación que estaba prevista para la extradición se convirtió en el sostén para la reanudación de las investigaciones en Argentina, y así comenzó uno de los avances más importantes de la justicia contra la impunidad del poder y sus excesos, que ha llevado, hasta el día de hoy, a centenares de represores ante los tribunales con sentencias condenatorias durísimas y reparación a las víctimas, hasta el punto de que ni los intentos del Gobierno de Macri ni los amagos de la Corte Suprema en 2015 consiguieron revertir el curso de la justicia más exigente. El ejemplo argentino no ha sido seguido por otros países, ni siquiera por Chile, en donde las acciones han sido más timoratas, pero demuestra que se puede conseguir confrontar los disfraces del fascismo cuando este trata de anidar, incluso en tiempos democráticos, en las instituciones. Solo es cuestión de dignidad y firmeza y de poner en el primer nivel la defensa de las víctimas.

El enjuiciamiento de Scilingo, uno de los represores con condena por crímenes contra la humanidad, en Madrid representó un hito histórico, tan importante como la detención de Augusto Pinochet. También lo fue la obtención de la extradición desde México de otro de los represores, Ricardo Miguel Cavallo, reconocido por varios testigos como torturador en la Escuela de Mecánica de la Armada, quien fue, finalmente, entregado a Argentina y condenado en 2011. Concluí el sumario contra Scilingo y Cavallo en octubre de 2003. El exmilitar podía ser juzgado en la Audiencia Nacional «sin más dilaciones» y sin esperar a la conclusión de la causa abierta a los otros 97 procesados. Y lo fue en 2005, y resultó condenado en un juicio histórico, con la acusación, ahora sí, de la fiscalía representada por Dolores Delgado, acompañando a las acusaciones particulares de las víctimas y de la popular.

En la antigua ESMA

Muchos años después, desde mi puesto de asesor de la Comisión de Derechos Humanos de la Cámara de Representantes de Argentina hasta 2013, y desde ese año, hasta 2016, como presidente del Centro Internacional de Promoción y Defensa de los Derechos Humanos, de categoría dos de la Unesco, con sede en la ESMA, pude comprobar lo que la acción de la justicia universal supone para reparar la estima de una nación y de qué manera sirve para sanar la dañada convivencia de sus habitantes.

Como dice la canción de Juan Manuel Serrat, artista muy querido en Argentina, «es caprichoso el azar». Precisamente allí donde más de cinco mil personas habían sido torturadas, desaparecidas, violadas, trasladadas a los vuelos de la muerte; allí, en la Escuela de Mecánica de la Armada (ESMA), convertida en centro de memoria (piensen ustedes en algo similar respecto del Valle de los Caídos, en Cuelgamuros), tuve, muchos años después, mi despacho. En aquel tiempo, no dejaba de recorrer los centros de tortura. Allí hubo paritorios ilegales; robo de los niños a sus madres, que después eran ejecutadas; cuerpos hacinados de los detenidos en Capucha y Capuchita; ruido y marcas en los escalones de las cadenas que sujetaban los grilletes a los tobillos; cámaras de tortura en donde se aplicaba de forma generalizada la picana (descargas eléctricas) en pezones y genitales. Allí rememoraba las declaraciones de las víctimas en mi despacho de la planta segunda de la Audiencia Nacional y el dolor de tantos ciudadanos y ciudadanas inocentes, mientras se celebraban en Buenos Aires los fastos del Mundial de Fútbol y se aclamaba a Maradona, insensibles a lo que estaba ocurriendo de puertas para adentro. No hay peor ciego que el que no quiere ver, y los indiferentes son los más nefastos, porque ellos, que sí saben, son por omisión responsables de lo ocurrido.

Durante los años en los que trabajé en Argentina tuve tiempo para recorrer todo el país, ver los centros de memoria, asistir a exhumaciones de cuerpos en centros de detención diseminados por toda la geografía nacional, acompañar a las víctimas en diversos juicios, enfrentarme a algún que otro exaltado militar y personas de extrema derecha que querían que abandonara Argentina. A ellos se sumaban quienes también, con cierta nostalgia nacional vasca, no perdían oportunidad de escracharme, a poco que podían, por mis acciones judiciales contra el terrorismo de ETA. Pero nunca les volvía la cara, como no lo hice en Chile y no lo he hecho en España. Al fascismo y los que practican esta ideología no se les puede ocultar el rostro, porque entonces ya han ganado, hay que confrontarlos con argumentos, mesura y razón, pero con contundencia y sin cobardía.

Trabajé en Argentina después del mal trago que supuso mi condena en febrero de 2012 en España (hoy declarada arbitraria y parcial por el Comité de Derechos Humanos de la ONU). Argentina me acogió como a uno más de sus ciudadanos, me otorgó el carnet de identidad y me confirió el rango de subsecretario de Derechos Humanos por mi posición en el Centro Internacional para la Promoción de los Derechos Humanos (CIPDH). Previamente, el 1 de marzo de 2012, las dos cámaras, la de Diputados y la del Senado, en sesión conjunta, presididas por la presidenta de la república Cristina Fernández de Kirchner, me reconocieron por mi trabajo como juez y me recibieron como amigo de la nación argentina, en presencia de la presidenta de Abuelas de Plaza de Mayo, Estela Carlotto, y de la de Madres de Plaza de Mayo, Hebe de Bonafini, y también de la fiscal Dolores Delgado.

Es difícil describir los momentos de dicha que se vivían en la sede de las Abuelas de Plaza de Mayo cada vez que se recuperaba un nieto (127 de los más de 500 sustraídos) o cuando los excombatientes de las Malvinas pedían justicia o cuando más de un millón de personas nos concentrábamos en la plaza de Mayo para rememorar lo que nunca debió ocurrir y que tanta desgracia trajo a este país.

Los juicios contra los crímenes de la dictadura argentina abrieron la puerta a juzgar a otras dictaduras, es un hecho, del mismo modo que la detención de Pinochet supuso que en todo el mundo se abrieran los ojos ante la posibilidad de emprender la batalla contra la impunidad.

Eugenio Raúl Zaffaroni, con cuya opinión he iniciado este capítulo, es uno de los magistrados de la Corte Suprema argentina que abolió las leyes de amnistía en 2005, haciendo posible el proceso contra la dictadura de su país. Hoy, una vez finalizado su mandato en la Corte Interamericana de Derechos Humanos, se le reconoce como un activo defensor de los derechos humanos. Afirma que entonces, junto a sus colegas, sintió que abrían un espacio para un acto de justicia especialmente transcendente, y era así porque la dictadura de Argentina de 1976:

> fue directamente genocida. No eran delitos políticos aislados, eran crímenes masivos, una construcción sistemática. Y eso de alguna manera teníamos que saldarlo, porque de lo contrario quedaba abierto el ejemplo para el futuro. Eso es lo que sentimos. Que habíamos llegado a un punto en el cual ya estaba bien. Porque si no se hace nada, dejamos abierta una posibilidad de que esto se repita en el futuro.[12]

Añade una reflexión que me parece importante:

> Debo decir la verdad: nosotros pudimos juzgar a los genocidas porque los genocidas ya no le interesaban al poder internacional. Se había cerrado una etapa de dominación y se abría otra que es la actual. Los habían usado y había cambiado el poder. Por eso el Poder Judicial fue bastante objetivo. Si no, no hubiésemos podido hacerlo. Otro factor decisivo fue la guerra de Malvinas. Los militares salieron de esa guerra desacreditados, vistos como cobardes, una cosa verdaderamente vergonzosa. Por eso nuestra dictadura sale con un desprestigio que no tiene la de Pinochet, que no tuvo la brasileña o la uruguaya.[13]

---

[12] Olga Rodríguez, «Zaffaroni: "Si no se hace nada ante los crímenes de una dictadura, se deja abierta la posibilidad de que se repitan"», *elDiario.es,* 15 de enero de 2022, disponible en <https://www.eldiario.es/sociedad/zaffaroni-si-no-crimenes-dictadura-deja-abierta-posibilidad-repitan_128_8631482.html>.

[13] *Ibid.*

El Chile de Pinochet

Cuando un dictador muere, las sensaciones que se producen en un país y en sus ciudadanos son totalmente diferentes, según les haya ido durante el periodo de mandato autoritario. Los hay que, por haber sufrido las consecuencias de la dictadura, sienten una especie de satisfacción íntima y una sensación de que, a partir de ese momento, se puede hacer realidad lo que tantas veces han reclamado: la justicia. Por supuesto, están también los que se quedan *huérfanos* porque se les ha ido el *líder* e intuyen que se les terminan los buenos momentos que vivieron durante ese tiempo de bonanza y *seguridad* para ellos y de una *normalidad ideológica*, que se verán «quebradas por las hordas de izquierda con las que amenazaba el dictador». Hay un tercer grupo, al que podríamos llamar de *los indiferentes,* a quienes les importa poco qué sistema sea el vigente con tal de estar bien acomodados y que no les moleste: «yo no soy político», «yo no entiendo de esto», y actitudes similares, que tanto abundan en cualquier sociedad. Por último, está la gran mayoría del pueblo, que simplemente sobrevive y que lo pasó mal, y probablemente se vio engañado con las grandes palabras. Lo seguirán pasando mal, porque creen en la bondad de los nuevos dirigentes, hasta que se dan cuenta de que las cosas que han cambiado apenas les afectan.

En medio de este conjunto, ¿qué papel juegan las instituciones? Cuando la democracia se instala, tras ese periodo de transición más o menos amplio, surgen las dudas sobre qué hacer. ¿Cuánta cantidad de justicia? ¿Qué tipo de justicia? ¿Hasta dónde puede llegar la justicia? ¿Qué hacemos con quienes han administrado justicia aplicando leyes injustas, sabiendo que lo eran y que callaron? ¿Cómo los reciclamos? ¿Cómo los democratizamos? El miedo se adueña, de nuevo, de los demócratas; sufren como sufrían durante la dictadura e, inevitablemente, tienden a ser laxos en la aplicación de la ley, y si son severos, después llegarán las normas que garantizan o atenúan la impunidad.

Sucedió en España con la ley de amnistía, que debía ser aplicada por la necesidad de solucionar las arbitrariedades de unas normas y sanciones precedentes, pero que sirvió —y ese es un déficit que no puede perdonárseles a quienes la aprobaron y a quienes han seguido manteniendo su vigencia— en favor de los que no solo no habían sufrido la represión, sino que la provocaron, auspiciaron y desarrollaron. Los jueces tienen la obligación de hacer cesar esa injusta situación para aquellos que han resultado doblemente víctimas; y quienes se amparan en la tranquilidad de una transición que se dice modélica, pero que no lo fue tanto, no están justificados en su actitud pasiva frente a aquella norma.

En Argentina, como hemos visto, fue así por más de veinte años. Fueron presidentes democráticos, diputados y senadores demócratas quienes aprobaron y favorecieron esa situación. Y, después, cuando la justicia actuó, se demostró la falacia de quienes propugnaban la impunidad bajo las admoniciones de la reapertura de las viejas heridas, de la ruptura de la democracia... Lo cierto es que ninguna verdadera democracia se rompe por la aplicación de la ley.

Y nosotros aquí estamos, a la fecha de hoy, ochenta y seis años después del golpe militar de 1936 y cuarenta y siete años después de la muerte del dictador, mirándonos al ombligo, debatiendo si es necesaria o no una ley de memoria democrática y su alcance. Debería darnos vergüenza el propio debate en sí si nos consideramos verdaderamente demócratas. Es tan grosera la situación, y tan grave la omisión, que ninguna argumentación justifica que no se solucione ese vacío histórico de España. Y, dentro de todas las instituciones, la que no tiene justificación por su inacción es la Justicia y todos y cada uno de los operadores judiciales que deberían interpretar las normas en beneficio de las víctimas y tratarlas con dignidad. Por el contrario, ya conocen la historia.

Es muy difícil construir un país plural como es España si no nos respetamos y reconocemos nuestras debilidades para ampliar nuestras fortalezas.

Algo similar ocurrió en Chile, aunque con diferencias que aún se sienten hoy día, después del *estallido social* que comenzó el 19 de octubre de 2019. Aunque, para llegar a ese momento, tuvieron que ocurrir muchas cosas.

Chile siempre ha estado muy cerca de nuestro país y ha sido paradigmático lo ocurrido en ese alejado Cono Sur, donde se *acaba el mundo* habitado; en esa tierra en la que, tantos siglos después, los pueblos originarios, los mapuches, siguen jugándose la vida para conservarla y sufriendo represión y estados de excepción constitucional porque no se les quieren reconocer sus derechos.

La grandeza de Salvador Allende consiste en que puso voz a los desfavorecidos en tierra hostil, dominada por las grandes fortunas y los terratenientes, amparados por la sombra expansiva de Estados Unidos que, en los años setenta, libraba su propia guerra fría, con la denominada *doctrina de la seguridad nacional,* impartida a través de la Escuela de las Américas. Bajo ningún concepto el *patrón* norteamericano podía permitirse que algún líder popular —Cuba ya había triunfado— siguiera esos pasos, aunque nada tuviera que ver la identidad nacional chilena con la Cuba de Fidel Castro. El solo olor a una izquierda democrática era considerado como *comunismo* y debía ser erradicado. Por eso, Salvador Guillermo Allende Gossens, desde el mismo momento en que ganó las presidenciales y tomó posesión del palacio de la Moneda, estaba sentenciado. Era cuestión de tiempo. No podía triunfar, como de hecho ocurría en todos los países de su entorno, en los que cada movimiento democrático era contestado con un golpe militar detrás del que, indefectiblemente, estaba Estados Unidos. Todo el mandato de Allende fue un sobresalto, y, finalmente, el ataque fascista triunfó. Como había sucedido en Paraguay, Brasil o Bolivia y lo haría en Argentina y Uruguay. Siempre la misma dinámica y siempre el mismo sufrimiento del pueblo y el beneficio de las élites dominantes.

El 11 de septiembre de 1973, las Fuerzas Armadas lideradas por el general Pinochet derrocaron al Gobierno progresista del presidente Salvador Allende Gossens con un golpe que produjo la muerte de un millar de personas. Después de que la Fuerza Aérea chilena bombardeara el palacio presidencial, el presidente Allende se quitó la vida tras haber resistido con sus guardaespaldas y algunos de sus asesores. La Junta Militar, presidida por Pinochet, impuso el estado de sitio en todo el país, y a partir de ahí tuvo lugar una cacería de miembros del Gobierno de Allende, buscando con especial saña a quienes pertenecían al Partido Socialista, al Partido Comunista y al Movimiento de Izquierda Revolucionaria (MIR), de extrema izquierda. La Dirección de Inteligencia Nacional (DINA), que se dio a conocer en octubre de 1973, fue la responsable de gran parte de la represión.

El escritor y activista de los derechos humanos Ariel Dorfman relataba:

> Haciendo memoria, el Día Internacional de los Derechos Humanos no tuvo gran relevancia en Chile hasta que Augusto Pinochet derrocó en 1973 al gobierno democráticamente elegido de Salvador Allende. Durante los casi diecisiete años de dictadura que siguieron, cada 10 de diciembre se asentó como una oportunidad para que disidentes condenaran públicamente la violación feroz, sistemática y cotidiana de esos derechos. Con los consabidos riesgos. La mera congregación de ciudadanos para pedir que se dejara de matar, ejecutar, exiliar a los opositores constituía un desafío para quienes nos mal gobernaban. Recuerdo una de esas reuniones pacíficas en la Plaza de Armas de Santiago —debió ser a finales de los ochenta, cuando ya había retornado a Chile después de

años de destierro—, cuando me libré por milagro de ser arrastrado hasta un furgón policial donde me esperaba una tremenda paliza. Una represión que se desató porque un grupo de insumisos —mayormente mujeres— nos atrevimos a cantar el Himno a la Alegría de Beethoven.[14]

Me remito al informe de Human Rights Wacht, *El caso Pinochet,* por su valiosa síntesis:

> La DINA (Dirección de Inteligencia Nacional) dependía oficialmente de la Junta Militar, pero en la práctica respondía únicamente a las órdenes de Pinochet. Contreras inició y coordinó un plan de cooperación entre la DINA en Chile y servicios de inteligencia militar paralelos en Argentina, Uruguay, Paraguay, Bolivia y Brasil. El objetivo del plan era intercambiar prisioneros e información de inteligencia con el fin de eliminar las actividades de la oposición de izquierda en los países involucrados, así como vigilar las actividades de los exiliados en Estados Unidos y Europa. El plan, que incluía la vigilancia, desaparición y asesinato de objetivos políticos, recibió el nombre en código de Operación Cóndor. Los documentos hallados en los archivos de los servicios de inteligencia de la policía paraguaya, tras la caída del general Alfredo Stroessner en febrero de 1989 (conocidos como los Archivos del Terror, que fueron encontrados por el activista de derechos humanos Martín Almada), confirmaron el alcance de esta coordinación. Agentes del Estado chileno y argentino fueron responsables del secuestro en Argentina y desaparición en ambos países de gran número de chilenos que intentaban escapar de la represión en Chile. La DINA conspiró con terroristas anticastristas cubanos y

---

[14] Ariel Dorfman, «La larga sombra de Pinochet», *Nodal,* 10 de diciembre de 2021, disponible en <https://www.nodal.am/2021/12/la-larga-sombra-de-pinochet/>.

neofascistas italianos para asesinar a destacados líderes de la oposición en el exilio.[15]

Informes posteriores de las comisiones de la verdad arrojaron el triste saldo de 3.197 personas que fueron víctimas de desapariciones y asesinatos entre 1973 y 1990. El Gobierno se deshizo en secreto de más de mil de estas víctimas después de torturarlas y asesinarlas. Se han localizado los restos de apenas un par de cientos de personas. Del resto, nada se sabe. El Gobierno de Pinochet fue también responsable de sistemáticas detenciones arbitrarias, falta de debido proceso, exilio y destierro interno de opositores políticos, y otras violaciones de los derechos civiles y políticos. Sin embargo, fue la tortura una de sus principales herramientas para infundir terror. Así lo documentó la Comisión Nacional sobre Prisión Política y Tortura, la denominada *Comisión Valech.*

Como parte de su legado, Pinochet dejó a los chilenos una nueva Constitución política, hecha a su medida, cuya hoja de ruta contemplaba un plebiscito que lo mantendría como presidente *democrático* por ocho años, tras los cuales quedaría inevitablemente al mando del Ejército por ocho años más, para, finalmente, pasar a ocupar el cargo de senador vitalicio. Sus asesores habían planificado que pasara de ser un sanguinario dictador a un demócrata, un garante de la «nueva institucionalidad».

A los españoles, tal acción nos puede recordar al «todo queda atado y bien atado» del franquismo. Y es que posiblemente en todo dictador hay un deseo de pasar a la historia como un benefactor del pueblo y el artífice de una democracia que, en realidad, se sustenta sobre el dolor y el crimen.

---

[15] Human Rights Wacht, *El caso Pinochet,* 1999, disponible en <https://www.hrw.org/legacy/spanish/informes/1999/pinochet3.html#antecedentes>.

En Chile, han tenido que transcurrir treinta años, y, de nuevo, con sangre y represión contra el pueblo en el estallido social de 2019, para que por fin, en 2021, se instaurara una Asamblea Constituyente (aunque la llaman *Convención Constitucional*) que promete dejar atrás la Constitución de Pinochet y adoptar una nueva Carta Magna, en 2022, auténticamente democrática, poniendo fin a aquel lastre de la dictadura.

El Gobierno derechista del presidente Piñera ordenó la represión de nuevo contra el pueblo, y, también, las fuerzas de seguridad actuaron desmesuradamente contra la ciudadanía. La justicia, en su gran mayoría, asimismo estuvo ausente, hasta el punto de que los organismos de derechos humanos y la fundación FIBGAR, que presido, tuvimos que acudir a instancias internacionales (fiscalía de la Corte Penal Internacional) para que, con su impacto, se iniciaran acciones penales serias contra los represores.

La denuncia de los fiscales

Al igual que en el caso de Argentina, y siguiendo la misma línea, la Unión Progresista de Fiscales (UPF) presentó a través de su presidente, el fiscal Miguel Miravet, el 4 de julio del mismo año, 1996, una denuncia ante el juzgado de guardia de Valencia en contra de varios miembros de la Junta Militar chilena encabezados por Augusto Pinochet. Por cuestión de competencias, la denuncia pasó a la Audiencia Nacional, correspondiendo por reparto al Juzgado Central de Instrucción n.º 6, del que era titular Manuel García-Castellón. Lo que intentaba evitar la UPF era la prescripción del crimen cometido contra el español, nacionalizado chileno, Carmelo Soria y, con él, varios españoles más desaparecidos en el contexto de las tres mil víctimas que se consideraba que se había cobrado la represión chilena. A su vez, el abogado y profesor Joan Garcés, asesor de Salvador Allende, presentó una querella como acusación popular y particular en nombre de la fundación que lleva el nombre del malogrado presidente chileno. La causa iniciada por mi colega García-Castellón tuvo el acuerdo en esta ocasión de la Fiscalía para establecer la competencia de la Justicia española. Los dos procesos, Argentina y Chile, fueron avanzando en paralelo. Ya he comentado los obstáculos planteados por el fiscal jefe de la Audiencia Nacional, Eduardo Fungairiño, apoyado por el entonces fiscal general del Estado, Jesús Cardenal. Pero el avance solo se produjo mientras el fiscal del caso fue Javier Balaguer; después, el fiscal Ignacio Peláez y el fiscal jefe se opusieron a la petición de procesamiento de Pinochet y los otros 38 ex altos cargos. Señalaban que los únicos delitos que podían motivar la competencia de la jurisdicción española eran los de genocidio y terrorismo, pero, según la Fiscalía, no concurrían en el presente caso. La Fiscalía estaba claramente en favor de los querellados y en contra de la aplicación del principio de jurisdicción universal. El juez concluyó el sumario y lo elevó a la Sala de lo Penal para que esta decidiera. La sala ordenó la reapertura de la causa hasta que se agotara la investigación.

El punto de conexión entre las represiones en Argentina y Chile, además de otros países de la región, fue, como ya he relatado, el Operativo Cóndor, cuyas raíces, como se comprueba conforme salen más estudios sobre su génesis y desarrollo, están muy hundidas en tierras norteamericanas y en la administración yanqui. El concepto común fue el de un enemigo interno, clasificado como comunista, diseminado entre la población del país. Estados Unidos era el líder indiscutible frente a la Unión Soviética y Cuba como aliado, pero cada país latinoamericano debía ocuparse de cualquier disensión alcanzando no ya a grupos guerrilleros, sino a cualquier persona, grupo o institución nacional que tuviera ideas diferentes a las de los gobiernos militares. Así se organizó una guerra sucia de los ejércitos y sus servicios de inteligencia basada en la tortura, el asesinato y la desaparición. Así empezaron las dictaduras latinoamericanas a colaborar bajo la mirada atenta de Estados Unidos en lo que fue, sin duda, otra cara nueva del viejo fascismo. El presidente estadounidense Richard Nixon y su secretario de Estado, Henry Kissinger, hicieron prevalecer sus intereses en Latinoamérica por encima de cualquier otra consideración.[16]

Es sabido que el 16 de octubre de 1998 se produjo la detención de Augusto Pinochet en Londres en virtud de una orden de detención que dicté y que fue ejecutada por un juez inglés. Los prolegómenos fueron de verdadero *thriller* y se sucedieron velozmente desde que el abogado Joan Garcés me informó de que, según Amnistía Internacional, el dictador estaba en la capital londinense para someterse a una operación quirúrgica. Lo que comenzó siendo una aproximación para conocer la situación real y el lugar donde se hallaba con el fin de tomarle una declaración —finalidad que también pretendía mi colega García-Castellón—, se transformó, en mi caso, en la emisión de una orden de detención que fue tramitada por los buenos oficios del consejero político de la embajada británica en Madrid, John Dew, y gracias a la relación amistosa que tenía con él. La vida demuestra que las relaciones humanas son, en múltiples ocasiones, los verdaderos motores para que las cosas funcionen. La credibilidad de las personas y su profesionalidad superan las formalidades que las normas imponen. En mi caso, así ha sido siempre, y, particularmente, en lo referente a la cooperación jurídica internacional. Cuando las estructuras políticas se cerraban, algunos jueces y fiscales abríamos ventanas, y conseguíamos avanzar hacia espacios de colaboración que después *forzaban* los cambios legislativos o políticos pertinentes.

[16] Notas obtenidas de Baltasar Garzón, *En el punto de mira,* Planeta, Barcelona, 2016.

Relaciones humanas

En el caso Pinochet ocurrió algo similar a lo que ya había sucedido en los casos de terrorismo autóctono e internacional, el narcotráfico, el crimen organizado o el blanqueo de dinero, o la misma jurisdicción universal. Fueron esas relaciones humanas entre profesionales las que nos sirvieron para trazar redes indelebles de confianza y amistad y así tener la seguridad de que no había trampas de por medio. Yo confiaba en los jueces y/o fiscales franceses, belgas, suizos, italianos, argentinos o de otras nacionalidades con los que había tenido relación profesional en otros casos, y ellos lo hacían conmigo, con lo que conseguíamos que los procedimientos abiertos avanzaran.

Así conocí al juez Juan Guzmán de Chile, a quien la Corte Suprema de su país le tenía prohibido hablar con el juez español (conmigo). Recuerdo la primera vez que contacté con él; fue por teléfono, con ocasión de una conferencia que impartía en Girona, invitado por el catedrático chileno español Hernán Hormazábal. Este habló a través del auricular y me transmitía como intermediario los saludos que le daba Juan, y de vuelta, por mi parte, igual. ¿Verdad que resulta ridículo? Sí lo era, pero el compañero se arriesgaba a una sanción. Después, en 2006, cuando viajé por primera vez a Chile para recibir de sus manos el doctorado *honoris causa* de la Universidad Central de Santiago, en la que él fungía como decano, el encuentro fue multitudinario, y enternecedor y emocionante fue recorrer con él y con las víctimas Villa Grimaldi y otros centros de detención y tortura de la dictadura pinochetista.

Recuerdo una anécdota que tuvo lugar al finalizar el acto en la universidad. Las medidas de seguridad eran muy fuertes porque los pinochetistas habían calentado el ambiente para mi llegada, y había un nutrido grupo de ellos en las afueras del edificio gritando en contra de mi presencia y pidiendo que me fuera del país (debo decir que fue una minoría en todo el viaje, como lo ha sido con otros nostálgicos cuando he viajado otras muchas veces al país hermano). Cuando ya nos íbamos a otro evento, aproveché un momento de despiste de la escolta, crucé la calle, me dirigí solo hasta donde estaban reunidos los manifestantes y les dije que si querían que los informara sobre las razones de la causa contra Pinochet en España, cómo había sido y por qué, estaba dispuesto a hacerlo. Fue tal el impacto que recibieron que se quedaron callados, momento que aproveché para retirarme. Cuando me alejaba en el vehículo, volví a oír los gritos. Como los oí en el avión y el aeropuerto de la capital chilena, volviendo desde Puerto Aysén, pero también recibí los aplausos en el restaurante Normandía al terminar la cena con el juez Guzmán. Cuando visité Santiago en enero de 2020, aún hubo algún que otro diputado de esa tendencia pinochetista que protestó por mi presencia. Pero lo cierto es que en ese —hasta la fecha— último viaje viví una experiencia única cuando me uní a los componentes de Primera Línea que encabezaban las protestas contra el Gobierno de Sebastián Piñera enfrentándose a los carabineros. Realmente sentí la fuerza de la protesta y la convicción de quienes estaban allí sufriendo golpes, estallidos oculares, detenciones y prisiones arbitrarias, por mejorar su país. El fruto de esas protestas masivas fue arrinconar a una clase política post-Pinochet, que aún ejercía los viejos modos de la política autoritaria, y conseguir un nuevo horizonte democrático.

El juez Guzmán y yo trabajamos juntos, como lo había hecho con el fiscal argentino Hugo Omar Cañón, en favor de la justicia y de las víctimas; seguimos haciéndolo en defensa de los pueblos originarios; nos encontramos en Chile y en España, en Argentina y Nueva York. Allí donde se nos requería para aportar nuestra experiencia combatiendo con la ley al terror, comparecíamos. Vayan pues estas palabras de recuerdo y homenaje para Juan Guzmán Tapia, fallecido el 22 de enero de 2021, que, junto a tantos otros que ya nos han abandonado, como los jueces Falcone y Borselino o el propio fiscal Cañón, fueron ejemplos de honestidad y entereza frente al crimen y de defensa de los más vulnerables.

Las consecuencias del caso Pinochet para la justicia fueron sumamente positivas; no solo en Chile, para levantar el velo de la impunidad, sino también para el avance del derecho penal internacional y la cooperación jurídica; como también lo fue la iniciativa, a modo de secuela por conexión, de la investigación que iniciamos en España por blanqueo de capitales y alzamiento de bienes contra Pinochet, su familia y abogados y el banco norteamericano Riggs por haber quebrantado el embargo de todos sus bienes, acordado por mí en mi auto de procesamiento del 10 de diciembre de 1998, día también de los derechos humanos y, paradójicamente, el mismo día que ocho años después (2006) falleció Pinochet.

El proceso de extradición en Londres deparó muchas anécdotas y muy variadas y demostró, una vez más, que cuando se enfrentan justicia y política, normalmente pierde la primera, pero si se actúa con proactividad, con la ley y una interpretación progresista de esta en defensa de los más vulnerables, se consiguen éxitos importantes.

Esto ocurrió con ese caso. Durante quinientos tres días, el dictador chileno estuvo en arresto domiciliario, y toda su prepotencia, soberbia e ideología fascista se le vino abajo frente a la aplicación honesta y certera de la ley. Las dificultades fueron enormes, equivalentes a las trampas y zancadillas que, desde el Gobierno popular de José María Aznar en España, el del laborista Tony Blair en el Reino Unido y el de la Concertación de Frei y Lagos en Chile, pusieron para que Pinochet no fuera extraditado y volviera a su país. Y lo consiguieron, pero ya nada era igual, ni en el país sudamericano ni en los demás. El dictador, por primera vez, había sido sometido a la justicia y despojado de todos sus privilegios, y aunque, cual canto de cisne, hizo alarde al volver a Santiago ante el Ejército y los suyos, ya nada fue igual. Solo la muerte le liberó de ser juzgado y condenado por haber agredido a sus ciudadanos, por haberlos torturado, desaparecido y conseguido que ese país sea uno de los más desiguales del mundo.

Aquel veredicto histórico del 25 de noviembre de 1998 seguirá resonando por siempre en los anales de la historia de la jurisdicción universal: los jueces del Comité Judicial de la Cámara de los Lores emitieron su veredicto; los cinco lores decidieron, por mayoría de tres contra dos, revocar la inmunidad concedida al general Augusto Pinochet el 28 de octubre por la High Court. Londres, Madrid, Santiago de Chile…, infinidad de ciudadanos de todo el mundo dieron rienda suelta a la alegría al ver cercana la posibilidad de acabar con la impunidad. Los lores consideraron que no entraban en las funciones de un jefe de Estado actos como genocidio, tortura y terrorismo.

Muchos años después, en 2019, otro sátrapa de extrema derecha, al frente de Brasil, el presidente Jair Bolsonaro, volvió a la carga cuando la expresidenta chilena Michelle Bachelet condenó la decisión de Bolsonaro de conmemorar por vez primera el aniversario del golpe militar de 1964 en el país brasileño. En opinión de Bachelet, quien manifestó además su preocupación por los ataques a los defensores de los derechos humanos: «la negación de los crímenes de Estado puede contribuir a arraigar la impunidad y reforzar el mensaje de que los agentes del Estado están por encima de la ley». La respuesta del mandatario brasileño no se hizo esperar en su cuenta de Facebook: «Señora Michelle Bachelet si no fuera por la gente de Pinochet que derrotó a la izquierda en el 73, entre ellos a su padre, hoy Chile sería Cuba y creo que no necesito decir nada más». Bolsonaro recordó que el padre de la expresidenta de Chile, Alberto Bachelet, fue uno de los militares que se opuso al derrocamiento del presidente socialista Salvador Allende, pero lo que no dijo es que había sufrido torturas y murió a consecuencia de ellas por ser un demócrata.[17]

El recurso a la fuerza siempre ha existido. Ocurrió en España para acabar con la Segunda República y dar inicio a la larga noche de la dictadura; lo consumó Salazar en Portugal, hasta la Revolución de los Claveles en abril de 1974; lo hicieron en Alemania e Italia con el nazismo y el fascismo, respectivamente; también con las masacres propiciadas por regímenes comunistas, especialmente con Stalin, China con el Tíbet o con cualquier tipo de disidencia, Ceauşescu en Rumanía, y otros tantos en otras partes del mundo. Pero el mantra que la extrema derecha y neofascista latinoamericana repite de que, si ellos no actuaran, Latinoamérica sería un territorio comunista al modo de Venezuela o Cuba, es demasiado huero y no se sostiene con un análisis riguroso. Si no existieran las sanciones y la asfixia internacional contra estos países y no contra otros, como Arabia, Emiratos o similares, en los que la democracia brilla por su ausencia, no sabríamos cuál habría sido el curso de la historia. Probablemente, la evolución y el acompañamiento democrático habrían producido efectos de apertura y bienestar para el pueblo.

Jurisdicción universal contra la impunidad

De mi experiencia puedo garantizar que a lo que más temen los dictadores es a la justicia, a una justicia que transcienda fronteras y pueda llevarlos a pagar por sus crímenes. Lo saben y por ello presionan a otros Gobiernos para provocar que herramientas

[17] «Bolsonaro reivindicó a Pinochet y apuntó contra Bachelet», *El Numeral*, 5 de septiembre de 2019, disponible en <https://elnumeral.com/amp/2019/09/05/bolsonaro-reivindico-a-pinochet-y-apunto-contra-bachelet/>.

como la jurisdicción universal queden neutralizadas a base de reformas realizadas en nombre de la buena convivencia entre naciones y los intereses económicos. En España, la jurisdicción universal que permitió juzgar a los genocidas argentinos o solicitar la extradición de Pinochet, o avanzar contra el dictador Ríos Montt —finalmente juzgado en Guatemala—, o juzgar a los militares salvadoreños ha sido buen ejemplo de ello. Pero también ha producido resquemor y rechazo, principalmente en la derecha, pero también en la izquierda política, que se ha mostrado temerosa de apostar por la vía de la protección universal de las víctimas. Han ido, unos primero y otros después, favoreciéndose del alcance del principio de jurisdicción universal, esta conquista de la humanidad que ha demostrado su eficacia contra la impunidad en países como los citados, pero también en Alemania, en el caso de las torturas en Siria; en Senegal, en el caso del dictador del Chad, Hissène Habré; en Sudáfrica, respecto de Ruanda, y en otros muchos lugares; en Estados Unidos, con el caso de Guantánamo; en Israel, con Palestina; en Bélgica, con el caso Yerodia Ndombasi, entre otros.

Este principio y su aplicación, junto con la justicia penal internacional que imparten la Corte Penal Internacional o los Tribunales Penales Internacionales *ad hoc* (Yugoeslavia, Ruanda, Sierra Leona, Líbano, Camboya…), es el último reducto de las víctimas en su lucha contra la impunidad, cuya eficacia pasa porque los jueces dispongan de herramientas que permitan dar respuesta a las víctimas allá donde estén cuando sus propios países las desatienden o se han convertido en sus victimarios. Pero también porque aquellos tengan la voluntad y convicción necesarias de aplicarlas. El principio de jurisdicción universal es muy antiguo y está reconocido en muchas legislaciones, solo hace falta desempolvarlo del estante de la librería jurídica y aplicarlo. Ese es el desafío y el reto para confrontar la impunidad, un disfraz más, quizás el peor, del fascismo.

5

Errores que favorecen al fascismo

El problema con las ideologías es que lo justifican todo; puedes cometer todo tipo de crímenes. Si la ideología lo ordena, dejan de ser crímenes: así piensas cuando crees en una ideología. Lo que normalmente sería una conducta criminal ya no lo es si la ideología lo requiere, y esto es un factor terrible.

ISAIAH BERLIN[1]

Hay en la tortura un elemento que la convierte en una de las armas predilectas del fascismo. En la tortura, por definición, la víctima ha sido doblegada y no ofrece resistencia. La tortura consiste precisamente en infligir un daño, un dolor, un sufrimiento a quien no puede defenderse, ya sea porque se encuentra esposado, encadenado, atado a una camilla o colgado de pies, o de manos, o ambos. El torturador, por lo general, busca infligir un castigo o bien obtener información, o una confesión, para lo cual debe provocar el sufrimiento necesario para vencer la voluntad de la víctima. Es entonces cuando el torturador saca a relucir toda su prepotencia, su arrogancia, su concepto de superioridad. Y lo hará porque se lo han ordenado, porque le han convencido de que es necesario para conseguir un bien mayor, porque esa persona, la víctima, no merece ser tratada como persona, porque no es realmente un ser humano, al menos no como nosotros, ya que es judía, negra, comunista, gitana, homosexual o lo que sea. Sin embargo (lo dejé escrito

[1] «Entrevista con Isaiah Berlin», *A Parte Rei. Revista de filosofía*, 70, julio de 2010.

en mi libro sobre jurisdicción universal *No a la impunidad*), la víctima de tortura, a pesar de todo, conserva intacta su dignidad como ser humano, pero quien se deshumaniza, quien se denigra y rebaja es el torturador, porque la tortura solo puede denigrar a quien la practica, a quien niega la condición de persona a otro ser humano.

Hay también supremacismo cuando una o más personas, un grupo, o incluso el propio Estado, se atribuyen la potestad de determinar quién merece vivir y quién no. Esto vale para las ejecuciones sumarias o extrajudiciales, pero también para los asesinatos selectivos de la mafia, los atentados terroristas e incluso la pena de muerte practicada por el Estado. Nadie puede atribuirse el derecho sobre la vida y la muerte de otra persona. La autoatribución de esta potestad es probablemente el ejercicio mayor de supremacismo, porque equivale a endiosarse, ya que tal potestad, si es que existe, suele adjudicarse en exclusiva en todas las religiones a la divinidad. Nuevamente, la idea radical de que todos nacemos libres e iguales en dignidad y derechos, que es la esencia de los derechos humanos, es la mejor guía y antídoto contra el fascismo.

Recuerdo una antigua entrevista en *ABC,* en 2011, con el gran referente en filosofía política Michael J. Sandel en la que hablaba de su visión sobre la guerra de Irak:

Pregunta. ¿Fue justo o injusto invadir Irak?

Respuesta. No es cuestión de justicia. Fue un error de Bush.

P. ¿Y derrumbar a «Satán» Hussein?

R. No es injusto quitar a Sadam de su poltrona, pero fue un error que EE. UU. se inventara una guerra para derrocarlo. Era un tirano horrible, lo mismo que Gadafi lo es.

P. ¿Es justo que se zancadillee al tirano que paga a miserables mercenarios para matar a su pueblo?

R. Es bueno destronar a esos seres, pero una cosa es que se levante el pueblo y otra inventar una guerra.[2]

Esa entrevista se publicó el 8 de marzo de 2011. El 2 de mayo, apenas dos meses después, el presidente de Estados Unidos, Barak Obama, anunciaba que unidades de élite de las Fuerzas Armadas de su país, organizadas en un pequeño equipo de operaciones especiales, habían abatido a Osama bin Laden. Lo mataron de un tiro en la cabeza en un complejo residencial a unos 60 kilómetros de la capital de Pakistán, Islamabad. «El mundo es más seguro ahora», aseveró Obama. Habían pasado diez años desde el ataque del 11S que conmocionó al mundo en 2001. George W. Bush había jurado venganza contra el líder de Al Qaeda, al que se consideró responsable del derribo de las Torres Gemelas, el ataque al Pentágono y el intento de que otro avión colisionara contra la Casa Blanca sin conseguirlo.

Rememoré esas respuestas de Sandel el 14 de mayo cuando, con la muerte de Bin Laden reciente, acudí a Nueva York para recibir un premio de la Brigada Abraham Lincoln como defensor de los derechos humanos. Si el filósofo había censurado casi como en una profecía la acción bélica de Bush, con unas palabras con las que no podía estar más de acuerdo, en mi caso, cuando fui interpelado por la prensa neoyorquina, el reproche se dirigió contra el Gobierno de Obama. «La muerte de Bin Laden no se ajusta a los estándares de la legalidad internacional —dije—. No entro a valorar la legalidad interna de Estados Unidos, pero en los estándares de la legislación convencional y

2 Antonio Astorga, «Michael J. Sandel: "En todo embrión hay un ser humano en potencia"», *ABC*, 8 de marzo de 2011, disponible en <https://www.abc.es/20110308/contraportada/abcp-michael-sandel-todo-embrion-20110308.html>.

consuetudinaria, la muerte de Bin Laden evidentemente no se adecúa a la legalidad».[3]

Por supuesto, expliqué que nadie puede estar en contra de que un terrorista deje de ser terrorista, pero, siguiendo las informaciones facilitadas por los propios norteamericanos, en el sentido de que Bin Laden no estaba armado ni había riesgo alguno, dejé clara mi visión jurídica de que no se podría matar a una persona a la que se le imputaban hechos delictivos. En España, expliqué, se abriría un procedimiento contra quien hubiera dado esa orden.

Lo cierto es que como juez me hubiera gustado interrogarle, y así lo manifesté, para que pudiera decirnos qué significado tenía el apoyo a los movimientos de Egipto y Túnez, información que habían encontrado los militares norteamericanos. Sigo pensando, hoy como entonces, que hubiera sido muy bueno indagar en esas informaciones y saber por qué no se decía nada, por ejemplo, sobre Libia, Siria o Yemen. Nos quedábamos sin la versión de una parte. No pude evitar mi sorpresa y decepción ante las actuaciones del presidente Barack Obama en el combate contra el terrorismo y la defensa de la seguridad global, porque para ello renunció al respeto debido a los derechos humanos de los perpetradores, lo que equivale a situarse en su mismo nivel al negarles su dignidad como seres humanos.

Un juicio justo, con las debidas garantías, en contra del peor terrorista de todos los tiempos habría sido equivalente, guardando las diferencias, a un juicio similar al de Núremberg. Por primera vez, un terrorista internacional podría haber sido juzgado públicamente, o bien por un tribunal estadounidense o bien por un tribunal internacional. En vez de eso, se prefirió su

---

[3] Efe, «Garzón, en Nueva York: "La muerte de Bin Laden no se ajusta a la legalidad"», *El Mundo,* 15 de mayo de 2011, disponible en <https://www.elmundo.es/elmundo/2011/05/14/espana/1305401615.html>.

ejecución a sangre fría. En su casa, desarmado, junto a su familia. ¿Y su cuerpo? Secreto de Estado. Hay que confiar en las declaraciones de los servicios de inteligencia americanos de que recibió los ritos fúnebres acordes a su religión. ¿Y la familia? No, ellos no tienen derecho a velar a su ser querido, a despedirlo o a participar en esos ritos funerarios. ¿Por qué? Porque así lo ha decidido alguien del Pentágono, alguien que se ha arrogado la decisión sobre la vida y la muerte de otro ser humano, sobre el sufrimiento de esa familia, porque así lo demanda un bien mayor, la seguridad global. En ese criterio hay que confiar, y el que lo cuestione será un antipatriota o un irresponsable, un desleal o incluso un traidor.

La decepción en cuanto a la administración Obama no acaba ahí. Durante su mandato se produjeron más ataques selectivos, y por ende asesinatos con drones, que en toda la presidencia de Bush. El ánimo de venganza, del ojo por ojo, aunque los adversarios sean diferentes, está arraigado en el ADN norteamericano, probablemente porque tienen el poder de la fuerza y cualquier sorpresa debe ser aplastada, con razón o sin ella, para que no se ponga en duda esa supremacía. Y ya se ve que no son muy eficaces a la hora de juzgar el terrorismo. Para ejemplo, los veinte años de Guantánamo, los excesos y torturas, rendiciones, cárceles secretas, desapariciones forzadas, etc., que se generaron en la denominada *guerra contra el terror.*

El filósofo Noam Chomsky, en la misma línea, lo ponía de manifiesto el día 14 de mayo de 2011:

> Cada vez es más evidente que la operación fue un asesinato planificado, violando de manera múltiple normas elementales del derecho internacional. No que hicieran ningún intento de aprehender a la víctima desarmada, lo que presumiblemente podrían haber logrado 80 comandos que virtualmente no enfrentaban ninguna oposición, excepto, afirman, la de su esposa, que se lan-

zó hacia ellos. En sociedades que profesan un cierto respeto por la ley, a los sospechosos se les aprehende y se les conduce a un juicio justo. Subrayo «sospechosos». En abril de 2002, el jefe del FBI, Robert Mueller, informó a la prensa de que después de la investigación más intensiva de la historia, el FBI solo podía decir que «creía» que la conspiración se tramó en Afganistán, aunque se implementó en los Emiratos Árabes Unidos y Alemania. Lo que solo creían en abril de 2002, obviamente no lo sabían 8 meses antes, cuando Washington desdeñó ofertas tentadoras de los talibanes (no sabemos cómo de serias porque se descartaron instantáneamente) de extraditar a Bin Laden si les presentaban alguna evidencia, la que, como pronto supimos, Washington no poseía. Por lo tanto, Obama simplemente mintió cuando dijo en su declaración de la Casa Blanca, que «rápidamente supimos que los ataques del 11-S fueron realizados por al-Qaida.[4]

Servicios de inteligencia

A lo largo de más de seis años había investigado el caso, desde mi juzgado y junto a un escaso número de policías del servicio de información exterior. Es muy probable que nosotros tuviéramos más datos que los que se preocuparon de reunir en ese tiempo en Estados Unidos. Las autoridades de la época desdeñaron esas y otras investigaciones y solo actuaron con la técnica más pobre que se puede utilizar para acabar con las organizaciones criminales, la de la acción-reacción, y no la de penetración en sus estruc-

[4] Noam Chomsky, «Mi reacción ante la muerte de Osama Bin Laden», *Rebelión,* 9 de mayo de 2011 [trad. Germán Leyens], disponible en <https://rebelion.org/mi-reaccion-ante-la-muerte-de-osama-bin-laden/>. Original en inglés: Noam Chomsky: «My Reaction to Osama bin Laden's Death», *Guernica,* 6 de mayo de 2011. Disponible en <https://www.guernicamag.com/noam_chomsky_my_reaction_to_os/>.

turas (ingeniería interna) hasta conocerlas al milímetro y neutralizarlas. Cuando Estados Unidos tuvo su culpable, no quisieron saber más. El nombre de Bin Laden era no solo conocido desde una década antes del 11 de septiembre de 2001, sino que, además, era bienvenido, o, cuando menos, no perseguido en muchos países. Quizás tendríamos que profundizar en las causas y remontarnos a las relaciones de los servicios de inteligencia norteamericanos con los talibanes allá por el año 1994 para comprender la inmensidad de los errores de la administración norteamericana frente al terrorismo yihadista.

Recuerdo una anécdota que viví en el año 1998 en la George Washington University, adonde había acudido a dar una conferencia para especialistas de inteligencia, a puerta cerrada. Allí expuse los aspectos más importantes que en España estábamos investigando sobre el terrorismo internacional, esencialmente en el norte de África, Medio Oriente y Afganistán. Era el tiempo de los denominados *árabes afganos* que volvían vía Bosnia de practicar la yihad a sus respectivos países, en donde se incorporaban a las organizaciones extremistas de corte salafista. En aquella ocasión les hice una exposición de lo que creía que eran los escenarios de preocupación, especialmente para los Estados Unidos en el exterior, indicando que podían ser embajadas en países africanos en los que el componente islámico fuera significativo.

Un día después inicié mi viaje de regreso y, sin tiempo más que para hacer un transbordo al norte de España y seguir al sur de Francia, donde pasaría con la familia unos días de descanso, me encontré con la portada del periódico *Sud Ouest,*[5] cuya lectura siempre tenía presente.[6] Un poco más tarde recibía varias

[5] *Sud Ouest,* disponible en <https://www.sudouest.fr/>.

[6] Sobre todo, después del relevante papel que habían tenido unas fotografías de Lasa y Zabala que me facilitó un periodista de ese medio, al que

llamadas procedentes de Estados Unidos. Un amigo, que me había acompañado a aquella reunión el día anterior, me avisó de que me estaba buscando el Departamento de Estado para conocer si teníamos información más precisa sobre los atentados que ese día, 7 de agosto, se habían producido contra las embajadas estadounidenses en Kenia y Tanzania, justo durante mi vuelo de vuelta. No, no tenía más información, sino que eran los análisis realizados y lo que resultaba de las intervenciones telefónicas y la documentación intervenida a los investigados por terrorismo.

Esta anécdota revela, irónicamente, la falta de inteligencia de los servicios de inteligencia, que no saben valorar y analizar una información debidamente obtenida, con control judicial en investigaciones formales, y con todas las garantías. En la mayoría de los casos, Estados Unidos despreció este sistema, prefiriendo la respuesta violenta, al contrario que en los sistemas continentales europeos y, en particular, en el de España, en donde, a pesar de haber sufrido cuatro dantescos atentados el 11 de marzo de 2004, nunca se abandonaron el respeto y el cumplimiento de las garantías debidas para enfrentar este tipo de criminalidad.

Los resultados son obvios: juicios y condenas, o absoluciones, si procede, y una acción sistemática frente al fenómeno desde la legalidad. Todo ello ha conseguido triunfar sobre el terror y no hizo falta ejecutar extrajudicialmente a nadie, ni inventar un centro de detención clandestino como Guantánamo, donde se han quebrantado y se siguen infringiendo los estándares más elementales de derechos humanos, sin que tampoco ello haya servido para doblegar al terrorismo.

había conocido con ocasión del caso GAL, para la identificación de sus restos en Busot (Alicante).

Guerra contra el terrorismo

Ocurre que el carácter de los atentados y la procedencia de los terroristas centró desde el principio las sospechas de su autoría en la organización de militantes islamistas fundamentalistas llamada *Al Qaeda* (La Base), dirigida y financiada por el saudí Osama bin Laden y con bases y campos de entrenamiento en Afganistán gracias al apoyo recibido del régimen talibán gobernante en ese país.

Desde luego, supuso la concienciación del peligro representado por el terrorismo. Pero voy a remontarme a 2001, cuando el Consejo de Seguridad de la ONU calificó esos actos como una amenaza para la paz y la seguridad internacionales. Basándose en el capítulo VII de la Carta de las Naciones Unidas, resolvió que los Estados adoptaran todo tipo de medidas para prevenir y reprimir las actividades terroristas, mediante la resolución 1373 de 28 de septiembre de 2001. Así fue como el Gobierno norteamericano decidió emprender una guerra contra el terrorismo enviando efectivos militares preparados para una posible acción contra Al Qaeda que podría incluir, además, a Afganistán si su Gobierno no propiciaba el apoyo. Con la colaboración del Reino Unido y el visto bueno de los mandatarios de Europa, se inició una campaña de bombardeos aéreos denominada *Operación Libertad Duradera*. Se contó con la guerrilla Alianza Norte, que pretendía derrocar al régimen talibán. Dos meses después, las fuerzas estadounidenses ocupaban Afganistán y se firmaba un acuerdo con los distintos grupos políticos y tribales para instaurar una autoridad provisional afgana. La fuerza internacional que se estableció tenía capacidad para tomar las medidas que considerasen necesarias. Se instauró un gobierno proclive a Occidente que formó la República Islámica de Afganistán, y, en ese punto, se inició la enésima guerra, que se extendió por unos veinte años, hasta que, el 30 de agosto de 2021, Estados Unidos decidió que había llegado la hora de retirarse.

Poco antes de la resolución del Consejo de Seguridad, yo escribía en 2001 mis dudas sobre el procedimiento en el diario *El País:*

> [...] todos han establecido la definitiva responsabilidad de Osama Bin Laden, y probablemente la tenga, como último líder indiscutible del terrorismo fundamentalista islámico, o como inductor inmediato de los crímenes, pero no debemos olvidar que estamos ante un delito atroz, pero ante un delito al fin y al cabo que necesita un proceso de acreditación e imputación y de un juicio público. Sin embargo, lo cierto es que, simultáneamente al hecho de aprobarse la resolución del Consejo de Seguridad, todos los países occidentales aceptan la eliminación física de aquél y sus adeptos. Es decir, se predica la legalidad y a la vez se prescinde de la misma, aduciendo la necesidad y la urgencia para acabar con el peligro que la organización terrorista representa, e igualmente se exige la aceptación sin condiciones de que «existen» pruebas que, curiosamente, están siendo analizadas por los políticos y no por los jueces y, con base a ello, se sentencia a los «culpables» y a los que no lo son.[7]

Aquello, dije entonces, me parecía realmente grave, y lo cierto es que el tiempo me dio la razón, sobre todo en esa frase, que pienso que es clave, de que la política no puede convertirse en juez sumarísimo, del mismo modo que la justicia no debe entrar a dirimir cuestiones políticas. El error, que venía de atrás, se agudizó en ese punto.

---

[7] Baltasar Garzón, «La respuesta», *El País,* 2 de octubre de 2001, disponible en <https://elpais.com/diario/2001/10/02/opinion/1001973607_850215.html>.

La injerencia extranjera

Veinte años después, reflexionaba de nuevo sobre Afganistán, donde se habían producido nuevos y desoladores hechos. Porque lo cierto es que Afganistán es un ejemplo perverso de cómo la injerencia extranjera ha provocado una situación imposible.

Tras sacudirse el yugo del imperialismo británico a principios del siglo xx, Afganistán se convirtió en monarquía hasta 1973, para pasar a ser república hasta 1978, año en que la Revolución de Saur, de tintes comunistas, estableció la República Democrática de Afganistán. En esa rebelión intervino la Unión Soviética, que, en su apoyo al nuevo Gobierno, de similar pensamiento, provocó la guerra de Afganistán contra la guerrilla islámica, a su vez auxiliada por Estados Unidos, Arabia Saudí, Pakistán y más naciones occidentales y musulmanas. La retirada de la URSS se produjo en 1989, en el ocaso de la Guerra Fría.

Los talibanes surgieron a principios de la década de los noventa en el norte de Pakistán. Era un movimiento de origen pastún iniciado en seminarios religiosos financiados por Arabia Saudí donde se predicaba la línea dura del islam sunita. Desde el suroeste de Afganistán, los talibanes ampliaron rápidamente su influencia. En ese tiempo no estuvo lejos el apoyo de los servicios de inteligencia de Estados Unidos. En septiembre de 1995 ocuparon la provincia de Herat, fronteriza con Irán, y, exactamente un año después, la capital afgana, Kabul. Ello provocó el fin del régimen de Burhanuddin Rabbani, uno de los padres fundadores de los muyahidines afganos que resistieron la ocupación soviética. La guerra civil prosiguió hasta 1996, cuando los talibanes establecieron el Emirato Islámico implantando su modo de entender la *sharía* (ley islámica).

En 1998, los talibanes controlaban casi el 90 % de Afganistán. Fueron tiempos oscuros y siniestros de ejecuciones públicas, de implantación del burka y represión al límite para las mujeres, a las que se negó educación, libertad y los derechos más elementales en nombre de la interpretación más extrema de la ley islámica. Recuerdo la indignación con que recibimos en todo el mundo estos hechos, así como la destrucción de las estatuas de Buda de Bamiyán en el centro del país. Pakistán, Arabia Saudí y Emiratos Árabes Unidos (EAU) fueron los únicos países que reconocieron a los talibanes.

Después de que en 2001 la fuerza internacional tomara el territorio, y dentro de una situación de conflicto permanente, la situación para la mujer, condenada por los talibanes al burka y a la ignorancia, vivió un respiro. Mujeres periodistas, juezas, médicas, activistas de derechos humanos… surgieron tras décadas de oscurantismo y miedo. Pero, en 2014, la OTAN y Estados Unidos declararon su retirada del conflicto manteniendo tropas para apoyar al Gobierno.

Seis años más tarde, en febrero de 2020, norteamericanos y talibanes firmaron un acuerdo para replegar los efectivos militares con la condición de impedir las actividades en el país tanto de Al Qaeda como de otros grupos terroristas. En septiembre de 2020, Gobierno y talibanes comenzaron a negociar un gobierno común. En agosto de 2021 se retiraban los soldados estadounidenses y los demás países intentaban sacar a sus colaboradores en una angustiosa huida, mientras el resto de la población veía inerme como los talibanes se hacían con todas las ciudades expulsando al Gobierno afgano. Los viejos usos condenaban de nuevo a las mujeres a durísimas condiciones tras haber vislumbrado una libertad posible.[8]

Así como la invasión en 2001 no fue la respuesta adecuada al fenómeno terrorista, la huida repentina, de la forma en que se

[8] Baltasar Garzón, «Hijos de la indiferencia», *infoLibre,* 15 de agosto de 2021, disponible en <https://www.infolibre.es/opinion/ideas-propias/hijos-indiferencia_1_1208296.html>.

produjo, tampoco era el camino. El problema es que ni lo uno ni lo otro se hizo pensando en el bienestar del pueblo afgano.[9] Y, ahora, ¿quién se acuerda de Afganistán? No sabemos a ciencia cierta lo que está ocurriendo. Los focos mediáticos se marcharon con las tropas norteamericanas y con la agónica huida-evacuación por vía aérea de agosto de 2021.

Afortunadamente, y lo digo con orgullo, gracias a la suma de voluntades de un exagente de los servicios de inteligencia estadounidenses y un funcionario de Policía, la fiscal general del Estado, Dolores Delgado, la periodista Elisa Beni y yo mismo conseguimos que las fuerzas especiales extrajeran en helicóptero al fiscal general afgano junto a su familia y a otro alto funcionario de justicia. Hubo que mantenerlos ocultos, lo que fue posible gracias a las redes de ayuda de un activista de derechos humanos de Euskadi en el lugar, hasta que, por medio de los visados extendidos por el Ministerio de Asuntos Exteriores de España, lograron embarcar y llegar a nuestro país, donde recibieron asilo político.

Las supuestas guerras contra el terrorismo siempre acaban mal y, además, se llevan por delante a muchas vidas inocentes. Afganistán, Irak, Siria y tantos otros lugares. La asimetría de las acciones de unos y otros solo propician más caos y desastre, porque nunca se desciende al fondo del fenómeno y, por ende, nunca se resuelve, y vuelve a aparecer en forma recurrente.

El caso de Afganistán nos demuestra que los errores de calado, como este, favorecen a los movimientos terroristas, siendo el precedente más claro la guerra de Irak, que desencadenó los ataques para los que ni en Estados Unidos ni en Europa estábamos preparados. Durante mi carrera judicial he tenido que abordar tantos casos de terrorismo yihadista que puedo aseverar, desde la experiencia, que es preciso dar una solución global frente a estos

---

[9] Baltasar Garzón, «Hijos de la indiferencia», o. cit.

grupos criminales y realizar un cambio de criterios. Lo contrario conduce a cometer fallos que solo favorecen a unas organizaciones de talante indudablemente fascista.

Política y violencia

Al reflexionar sobre la utilización de la violencia con fines políticos, son muchos los matices que se deben considerar. No es lo mismo la violencia que se produce con ocasión de un conflicto armado interno, en el que unos y otros acuden a ese mecanismo para imponer su razón o para quitársela al contrario, con lo que se eterniza el uso de la violencia —como acontece en muchos países de África, en Israel y Palestina, Líbano o Colombia, entre otros—, que la violencia que se desarrolla contra el Estado democrático con el único fin de quebrantar la legalidad e imponer coactivamente sus posiciones a aquel. Esta última fue la de organizaciones terroristas como ETA, en España, o como las Brigadas Rojas en Italia. También hay casos en los que la violencia no se desarrolla como un fin en sí misma, sino como un elemento más para conseguir los objetivos propuestos por la organización, tal como ocurre en casos del narcoterrorismo en Colombia. Hay violencia paramilitar, de extrema derecha, hay violencia de izquierdas, de las guerrillas.

En todos los supuestos de violencia política existe un componente irracional, atávico y supremacista frente a quienes sufren las consecuencias, que, en la mayoría de las ocasiones, son personas ajenas al conflicto político y que se incluyen en los denominados *daños colaterales.*

Es curioso, pero la violencia política que tenemos más legitimada, y que a su vez deviene la más dañina, es precisamente la que se produce en el contexto de un conflicto armado, es decir, de una guerra, sea esta una guerra civil o una guerra entre países diferentes. Aún hoy, es difícil, nos cuesta y nos pesa mucho la guerra civil en España, cuando ya han pasado de eso, a estas alturas, ochenta y seis años. Las secuelas traspasan generaciones. Las heridas son profundas y actuales. Otro ejemplo lo encontramos en Estados Unidos cuando la bandera confederada reapareció en el asalto al Capitolio. Las causas de la guerra siguen en gran medida vigentes. Ahí tienen el asesinato de George Floyd a manos de la Policía, al que han seguido otros actos de brutalidad policial de carácter racial. Trump supo conectar con el supremacismo blanco y despertarlo, y hoy Estados Unidos es un país enormemente dividido.

En lo externo, las guerras entre países vecinos dejan también heridas profundas, recelos, antipatías y desconfianzas que les impiden unirse y avanzar juntos. De ahí, entonces, que el ejemplo de la Unión Europea sea un caso atípico, que fue posible gracias a la voluntad, perseverancia y altura de miras de tantos políticos de diferentes países, en un momento de inflexión en la historia de la humanidad tras la Segunda Guerra Mundial. Por contraste, la guerra de Ucrania, atacada e invadida por fuerzas militares de Rusia, dejará secuelas duraderas en las relaciones entre ambos países. No sé si esto lo habrá considerado Vladímir Putin antes de dar inicio a los ataques, pero si quería amistad con el hermano país, con una historia común y una lengua común o de raíz común, para construir un futuro juntos y así seducir al pueblo ucraniano a fin de evitar su ingreso en la OTAN, atacarlo iba en la dirección opuesta, al generar emociones adversas que son luego muy difíciles de gestionar.

Un buen amigo, especialista en seguridad, me comentaba que el conflicto entre Ucrania y Rusia estaba abocado, tal y como se veían las cosas de inicio, a dos soluciones: «que una parte gane, o que todos pierdan». Tal como están las cosas, y quizás gracias al lado medio optimista que me caracteriza, que es la contracara de la mitad pesimista que compensa mi criterio, me he sentido más próximo a pensar en el «todos pierdan».[10] Habrá que enterrar a los muertos, buscar a los desaparecidos, recoger escombros, volver a escolarizar a niñas y niños, echar a andar nuevamente la economía, en fin, habrá un día en el cual se conmemorará el inicio o el término de la guerra, y se estudiará en los libros de historia. Y todo ¿por qué?, por un juego geoestratégico, por arrinconar al adversario, por no querer negociar o no ceder en las negociaciones. Parece inconcebible que los seres humanos, cuando ya estamos llegando al final del primer cuarto del siglo XXI, aún no sepamos resolver nuestras diferencias de manera pacífica y necesitemos una guerra para dirimirlo, para imponer las ideas, el poder, obtener los recursos naturales, la posesión territorial estratégica, el respeto que no se ha recibido, etc. Es puro fascismo, ahora sin disfraces, y el ejemplo del fracaso de la humanidad. Una vez más.

A lo largo de mi carrera profesional, muchas veces me tocó encontrarme con cuerpos destrozados por el impacto de una bomba, o acribillados a balazos o inhumados ilegalmente y luego exhumados por la acción judicial, o mutilados porque un artefacto explosivo destruyó un edificio, o un centro comercial, o una instalación pública. Pero he visto estas escenas no solo en España por mi competencia en materia de terrorismo, sino también en otros países, como en Colombia, cuando se hallaron cuerpos enterrados; o como en México, debido a masacres sistemáticas de personas decapitadas, asesinadas en discotecas o en plena vía pública, periodistas, líderes de derechos humanos, ya fuera en Ayotzinapa, en Monterrey, Guerrero, Tamaulipas, Veracruz o Ciudad de México…; o en Gaza, con asesinatos selectivos y bombardeos de escarmiento; o con la violencia im-

[10] Baltasar Garzón, «El monstruo ya está aquí», *infoLibre,* 27 de febrero de 2022, disponible en <https://www.infolibre.es/opinion/ideas-propias/monstruo_129_1220626.html>.

pulsada por unos países contra otros, pero valiéndose de organizaciones terroristas o de mercenarios. Cuando he debido presenciar estas imágenes, reconozco que he dudado de la legitimidad que pueden tener los gobernantes que impulsan estos sucedidos, a veces, bajo el manto de supuestas acciones de salvación que lo único que rescatan son intereses económicos o geoestratégicos, y de la propia credibilidad de las relaciones internacionales en las que países democráticos son incapaces de atajar esos hechos. La hipocresía es tal que muchas veces la comunidad internacional mantiene relaciones comerciales o solo se llegan a aplicar sanciones, en muchas ocasiones arbitrarias, que, al final del día, a los únicos a quienes perjudican es a los ciudadanos.

A pesar de todas estas evidencias y dudas, siempre concluyo con una misma afirmación: es necesario seguir, porque, de lo contrario, aunque tu vida acabe en el intento, ellos habrán ganado. Los indiferentes, los dictadores, los gobernantes autoritarios, los que practican el terror como muestra de su propia inutilidad de diálogo y entendimiento, y que son incapaces para conformar un mundo mejor, no pueden ganar este desafío.

Ningún argumento legitima en una democracia el uso de la violencia, y quien así lo hace merece la consideración de fascista, entendiendo por tal a quienes desde una posición soberbia y de intolerancia abandonan la lucha política a través de los argumentos y de la confrontación dialéctica para avasallar al más débil e imponer la dictadura de la fuerza y el terror.

No hay terrorismo de derechas o de izquierdas, porque la propia conceptuación del terror es incompatible con cualquier idea de sentido ético de una contienda política. Pero sí existen distintos tipos de causas que motivan la acción terrorista, que unos revisten de un componente religioso fanático, ya sea como acciones antiabortistas, yihadistas o de contenido político o ideológico. Pero, en todos los casos, los métodos son similares, solo que desplegados con mayor o menor intensidad o contención, que puede llegar hasta la aberración en su forma de ejecución.

Otros mecanismos que cada vez se han ido implantando con mayor fuerza para difundir las doctrinas terroristas son internet y las redes sociales. La capacidad de adoctrinamiento por esta vía es exponencial y cada vez se despliega con mayor consistencia. Las organizaciones terroristas, así como los propios Gobiernos que apoyan estas acciones, son conscientes de la fuerza de la imagen y del impacto de los mensajes cortos y contundentes. Se ha abandonado la estrategia de los grandes textos de doctrina e idearios que eran frecuentes en los años setenta. Ahora, los contenidos tienen que ser muy elementales y dirigidos especialmente a las emociones.

Ha quedado también demostrado, especialmente en las organizaciones de corte fundamentalista, que han aprendido muy rápido a eludir las acciones de la justicia. A la inversa, la justicia muchas veces es lenta y torpe para acomodarse a la nueva realidad criminal, incluido el terrorismo. Esto ha llevado a que la brecha entre las acciones y las respuestas sea cada vez mayor. Los componentes terroristas aprenden sobre la marcha de cada una de sus caídas, mejoran estrategias y penetran por los resquicios que las instituciones dejan en ese andar lento y mastodóntico, en vez de asumir el movimiento ágil que se requiere. El conocimiento de la forma de funcionar de estas bandas delincuenciales debe ser absorbido de forma inmediata por jueces y fiscales, porque si la acción institucional se basa en el análisis de lo pasado, y no de lo que está ocurriendo, siempre será tarde para prevenir acciones y reprimir actuaciones.

Lo que aprendí de Al Qaeda

Por supuesto que, en mi caso, este conocimiento del fenómeno terrorista no se adquirió de un día para otro. Son muchas horas y jornadas extenuantes analizando la práctica de esas mismas organizaciones; del estudio de su documentación, de su estrategia, de sus objetivos, de su modo de proceder. Y diseñar, con todo ello, estrategias de largo alcance. Es un grave error enfrentar al terrorismo con la guerra convencional y hacerlo con una visión del derecho tradicional. Solo la visión dinámica de este y una interpretación ágil y progresiva nos pueden permitir ciertas esperanzas frente al fenómeno criminal, porque se regenera a cada momento.

Así, he aprendido de los GAL, de ETA, de las organizaciones mafiosas y, de forma particular, por ser más diferente, de Al Qaeda.

Al Qaeda tenía como objetivo la creación del Frente Islámico Internacional para la Yihad contra los Judíos y Cruzados. Pretendían aglutinar a los militantes islámicos de todo el mundo para erradicar los Gobiernos no islámicos y sustituirlos por otros basados en la *sharía.*

En febrero de 1998, Bin Laden creó ese frente, en el que se integraron varias organizaciones terroristas islamistas, como Yihad Islámica y Al-Gama'a al-Islamiyya (Egipto), Harakat-ul-Mujahidin (Pakistán/Cachemira), Yihad Islámica (India) y el Movimiento Islámico de Uzbekistán. Se sumaron una serie de redes e individuos extremistas independientes que compartían la ideología, los objetivos, el medio (la yihad mundial) y el sentimiento de unificación panislámico de Osama bin Laden. Se constituyó así un entramado informal y flexible, al que se denominó *Al Qaeda* (La Base), *Frente Islámico Internacional, Movimiento Muyahidín* o *Red Muyahidín.*

Al Qaeda fue creciendo y su capacidad operativa aumentó en todas direcciones, pero manteniendo siempre a las mismas personas en la cúpula dirigente y con el mismo fin invariable: el establecimiento del Estado Islámico Universal, o Califato Universal, basado en la aplicación estricta de la ley islámica (la *sharía*) y utilizando para ello la yihad mundial o global (guerra santa) contra Occidente, como responsable de todos los males que padece el pueblo musulmán. Nuevamente el supremacismo, la pertenencia de grupo y la lealtad sumisa a un líder carismático.

Para Osama bin Laden existía un enfrentamiento insalvable entre el mundo islámico y el mundo occidental, representado este en particular por Estados Unidos («la cabeza de la serpiente») e Israel. La intención era y es conseguir que los lugares sagrados del islam (Jerusalén, La Meca, Medina) queden libres de tropas occidentales o judías; recuperar los territorios musulmanes que estaban integrados en países no islámicos (Chechenia, Cachemira, Palestina, incluido al-Ándalus [España], lo que nos convertía en objetivo); establecer Gobiernos islámicos basados en la *sharía* en aquellos países musulmanes con Gobiernos laicos, y extender el islam y actuar basándose en el concepto de solidaridad islámica en los frentes de lucha que, según ellos, existían entre el mundo islámico y el mundo no islámico.

El 17 de septiembre de 2003, dicté auto de procesamiento contra Osama bin Laden y la correspondiente orden de detención internacional, que son, probablemente, las dos únicas acciones que se intentaron dentro de los márgenes de la legalidad y en desarrollo de los cauces procesales que correspondían y que no se confundieron con la voluntad de los gobernantes, que irremediablemente nos lleva a la confrontación bélica o violenta.

Acordé la misma medida inculpatoria contra otras 35 personas de la organización. Los cargos fueron pertenencia o colaboración con la red terrorista islámica, los asesinatos que se produjeron en el 11S, estafa, fraude fiscal, falsificación de documentos y tenencia ilícita de armas. Las órdenes de detención internacional emitidas tenían como base impedir que pudieran eludir la acción de la justicia cuando fueran localizados y detenidos. Añadí que correspondía a España la jurisdicción y competencia «que se derive de la aplicación del principio de justicia penal universal apoyado en el hecho de que parte de la acción delictiva más grave se desarrolló parcialmente en España, en donde varios de los procesados contribuyeron en forma concurrente y necesaria a la perfección delictiva de los hechos terroristas que acontecieron luego en EE. UU.».

Al Qaeda se encontraba implantada en diferentes países y, de forma importante, en España, «que ha servido, a lo largo del tiempo, como lugar o base de descanso, preparación, adoctrinamiento, apoyo y financiación y de estructuración de múltiples personas integradas en la misma o que colaboran con ella, acreditando así su carácter esencialmente internacionalista y lo fundamental que resulta para su subsistencia la existencia de lugares en los que encuentra apoyos». La sentencia no consideró suficientemente probada la conexión con los ataques contra las Torres Gemelas, pero sirvió para poner de manifiesto que Al Qaeda era una realidad que se hizo sentir en toda Europa y otros países del mundo, manejada por una estructura dirigida muy versátil y ubicada en las montañas de Afganistán, pero con ramificaciones en los lugares más recónditos de la tierra, que aún perduran y causan inmenso dolor. Como acontecería poco tiempo después con una nueva manifestación de la barbarie que se llamó *Dáesh* o *Estado Islámico,* más atávico, más violento, más irracional y tan letal como el anterior.

El hecho de procesar a Osama bin Laden fue tomado por algunos a chanza. Pero lo cierto es que era una realidad que se fue incubando desde muchos años antes del 11S, y nadie le prestó atención. Nos sorprendieron sin estructuras adecuadas basadas en la coordinación, y las existentes tenían fisuras y rendijas demasiado evidentes y abundantes. Otros errores fueron la confrontación entre agencias, la falta de comunicación de la información y la desconfianza. Todo ello creó el terreno propicio que fue aprovechado por los fanáticos religiosos para reventar nuestras instituciones y paz social, hasta el punto de hacernos cambiar nuestro *modus vivendi.* Las acciones indiscriminadas de terror nos sorprendieron. Ya no era la selectividad de objetivos de otras organizaciones terroristas, sino que se trataba de hacer el mayor daño posible y causar el dolor más extremo, y todo ello en el nombre de Alá, lo cual suponía una perversión aún mayor y llevaba a sus componentes más allá del fascismo.

En aquellos primeros años de la década de los noventa, se llegó a establecer judicialmente que el GIA no era una organización terrorista porque no cometían acciones en España, pero se nutrían de medios, documentación falsa, instrumentos e incluso armas para cometer atentados en el norte del Magreb. Era cuestión de tiempo y de que llegaran a la conclusión de que el terreno les era favorable. Mientras tanto, se perdió demasiado tiempo en los tribunales hasta que comprendieron que este tipo de terrorismo tenía poco que ver con las organizaciones terroristas vernáculas, que obedecían a otras estructuras y principios. Recuerdo que las primeras que ideológicamente estaban en línea con ETA en condenar los atentados del 11 de marzo de 2004 y desligar a aquella de estos fueron Batasuna y todo el mundo *abertzale.*

Los terroristas iban por delante

¿Podríamos haber evitado mayores daños de haber cambiado el enfoque antiguo y haber evolucionado en la forma de tratar esta organización criminal? Probablemente, porque, mientras nos adaptábamos, los terroristas iban por delante. Cuesta mucho trabajo modificar un modo de actuación en un aparato tan anquilosado a veces como es la justicia. Y te llevas demasiadas descalificaciones por parte de quienes hacen poco o nada por cambiar y avanzar. Es factible hacerle frente con las armas e instrumentos que permite el Estado de derecho, pero para ello la justicia tradicional debe ir a la par que los tiempos nuevos en los que el crimen evoluciona, y a mucha más velocidad que las resoluciones judiciales. Por ello, la visión proactiva, a veces arriesgada, es la única posible. Y se puede hacer sin quebrantar u omitir ni una sola de las garantías y derechos de los justiciables. Solo hay que estudiar la naturaleza y el modo de actuar de las organizaciones y *parecerse* a ellas, pero desde la legalidad.

Si quieres confrontarlas, nunca puedes ampararte en los formalismos y resquicios que te ofrece el proceso. Eso es lo fácil y cómodo. Si queremos ser eficaces, hay que actuar, incluso a riesgo de equivocarte, pero siendo consciente de que esa acción es la única vía para contrarrestar la agilidad y versatilidad de las organizaciones terroristas y la imprevisibilidad de las acciones individuales. Tienes que estudiarlas, adelantarte a ellas, anular o neutralizar las estrategias, optimizar los recursos, tener en cuenta los contextos y ámbitos reales y sociales en los que se desarrollan para poder combatirlas. Y, desde luego, no es precisamente el camino el de buscar exclusivamente la eliminación de los máximos responsables, como Osama bin Laden (Al Qaeda) o Abu Bakr al Bagdadi (que había proclamado en 2014 el califato del Estado Islámico en Irak y Siria) o Abu Ibrahim al Hashimi al Qurashi en Atmeh (Siria), porque de una u otra forma se regeneran de modo inmediato.

Esta fue la reacción de los tres últimos presidentes de Estados Unidos para marcar su impronta en la lucha contra el terrorismo yihadista.[11] Bush, por su parte, creó además la prisión de Guantánamo en la base naval estadounidense en la isla de Cuba, que se ha mantenido desde 2002 hasta ahora en funcionamiento como parte del sistema de campos de detención de Estados Uni-

---

[11] Yolanda Monge, «Tres presidentes de EE. UU., tres líderes terroristas liquidados», *El País,* 7 de febrero de 2022, disponible en <https://elpais.com/internacional/2022-02-07/tres-presidentes-de-ee-uu-tres-lideres-yihadistas-liquidados.html>.

dos (Irak y Afganistán). La mayoría de los reclusos fueron detenidos en Afganistán cuando fue invadido tras los atentados del 11 de septiembre. Se construyó en noventa y seis horas y ha llegado a contar con 790 prisioneros de 49 nacionalidades diferentes, sobre todo afganos, saudíes, yemeníes y paquistaníes con edades comprendidas entre los 13 y los 89 años. Allí reinan la tortura y la impunidad. En estas dos décadas solo han sido procesados doce de los recluidos, y, de ellos, solo dos fueron condenados por una comisión militar. Hoy quedan aún 39 personas presas, 27 de ellas sin cargos. Las 27 personas sobre las que no pesa acusación alguna en todo este tiempo permanecen allí bajo el concepto de que son detenidos de guerra en el conflicto con Al Qaeda. Guantánamo, además de un monumento a la sinrazón y a la falta de criterio jurídico, es una burla a los derechos humanos. Tengo la seguridad de que Guantánamo ha sido otro de esos errores que alimentan el odio.

En 2009, ejerciendo mi responsabilidad judicial, traté de aportar mi esfuerzo para combatir la sinrazón del Estado cuando abandona los márgenes de la legalidad y se adentra en la deriva arbitraria y autoritaria que lleva la tortura, los malos tratos y el recurso a actos ilícitos similares a los que pretende combatir. Esos quebrantos representan la impotencia de los países y sus sistemas de justicia para confrontar el crimen. Sin embargo, creo que se puede triunfar sobre estas estructuras criminales si se ponen en funcionamiento todos los resortes del Estado democrático. Para ello hay que tener valentía y la convicción de que el servicio que prestas es lo que necesita la sociedad para protegerse frente a la maquinaria de muerte que significa el terrorismo.

Tras la restricción, y casi anulación, de la jurisdicción universal en España mediante la ley de marzo de 2014, podríamos afirmar que el limbo jurídico se instaló en nuestro país con el triunfo de la impunidad al cerrar los casos abiertos. Fue ahí cuando algunos jueces supremos se decantaron, una vez más, por la interpretación más regresiva de la ley interna, dando la espalda, cuando de derechos humanos se trata, al derecho internacional. Lo escribí en aquellas fechas y hoy reitero que es un pensamiento vigente: avanzar es retroceder, introduciendo el revisionismo negacionista, que desemboca en la comodidad de la indiferencia denostando los valores universales conquistados por la humanidad.[12]

En ese contexto se enmarcó el cierre del caso Guantánamo. Había muchas razones para mantenerlo abierto: la catalogación como crímenes de lesa humanidad cometidos por funcionarios estadounidenses; la contradicción de la nueva ley con el derecho internacional que sanciona la tortura; el recurso de inconstitucionalidad de la ley pendiente; el legítimo derecho a la tutela judicial al no existir investigación alguna en aquel país o la existencia de decisiones del mismo juzgado y de la Audiencia Nacional apoyando la tesis de la competencia española. De poco sirvieron estos argumentos, la resolución abrazó la decisión del Tribunal Supremo, anuló las diligencias pendientes, renunció a la persecución de los victimarios y a la protección de las víctimas. Hay atrocidades que ningún Estado puede amparar. Pero en España se hizo. Para evitarlo está la jurisdicción universal.[13]

Proteger los derechos humanos

Libertad duradera fue el nombre del operativo de Estados Unidos sobre Afganistán, pero estoy convencido de que la paz o la libertad duraderas solo pueden venir de la mano de la legalidad, de la

---

[12] Baltasar Garzón, «La certeza de la impunidad», *El País,* 8 de septiembre de 2015, disponible en <https://elpais.com/elpais/2015/09/02/opinion/1441206065_841374.html>.

[13] *Ibid.*

justicia, del respeto a la diversidad, de la defensa de los derechos humanos, de la respuesta mesurada, justa y eficaz. «El Derecho está por encima del Poder», aseveró Victor Hugo, y debe mostrar a este el camino y el respeto a esos principios tradicionales que constituyen la esencia de la civilización moderna y le dan forma y contenido. No se puede construir la paz sobre la miseria o la opresión del fuerte sobre el débil; y, sobre todo, no se puede olvidar que habrá un momento en el que se tengan que exigir responsabilidades por las omisiones y por la pérdida de una oportunidad histórica para hacer más justo y equitativo este mundo.

¿Qué fórmulas nuevas emplear para combatir el terrorismo en el siglo XXI? Las redes sociales son un vehículo de propaganda, captación y adoctrinamiento. No solo se trata de vigilar el ciberespacio, sino de actuar sobre él. El Europarlamento aprobaba en marzo de 2021 una nueva legislación para frenar la propagación de contenido terrorista en internet. Este reglamento se aplica a textos, imágenes, grabaciones de audio o vídeo —incluidas las retransmisiones en directo— que inciten, demanden o contribuyan a la comisión de delitos terroristas; faciliten instrucciones para ello o animen a participar en grupos terroristas. En línea con la directiva de lucha contra el terrorismo, se ocupa, asimismo, de aquel contenido que proporciona información sobre la fabricación o uso de explosivos, armas de fuego u otras armas con destino a objetivos terroristas.

Las empresas que ofrecen alojamiento en la red tienen hoy la obligación de suprimir el contenido terrorista o impedir que se pueda acceder a él, en todos los países de la Unión Europea, en el plazo de una hora desde que reciban la orden de retirada que emite la autoridad competente. De no hacerlo así, se enfrentan a sanciones, cuyas normas son competencia de los Estados miembros, teniendo en cuenta la naturaleza de la infracción y el tamaño de la compañía. La regla prevé salvaguardas para evitar abusos, incluido un mecanismo de reclamación para que los contenidos que hayan sido bloqueados o retirados por error puedan ser reinstalados tan pronto como sea posible.

Las plataformas no tendrán una obligación general de filtrar todo el contenido que alojan ni deberán utilizar herramientas automáticas de control. Sin embargo, tendrán que tomar medidas específicas para evitar su diseminación en caso de que las autoridades detecten su exposición a este tipo de material. Los proveedores de servicios de internet estarán, asimismo, obligados a publicar informes anuales de transparencia sobre las acciones adoptadas para evitar la difusión de este tipo de contenido. Estas normas pueden facilitar el trabajo de las policías internacionales a la hora de detectar y suprimir este tipo de informaciones de las organizaciones criminales. Hay que tener en cuenta que la actividad de los yihadistas en internet es constante. Como asunto curioso, apunto que, el 19 de noviembre de 2020, Naciones Unidas señalaba en su página web, en relación con la pandemia de COVID-19, cómo personas asociadas al ISIS y Al Qaeda habían difundido teorías de conspiración afirmando que el virus es un «soldado de Alá» que está castigando a los incrédulos y a los enemigos de los musulmanes. «Los grupos terroristas han dicho que el COVID-19 es la ira de Dios sobre el Occidente. De manera similar, Al-Shabaab declaró que la enfermedad del coronavirus se transmite como "el soldado más pequeño de Dios"», explicaba el organismo internacional.

El Parlamento Europeo define el terrorismo como aquellas acciones que tienen como objeto intimidar seriamente a una población; obligar indebidamente a un Gobierno o a una organización internacional a realizar o abstenerse de efectuar cualquier acto y desestabilizar gravemente o destruir las estructuras políticas, constitucionales, económicas o sociales fundamentales de un país o una organización internacional. Entre otras medidas para atajar esta criminalidad, la Unión Europea plantea que la Guardia Europea de Fronteras y Costas cuente con un cuerpo permanente de 10.000 agentes, a partir de 2027, que garanticen la protección de los 13.000 kilómetros de fronteras exteriores terrestres y los 66.000 kilómetros de fronteras marítimas. Si un Estado miembro lo solicita, el nuevo cuerpo podrá llevar a cabo controles fronterizos, gestionar la migración y luchar contra la delincuencia fronteriza.

La gestión de la migración como se plantea ha creado diversas reacciones entre los europarlamentarios, que, en parte, cuestionan si las nuevas reglas van a evitar desastres humanitarios. No olvidemos el incendio en el campo de refugiados de Moria, donde 13.000 personas vivían hacinadas. Un año después, la gente seguía en tiendas de campaña y en malas condiciones.

Sobre todo, la pregunta era si estas medidas de control y fronteras respetarían los derechos fundamentales. Con ese objetivo se creó un fondo para la gestión integrada de las fronteras, dotado de 6.240 millones de euros, a fin de que los Estados miembros puedan reforzar su capacidad de gestión garantizando los derechos de los refugiados. Ese fondo se une a otro fondo de seguridad interior destinado a combatir el terrorismo, el crimen organizado y la ciberdelincuencia. En julio de 2021, el Parlamento aprobó una dotación de 1.900 millones de euros.

La delgada línea entre la seguridad y la vulneración de derechos fundamentales es una constante que debe hacernos reflexionar. Basarse única y exclusivamente en la represión policial y en la justicia penal para atajar el terrorismo resulta una equivocación que puede alimentar al monstruo. Hay mucho trabajo por delante, y prevenir la radicalización es crucial, atendiendo a la educación y a los servicios sociales. La desigualdad es otro factor que deja el campo libre a los radicales para conseguir adeptos: resolverla es un paso adelante y el camino que entre todos los países debemos abordar de manera prioritaria.

Mal que nos pese, el terrorismo global es un fenómeno que desgraciadamente ha venido para quedarse. Son necesarios mecanismos de contención, pero también de prevención, a través de la educación, la formación en valores democráticos y los derechos humanos. Sin embargo, vemos que esa no es la línea de avance que siguen la mayoría de los países, con lo que el problema permanece e incluso crece.

La acusación fácil de terrorismo, por ejemplo, a periodistas o a indígenas que protestan y reclaman por la devolución de sus tierras ancestrales, como hacen los mapuches en Chile, tampoco ayuda a perfilar adecuadamente este problema. Este es, también, otro burdo disfraz del fascismo.

6

La defensa de un inocente

> *«Todo lo que se ha construido es una mera apariencia de la realidad, Garzón —me dijo Lula con energía mientras me sujetaba de los antebrazos y miraba a los ojos—. Si creyera y tuviera consciencia de que hay en mí un solo milímetro de culpabilidad, no estaría aquí con usted.»*
>
> *Con el mismo énfasis y emoción le contesté: «Si yo creyera que en usted concurre siquiera medio milímetro de culpabilidad, no habría venido aquí».*
>
> *Conversación entre Lula da Silva y Baltasar Garzón. Celda de la Superintendencia de la Policía Federal de Curitiba*
>
> 26 de septiembre de 2019

El fascismo ha reaparecido en América Latina, siendo el caso más flagrante el de Brasil, ante la presencia de Jair Bolsonaro y sus efectos terribles sobre la población y el medio ambiente, que, junto a la mano oscura de Donald Trump y los suyos, han dibujado un panorama en que sobresale la peor ultraderecha. Todo ello agravado por la nula gestión de la pandemia, que llevó al límite a la ciudadanía, con los enfermos asfixiados por falta de oxígeno en los hospitales, drama que fue significativo en Manaos, en plena Amazonia, donde la población enferma se ahogaba literalmente.

Brasil es un ejemplo claro de cómo el derecho se está usando con fines políticos de persecución. Y aquí, la extrema derecha juega un papel fundamental tratando de revertir la historia y las conquistas que se han obtenido, esencialmente en derechos humanos. La utilización del derecho con finalidad política segmenta la acción y olvida otra parte. Y al final se convierte en un arma política para promover a un candidato en detrimento de otro.

Yo no puedo sino estar de acuerdo en la lucha contra la corrupción, absolutamente. Pero cuando se ponen en marcha todos los mecanismos de lucha, hay que tener sumo cuidado, porque se producen muchos empeños cruzados que pueden apostar por unas finalidades que no son para nada las que representa la justicia.

En Brasil hubo intereses por parte de grandes estructuras económicas para que los Gobiernos del Partido de los Trabajadores (PT) no continuaran. El proceso de destitución *(impeachment)* a la presidenta brasileña Dilma Rousseff, desde mi punto de vista, fue un golpe de Estado blando. Cuando esto ocurre y se utilizan los mecanismos de la justicia, hay que ser extremadamente exigentes con las garantías. Si no, es muy fácil que se convierta en una persecución a la persona, y no tanto una investigación del hecho. El siguiente paso fue la sentencia inconsistente, con elementos circunstanciales y sin base jurídicamente objetiva y defendible para una condena, que llevó a Lula da Silva a la cárcel, esquivando así el peligro de que pudiera mantenerse en el poder. Pero no había elementos para considerar que Lula era un sujeto activo de una corrupción pasiva. Y el procedimiento fue más que irregular, acelerando plazos, tomando decisiones más que discutibles, sembrando dudas..., hasta que llegó la sentencia para evitar que hubiese una presentación de una candidatura electoral. Luego se desveló que de alguna forma había una conexión, o un interés, cuando el entonces juez Sergio Moro fue nombrado ministro de Justicia y Seguridad Pública. Esos elementos influyen, aunque las pruebas hubiesen sido más o menos consistentes, en contaminar todo el escenario.[1]

---

1 Carla Jiménez, «Baltasar Garzón: “El derecho está siendo usado para la persecución política”», *El País,* 26 de octubre de 2019, disponible en <https://elpais.com/internacional/2019/10/14/actualidad/1571072613_615438.html>.

Resumiendo, el 12 de julio de 2017, Lula da Silva, presidente de Brasil entre 2003 y 2010, fue sentenciado en primera instancia a nueve años y seis meses de prisión por el juez Sergio Moro. Fue la primera vez en la historia de Brasil que un expresidente era condenado por corrupción pasiva. Lula se entregó voluntariamente el 7 de abril de 2018. Pero las dudas sobre el proceso que le llevaron a la cárcel, en el marco del caso Lava Jato, que afecta a varios países latinoamericanos, han sido cada vez más fuertes. El periódico *The Intercept* publicó una serie de reportajes que revelaban intercambios de mensajes entre Sergio Moro y el fiscal del Ministerio Público, Deltan Dallagnol, que apuntaban a que Moro colaboró de forma irregular con el grupo de trabajo de la Operación Lava Jato en su época de magistrado, rompiendo con la imparcialidad. El Supremo Tribunal Federal de Brasil determinó en 2018 que el exjuez Sergio Moro violó el derecho de defensa en determinadas condenas que se podrían ver anuladas. Entre ellas figuraba la de Lula da Silva.

Mi visita a Lula

El 26 de septiembre de 2018, me reuní con Paulo Vannuchi, que fue ministro de Derechos Humanos, y Tarso Genro, exgobernador del estado de Río Grande do Sul y ministro de Justicia, ambos del Gobierno presidido por Lula da Silva. El encuentro fue en la Superintendencia de la Policía Federal de Curitiba, capital del estado de Paraná, donde Lula se encontraba preso desde el 7 de abril de 2018. La petición de entrevista había sido formulada por el propio Lula y fue cursada por el instituto que lleva su nombre aduciendo mi «reconocida autoridad internacional de defensor de los Derechos Humanos». Yo formaba parte de la plataforma de juristas internacionales que reclamaban la libertad del expresidente.

La visita despertó la atención internacional y escribí sobre ella. No era la primera vez que nos encontrábamos a lo largo de los años. Pero sí era la primera en la que el presidente, que había sido ejemplo para todos tanto en lo personal como en lo político, que tanto había luchado por los desfavorecidos, estaba privado de libertad, según la justicia, por haber participado en hechos de corrupción.

Había tenido ocasión de entrevistarme varias veces con Luiz Inácio *Lula* da Silva cuando estaba ejerciendo como presidente de Brasil. También cuando estaba al frente del instituto que lleva su nombre, manteniendo largas conversaciones con él. Lula gobernó durante ocho años Brasil, y, con prudencia y políticas certeras, sacó de la pobreza a más de treinta millones de personas. Esa conversación, en su celda, sería diferente. Estaba arbitrariamente privado de libertad por la decisión de un juez, Sergio Moro, que, como la historia posterior demostraría, no estuvo a la altura de la mínima ética que exige el ejercicio de la función jurisdiccional, contraviniendo el requisito más básico y esencial de lo que significa ser un juez, que es ser imparcial. Después se puede evaluar si el jurista tiene mayor o mejor conocimiento del derecho, de la adecuada o no tan adecuada valoración de la prueba, en fin, de las competencias y destrezas profesionales, pero lo primero y más básico es la imparcialidad. Sin eso, todo lo demás no sirve de nada y se pervierte, como sucedió en este caso.

La podredumbre esparcida contra Lula, en colaboración con determinados medios de comunicación, fuerzas políticas contrarias, fiscales y militares, fue inmensa y exponencialmente difundida, a la vez que era masacrado desde el comienzo en un *lawfare* paradigmático y cainita. Una vez cumplido su cometido (la condena de Lula), este *juez* se incorporaría, como no podía ser de otra forma, a las filas del presidente Jair Bolsonaro como su ministro de Justicia y Seguridad Pública, un pago por los *servicios prestados,* por haber quitado de en medio a Lula, a quien condenó en julio de 2017 a nueve años y seis meses de prisión por corrupción pasiva y lavado de dinero.

Nunca creí que el presidente Lula hubiera participado en hecho delictivo alguno. Por eso lo he defendido siempre, sin dudarlo, y tomé partido por él frente a quienes mantuvieron lo contrario aprovechando que el viento soplaba en su contra. Afortunadamente, su energía, su solidez como persona y político de altura, su fuerza y convicción inquebrantables hicieron que nadie de los que creíamos en él nos desviáramos de esa defensa, que, frente al juez Moro, los fiscales brasileños, los grandes medios de comunicación y las corporaciones, en muchos momentos fue muy dura. Se nos tildó de defender por cuestiones ideológicas a quien no lo merecía. El curso de los acontecimientos demostraría exactamente lo contrario.

El 26 de septiembre de 2019 fue un día intenso. El anterior había estado en São Paulo en una conferencia organizada por el Colegio de Abogados sobre la impunidad, las dictaduras y la defensa de los derechos humanos, que fue muy grata e intensa y que me permitió volver a reunirme con viejos luchadores y víctimas de la represión brasileña y reclamar, de nuevo, la aplicación de las normas de memoria y la justicia para las víctimas de los represores. Llegamos al aeropuerto de Curitiba, un mastodonte exagerado que no responde a las necesidades de una ciudad de poco menos de dos millones de habitantes del sur de Brasil y que quizás refleja una dinámica propia de la penetración de la corrupción a través de las grandes estructuras en las que se reparten comisiones a diestro y siniestro. Es jueves, 26 de septiembre de 2019. A mi lado, en silencio, Paulo Vannuchi, persona entrañable, viejo luchador contra la dictadura, en la que sufrió torturas, persona muy próxima al presidente Lula, ministro de Derechos Humanos en su Gobierno y miembro de la Comisión Interamericana de Derechos Humanos. Fue a través de él como conocí al presidente cuando concluía su segundo y último mandato.

Somos los primeros en llegar. Tenemos que esperar casi una hora porque Tarso Genro, exprefecto (alcalde) de Porto Alegre entre 2001 y 2002, cuando lo conocí en el Foro Social, y desde entonces amigo, viaja en un vuelo que lleva retraso. Tarso ha sido exministro de Educación, Relaciones Institucionales y Seguridad y Justicia en el mismo Gobierno, además de gobernador de Rio Grande do Sul y dirigente histórico del Partido de los Trabajadores (PT). Su constante compromiso por el progresismo y la reivindicación de los valores auténticos de la izquierda le hacen ser un referente constante a nivel internacional.

El encuentro fue entrañable. Nos fundimos los tres en un abrazo y nos preguntamos, no sin cierta emoción, cómo encontraríamos al presidente. En ese día, precisamente, se debatía en el Supremo Tribunal Federal de Justicia acerca de las irregularidades cometidas por el juez Sergio Moro y el *Público Ministerio* en el procedimiento penal conocido como *Lava Jato,* por blanqueo de dinero y corrupción, que ha levantado polvaredas dentro y fuera de Brasil durante años. Teníamos la sensación de que las revelaciones de *The Intercept* acreditaban, al menos indiciariamente, el contubernio entre la acusación y el juez que condenó a Lula y otras relaciones espurias que ponían en tela de juicio la limpieza de ese proceso.

Nos dirigimos al restaurante Vindouro, donde nos juntamos con varios seguidores del presidente, entre los que se encuentran Manoel Caetano Ferreira, profesor de Proceso Civil en la Universidad Federal de Paraná (UFPR) y decano de la Facultad de Derecho; Luis Carlos Rocha y Marian Gonçalvez, dos de los abogados de Lula, y Wilson Ramos Filho (Xixo), profesor y presidente del Instituto de Defensa de la Clase Trabajadora, que participan en la campaña de apoyo de forma permanente y desinteresada, al igual que hacemos un numeroso grupo de juristas de diversos países, aglutinados en una plataforma sobre el *lawfare*. La comida fue distendida y agradable.

El barrio de Moro y de Lava Jato

Todos hablamos sobre las novedades del caso y las filtraciones de Glenn Greenwald y *The Intercept*, Xixo incluso nos regaló el libro *Relaçoes Obscenas,* editado por el grupo de apoyo, en el que se relatan los primeros meses de filtraciones. Sencillamente impactante a la vez que escandaloso.

Nos dirigimos hacia el lugar de reclusión en el que se encontraba Lula. Mis dos colegas y yo estábamos preocupados por el estado de ánimo del presidente. Los compañeros que nos recibieron nos indicaron que nos sorprenderíamos al verlo.

Se nota que Curitiba, la ciudad de Sergio Moro y de Lava Jato, es una urbe próspera. En una pared veo un cartel que dice «acabar con todos los de Lava Jato». Me dice Xixo que en esta ciudad siempre gana la derecha.

El lugar de reclusión de Lula es un barrio residencial. Una especie de recinto en el que hay unas treinta personas, y otras que van llegando, con carteles que rezan «Lula Libre». Hay jóvenes y mayores; me recuerdan a las personas que se congregaban frente a la clínica en Londres cuando tuvo lugar la detención de Pinochet, o frente a la embajada de Ecuador, en el mismo Londres, pidiendo la libertad de Assange y su no extradición a Estados Unidos, o a los que se concentraban ante las puertas del Tribunal Supremo español cada vez que me citaban a declarar o durante los juicios allá por enero y febrero de 2012. Hay viejos militantes y otros que se emocionan cuando más tarde nos reunimos con ellos. Varios me abordan y me dan las gracias por estar allí, por apoyar a Lula. Al salir nos encontraríamos con muchos más.

En la prisión

Por fin entramos en la sede de la Policía Federal donde está preso Luiz Inácio *Lula* da Silva, cumpliendo una condena, impuesta por el juez Sergio Moro, de doce años de privación de libertad. En el sistema brasileño, el juez que instruye también juzga en primera instancia, lo cual no deja de ser sorprendente. De ahí la importancia que habían tenido las revelaciones del medio digital. Al estar separadas la labor de investigación del fiscal de la actuación del juez, no puede existir comunicación, traspaso de información o alguna promiscuidad en la fase procesal anterior al juicio. Y lo que demostraban las grabaciones es que se habían producido y en abundancia. Pasamos por control y nos hacemos una foto en la puerta que después navegará por las redes sociales. Se da la paradoja de que el presidente Lula inauguró este centro el 2 de febrero de 2007, y así consta en una placa a la entrada.

Entramos —armados solo con papel y bolígrafo— Tarso, los dos abogados y Paulo Vannuchi como intérprete (una excusa para poder incorporar a uno más, porque toda la conversación se realizaría en portugués sin traducción). Subimos acompañados de un alto responsable de la Policía federal de ascendencia polaca que se ha convertido en el funcionario que vigila a Lula y también en el mejor amigo. El magnetismo del presidente se aprecia hasta en esto. Tanto con este funcionario como con los demás, incluido el prefecto, que nos recibe en su despacho (Tarso había sido su jefe) y nos ofrece un vaso de agua. Hablamos de la situación en general de Brasil y de recuerdos personales. Subimos al quinto piso, donde se encuentra la habitación-celda.

Lula: «No cederé ni un milímetro»

Conocía desde hacía años al presidente Lula. Su espíritu seguía intacto, su energía es como una especie de fuerza generatriz que irradia a todo el que está a su alrededor y que consigue que abandones el pesimismo que puedas tener. Recuerdo su abrazo prolongado y el susurro al oído de palabras de agradecimiento por estar allí. Le dije que era una obligación como jurista y como miembro de la plataforma de apoyo, y un honor, en todo caso.

Inmediatamente comenzó a hablar de política. Pero, antes de nada, profiere las palabras que todos los presentes esperábamos para calibrar la fortaleza aparente que desplegaba: «No cederé ni un milímetro. Sé que lo pongo difícil a mis abogados, pero sé también la mentira que me trajo aquí y es mi dignidad lo que está en juego. Es mi honra. No voy a aceptar las mentiras. Solo quiero y confío en el derecho».

Sin pausa, prosiguió con la siguiente sentencia:

> Detrás de todo esto está el Departamento de Estado de Estados Unidos. Los gringos no han permitido ni permitirán que Latinoamérica sea protagonista de nada. Estados Unidos está, en el fondo, detrás de lo que acontece en Brasil. Los recursos naturales (petróleo) figuran en el origen. No acepto cualquier pena, ni reducción, ni medidas que atenúen mi prisión. Solo quiero la absolución total.

Moro, un canalla

Después de esta contundente declaración de principios, comenzó a hablar de su verdugo. Se notaba que necesitaba hacerlo y, además, siendo yo el interlocutor: «(El juez) Sergio Moro es un canalla. Quieren destruir mi resistencia, pero no lo van a conseguir». En relación con los ministros (jueces) del Supremo Tribunal Federal, afirma:

> Nunca nombré a ministros para que me hicieran favores, sino para que cumplieran su obligación e impartieran justicia. Yo era el garante de la Constitución brasileña; por eso el único favor que pido es el de la responsabilidad a la hora de decidir. Fuimos nosotros quienes implementamos las reformas necesarias para que se combatiera la corrupción.

Añadió Lula: «La confabulación entre élites empresariales, políticas y mediáticas, junto con las judiciales, ha sido patente: había que acabar con el PT. El acuerdo entre *O Globo* y Moro ha sido obsceno. Todos temían a Moro. Llegó a tener un poder absoluto». Más aún: «Voy a defender las instituciones, como siempre he hecho, y esto será una lección para el pueblo brasileño y el mundo entero». Tiene también palabras para su formación, el Partido de los Trabajadores, y para Tarso: «El PT tiene muchos defectos, pero es mucho mejor que todos los demás. Tarso, tienes que implicarte más y ayudar a los compañeros: te necesitan».

«No perdono ni disculpo a quienes me han condenado sin pruebas, ellos son responsables en gran parte de lo que está aconteciendo en Brasil. Eso no es luchar contra la corrupción, sino acabar con una opción política y las personas que la representamos.» Y concluye: «Para conseguir esto, son evidentes las conexiones antes mencionadas y son conocidos los autores de esta enorme trama. Detrás de esta canallada están la Policía, el Poder Judicial y el Público Ministerio». «Todo lo que se ha construido es una mera apariencia de la realidad.»

—Garzón —me dijo Lula con energía mientras me sujetaba de los antebrazos y miraba a los ojos—, si creyera y tuviera consciencia de que hay en mí un solo milímetro de culpabilidad, no estaría aquí con usted.

Con el mismo énfasis y emoción le contesté:

—Si yo creyera que en usted concurre siquiera medio milímetro de culpabilidad, no habría venido aquí.

Aquel encuentro con el presidente Lula fue un hito muy importante en mi vida y en la observación de los fenómenos políticos que podríamos catalogar en el marco de los llamados *fascismos modernos* o, como los he denominado en el título de este libro, *Los disfraces del fascismo.*

La dignidad

En ese momento comprendí todo el dolor que sentía Lula, no solo en su condición de líder político, que lo había dado todo por su pueblo y que había conseguido cotas de progreso impensables antes de su periodo al frente del país, sino también como ser humano. Por mucho que entiendas lo que sucede, no deja de ser injusto, y la injusticia siempre duele. Era el sufrimiento de quien se sabe inocente y está siendo objeto de una incomprensible persecución judicial, que tan frecuente se ha vuelto en esta parte del mundo en los últimos años.

Se notaba que tenía ganas de hablar y, además, de hacerlo conmigo. Siempre hubo una especial sinergia entre ambos y sigue habiéndola: «Juez Garzón —me señaló—, gracias por su lucha y por su visita». En este momento se emocionó, se le quebró la voz, se le empañaron los ojos y me dijo: «Mi dignidad está por encima de todo. Jamás pediré progresión [se refería a la progresión de grado o de semilibertad, que ya habían pedido los fiscales el día 27 de septiembre, con tobillera y arresto domiciliario] ni la aceptaré [así lo expresó el 28 de septiembre]. No me importa seguir preso porque cada día que pasa se agrandará la injusticia cometida contra mí».

«Bolsonaro está destruyendo al país. Bolsonaro es un incompetente y un peligro para Brasil y para el mundo. Sería necesario que la oposición se uniera y fuera consciente de ello y evitar así el daño irreversible que este sujeto está produciendo», aseguró categórico. Nos expresó su preocupación por el predominio religioso de los evangelistas: «Si la Iglesia católica no se reestructura y reacciona, en 2030 será apenas testimonial a favor de los evangélicos. Su mensaje es pasivo y no emociona a los más desfavorecidos». No evitó aquí el tono preocupado: «Siento dolor por mi país, por los abusos que se están produciendo contra los más vulnerables, por el desastre medioambiental».

Asimismo, quizás por mi nacionalidad, Lula demostraba su interés por España y su seguimiento de la actualidad, y sin duda se mostró premonitorio cuando en plena precampaña electoral afirmó: «No comprendo cómo no ha habido una coalición progresista entre el presidente Sánchez (PSOE) y Pablo Iglesias (UP). Es preocupante que eso pueda facilitar una victoria de una coalición de derechas, que no dudarán en absoluto en pactar y gobernar. España es fundamental en el contexto internacional y para Latinoamérica. Usted lo sabe bien, Garzón, porque conoce esta parte del mundo perfectamente». Y acertó.

Despedida

Lula se crecía con la palabra en el reducido escenario de su celda, de unos veinte metros cuadrados. El mobiliario era escueto. Un televisor, una cama sencilla pegada a la pared y haciendo esquina. Una cortina al frente protegía de la claridad. Tenía una cinta andadora, pesas y tensores, además de una mesa redonda y un armario empotrado. Me llamó la atención un rosario colgado en un lugar visible. Al observar que lo miraba, me dijo guiñándome un ojo: «Es que soy católico».

Allí estaba Lula, preso, pero no vencido. Todo lo contrario, la lección política que ofreció al mundo fue clara. La entrega a su país; la tensión sostenida por los procesos electorales en Latinoamérica (Argentina, Bolivia, Colombia...); su voz firme, enérgica, con ganas de hablar y de ser escuchado, y, sobre todo, de denuncia rotunda hacia la tremenda injusticia que sufrió han demostrado su entereza y la fuerza que nace de dentro, de lo más profundo de las convicciones de quien ha hecho del servicio al pueblo brasileño su vida.

La hora y media de reunión, máximo autorizado, terminó muy deprisa, como si solo hubieran sido minutos. El presidente me abrazó, como yo a él, y, de nuevo, como cuando llegué, me susurró al oído, solo para mí: «Soy inocente, Garzón, difúndalo al mundo. Aunque sea lo último que haga en mi vida, lo probaré».

Nos emocionamos de nuevo. Sentí que no solo estaba convencido de lo que decía, sino que sabía que era cierto. Terminé con una sensación que conozco bien y a la que muchas veces me he enfrentado, la que tienes cuando alguien te dice la verdad.

«Presidente, lo sé y por eso estamos aquí —le respondí—. No dude que lo vamos a difundir. Lo estamos haciendo, grupos de juristas de diversos países, porque el derecho no puede utilizarse como un instrumento para perseguir a los oponentes políticos o a los que se quiere neutralizar por esas mismas razones u otras de carácter económico. Estoy de acuerdo con usted, no debe ceder a la progresión de grado que le proponen, porque, de aceptar, tendrán la excusa para que se diluya el apoyo y la causa por la que está luchando. No puede usted llevar una tobillera, sería humillante. Todo lo que viene sucediendo contribuye a que las apariencias se descubran como trampas. Hay que cambiar el paradigma, hay que demostrar a la sociedad que tienen a un inocente en la cárcel, y nosotros lo vamos a proclamar.»

La injusticia

Cuando salí de la superintendencia, me encontraba en *shock*. Sentía el dolor de haber estado frente a alguien que está sufriendo una tremenda injusticia, pero, a la vez, su fortaleza y seguridad me reconfortaban. Era como si en vez de darle ánimos nosotros a él, nos los hubiera dado Lula a nosotros. Me impactó la fuerza y el magnetismo que transmitía. Me venían a la cabeza las bienaventuranzas de Jesús en el sermón de la montaña: «Bienaventurados los perseguidos por causa de la justicia, porque de ellos es el Reino de los Cielos. Bienaventurados seréis cuando os injurien, os persigan y digan con mentira toda clase de mal contra vosotros por mi causa» (Mateo 5, 10-11). «Bienaventurados los que tienen hambre y sed de justicia, porque ellos serán saciados» (Mateo 5, 6).

Supongo que Lula creerá en este texto bíblico. Para un creyente debe ser conmovedor e inspirador, sin duda. Hay también quien asevera, ya como parte del refranero popular, «el que se mete a redentor, sale crucificado». Así se comprende todo lo que ha hecho por Brasil y que haya sacado de la pobreza a más de treinta millones de brasileños y brasileñas. Los de siempre, los que se creen dueños del país, los que se sienten superiores al resto, tenían que hacérselo pagar, tenían que quitarlo de en medio a toda costa para poner a uno de sus títeres para que reestableciera las cosas al orden que les acomoda.

Por mi parte, y como no soy creyente, pensaba que esta era una causa por la que merecía la pena luchar, y después de esa visita en la cárcel, lo pensaba todavía más si cabe. Lula es sin duda un hombre al que admiro.

Salimos y, a las afueras, nos esperaba la vigilia «Lula Libre». Un centenar de personas aguardaban con impaciencia nuestras declaraciones. Tarso, Vannuchi y yo tomamos el altavoz de campaña, como si estuviéramos anunciando algo, y nos esforzamos en transmitir nuestras impresiones. Grité la inocencia de Lula, pedí al poder judicial que reflexionara y decidiera positivamente sobre la excarcelación y la inocencia del presidente. Solo así recuperaría la credibilidad. Luchar contra la corrupción no puede equipararse a la aniquilación política de una persona.

Lula libre

Lula estuvo quinientos ochenta días encarcelado, lo que le imposibilitó presentarse a las elecciones presidenciales de 2018, que ganó el ultraderechista Jair Bolsonaro, quien, a su vez, nombró al juez Moro como ministro. Salió en libertad el 8 de noviembre de 2019, tras cumplir sentencia. El 24 de abril de 2020, Moro renunció a su cargo de ministro en protesta por la interferencia del presidente Bolsonaro en la gestión de la justicia, aunque realmente preparaba su candidatura a las próximas elecciones.

El 8 de marzo de 2021, uno de los jueces de la Corte Suprema anuló todas las sentencias dictadas contra Lula, debido a que el juez Moro carecía de competencia para conocer los supuestos delitos que le fueron imputados. Por ende, se inició una investigación en contra del magistrado.

Volví a ver al presidente Lula a finales de noviembre de 2021, en Madrid, y nos volvimos a abrazar, mucho más distendidos y relajados, teniendo entonces ocasión de hablar del futuro. Lula me confesó que deseaba presentarse a las siguientes elecciones en Brasil, previstas en octubre de 2022, donde tendría que enfrentarse, con toda probabilidad, a Jair Bolsonaro y al exjuez Moro.

Este es un ejemplo vivo y actual del fascismo de nuevo cuño que se dejó caer en Brasil y que hizo posible que durante cuatro nefastos años haya gobernado este país. Lula fue injustamente condenado y debe ser reparado, y, si de reparación se trata, la vuelta de Lula como presidente al frente del Gobierno en este gran país, elegido nuevamente en un proceso democrático impecable, será, en mi opinión, la mejor forma de reparación y respuesta a quienes desde la traición al pueblo y con acciones torticeras pretendieron acabar con él.

A la hora de que este libro vea la luz, las elecciones en Brasil serán el 2 de octubre de 2022. Poco después, el día 27 de octubre, Lula cumplirá 77 años; un día antes, yo cumpliré 67. Espero y deseo hoy que podamos celebrar nuestros cumpleaños respectivos con un Lula de nuevo presidente de Brasil, porque eso significará que, al menos por una vez, se ha impuesto la justicia verdadera a la injusticia torcida y manipulada por quienes más tendrían que dignificarla.

La responsabilidad de Bolsonaro

Detrás del *lawfare* contra Lula y la presidenta Dilma Rousseff, a la que también se obligó a dimitir en lo que tuvo toda la apariencia de un golpe de Estado blando, está la figura del actual presidente de Brasil, Jair Bolsonaro.

La imposibilidad de que Lula concurriera a las elecciones hizo que el candidato Bolsonaro, que hasta ese momento no tenía más que un 9,5 % en las estimaciones de voto, se alzara con el triunfo en las elecciones presidenciales, al quedarse prácticamente sin rival.

Con Bolsonaro se inició una de las peores épocas de Brasil desde que el país recuperase la democracia. Pronto empezó a enfilarla con la negación de los derechos de las víctimas de la dictadura; a denostar la memoria de estas; a reivindicar la dictadura, incluida la de Pinochet; a atacar a las comunidades indígenas; a permitir los ataques al ecosistema del Amazonas; a fomentar el avance de las empresas madereras; a ser condescendiente con los ataques étnicos, e incluso a fomentarlos, hasta el punto de que algunas de sus actuaciones lo podrían hacer responsable de la comisión del crimen de genocidio, crímenes de lesa humanidad, cometidos mediante la destrucción del medio ambiente, lo que constituiría el crimen de ecocidio (aún no incorporado al Estatuto de la Corte Penal Internacional, pero en el cual la fundación que presido y que lleva mi nombre está firmemente comprometida).

De hecho, Bolsonaro ya ha sido denunciado en varias ocasiones ante la Corte Penal Internacional. En octubre de 2021, la ONG austriaca AllRise presentó una demanda ante la Fiscalía de la Corte Penal Internacional contra el presidente de Brasil acusándole de crímenes contra la humanidad y adjudicándole la responsabilidad de 180.000 muertes durante los próximos ochenta años, a causa de su contribución al cambio climático por su política de deforestación de la selva amazónica, que ha sido una constante durante su mandato.

«Bolsonaro ha tratado de eliminar, neutralizar y deshacer las leyes, los organismos y las personas cuya misión es proteger la selva», señalaba la acusación. En esa denuncia, al igual que en las otras dos que se han presentado en su contra por colectivos de académicos y abogados brasileños, así como por el despacho francés de mi buen amigo William Bourdon, se solicitaba a la Fiscalía de la Corte Penal Internacional que investigara a Bolsonaro por las consecuencias nefastas y dañinas que sus acciones han tenido para el medio ambiente y, consecuentemente, contra la humanidad.

La denuncia de la ONG austriaca All Rise, muy bien documentada y fundamentada, se basaba en datos del informe de la Universidad de Oxford sobre impactos globales del cambio climático, que refieren cómo la administración de Brasil pretende legalizar la deforestación y que las acciones emprendidas han tenido efectos terribles sobre 4.000 kilómetros cuadrados al año del área total afectada en la Amazonia. Se atribuyen en esta denuncia a Bolsonaro las olas de calor y los incendios forestales en el país brasileño, el sur de Europa, el noroeste del Pacífico norteamericano y Australia, así como las inundaciones y otros fenómenos meteorológicos extremos sufridos en Alemania, Estados Unidos y China, que consideraban que se habían intensificado por el cambio climático y, por tanto, por la deforestación de la Amazonia. La ONG buscaba con esta denuncia sentar un precedente para terminar con la impunidad en la destrucción ambiental, resaltando que las consecuencias afectan a toda la población mundial. Todo ello hacía pensar a los denunciantes que en Brasil se estaban cometiendo crímenes de lesa humanidad.[2]

El cambio climático y los daños irreversibles contra los ecosistemas son una lamentable realidad que no puede seguir siendo desconocida. Quienes niegan su existencia y adoptan políticas públicas que favorecen el cambio climático e incrementan el calentamiento global podrían eventualmente ser acusados de verdaderos crímenes contra la humanidad por las consecuencias irreversibles que suponen para todo el género humano y su pervivencia en la Tierra. Asimismo, representan lo peor de la política sectaria y reaccionaria, equivalente a una ideología fascista disfrazada por acciones populistas que se escudan en las supuestas necesidades del pueblo, cuando en realidad atacan a los más vulnerables de forma irremediable para beneficiar a las grandes corporaciones industriales y multinacionales,

[2] Efe, «Denuncian a Bolsonaro ante la CPI por crímenes contra la humanidad», *Swissinfo,* 12 de octubre de 2021, disponible en <https://www.swissinfo.ch/spa/medioambiente-brasil_denuncian-a-bolsonaro-ante-la-cpi-por-cr%C3%ADmenes-contra-la-humanidad/47022686>.

regidas por fondos de inversión que de democráticos no tienen nada. Este beneficio económico es a corto plazo, pues, a medio y largo plazo, el coste ambiental lo terminaremos pagando todos, especialmente quienes más desprotegidos se encuentran, como siempre.

Quienes actúan de esta forma de manera consciente o claramente temeraria, sin considerar los elevados riesgos que sus decisiones comportan, podrían llegar a ser imputados, en un futuro no muy lejano, por el crimen de ecocidio. Durante el primer semestre de 2021, un panel internacional de expertos, con representación de las distintas tradiciones jurídicas de los cinco continentes, con equilibrio de género y representatividad étnica y racial, que contó con la participación de Rodrigo Lledó, director de la fundación que lleva mi nombre, ha definido de manera técnica qué ha de entenderse por el crimen de ecocidio. De acuerdo con esta definición consensuada:

> se entenderá por «ecocidio» cualquier acto ilícito o arbitrario perpetrado a sabiendas de que existe una probabilidad sustancial de que cause daños graves que sean extensos o duraderos al medioambiente.[3]

Tratamos de ser propositivos, de no quedarnos de brazos cruzados frente a la emergencia climática, porque mientras exista gente de bien en este mundo, y la hay, y mucha, habrá esperanza, pero es preciso trabajar por ella.

Lo contrario es lo que ocurre con los fascismos y sus diferentes caretas y disfraces, que pervierten todo en un engaño constan-

---

[3] Fundación Stop Ecocidio, *Panel de Expertos Independientes encargado de la definición de ecocidio,* junio de 2020, disponible en <https://fibgar.es/wp-content/uploads/2021/07/SEFoundationCommentaryandcoretextESrev3.pdf>.

te y latente. En esa escala inversa de valores, no es difícil descubrir el desprecio por los pueblos originarios y por la madre Tierra permitiendo una acción continuada y persistente contra ella y sus defensores.

La negación como política

Llegó la pandemia y, como otros líderes de extrema derecha, Bolsonaro demostró la vacuidad de su actuación, la simpleza peligrosa de sus planteamientos, que pusieron en altísimo riesgo a su pueblo al favorecer una política absurda de negación de la transcendencia y el alcance de la COVID-19 en contra de la vida y la integridad física y psíquica de las personas.

Bolsonaro despreció la vida humana y la autoridad de la ciencia durante la pandemia. Esto hizo que su país alcanzara una de las tasas más altas de muertes por COVID-19 de todo el planeta. De tal actitud se hicieron eco los más importantes medios de comunicación del mundo, entre ellos, el diario español *El País,* que en su editorial de noviembre de 2021 sintetizaba muy bien lo que este mandatario representaba:

> Bolsonaro ha desdeñado sin complejos las normas democráticas básicas, deslegitimando e intentando anular a sus adversarios políticos. No hay nada más peligroso para la salud de las democracias que negar la alternancia política [...].
>
> Desde que Bolsonaro alcanzó la presidencia en 2019 ha seguido el manual del populismo autoritario de sobra conocido. Ha infligido un incalculable daño a las normas constitucionales, y ha dividido y polarizado a su sociedad: desprestigia la política y desprecia la verdad mientras promueve teorías de la conspiración negacionistas. Las elecciones que enfrentarán a Lula contra Bolsonaro tendrán un carácter existencial: está en juego el futuro

mismo de la democracia en Brasil. El resultado, inevitablemente, tendrá un enorme impacto en todo el continente durante la próxima década por la capacidad de irradiación de un país que había sido considerado un ejemplo democrático de las economías emergentes.[4]

En definitiva, se trata de la lucha entre la democracia y el más recalcitrante fascismo, que en este caso ni siquiera viene revestido de algún disfraz, pues se exhibe desnudo frente al mundo, con toda su crudeza. Por su parte, el exjuez Sergio Moro, que antes se presentaba a sí mismo como el látigo de la corrupción para apropiarse de esa fama artificial y provocar políticas reaccionarias, también será candidato. Moro, Bolsonaro y Lula se enfrentarán de cara al pueblo para dirimir quién alcanzará la presidencia de Brasil. Todo indica que será duro, pero es una batalla que Lula quiere y debe dar, por derecho propio, pero sobre todo por el bien del pueblo brasileño.

El eco en Latinoamérica

El fascismo se percibe, cada vez con más intensidad, en el continente americano donde la derecha y la ultraderecha han ido tomando posiciones organizándose en el llamado *Grupo de Lima,* una instancia multilateral creada a raíz de la Declaración de Lima, el 8 de agosto de 2017, en la capital peruana. Representantes de catorce países se reunieron para apoyar a la oposición venezolana, con el objetivo explícito de dar seguimiento y acompañar a aquella para buscar una salida pacífica a la crisis

4 «Lula, el socialdemócrata latinoamericano», *El País,* editorial, 22 de noviembre de 2021, disponible en <https://elpais.com/opinion/ 2021-11-22/lula-el-socialdemocrata-latinoamericano.html>.

en el país caribeño. Acordaron pedir la liberación de los presos políticos, elecciones libres, ofrecían ayuda humanitaria y denunciaban ruptura del orden institucional. Los países fundadores del Grupo de Lima fueron inicialmente Argentina, Brasil, Canadá, Chile, Colombia, Costa Rica, Guatemala, Honduras, México, Panamá, Paraguay y Perú. Después se unieron Guyana, Haití y Santa Lucía. Bolivia se sumó durante la gestión de la golpista Jeanine Áñez. También fue avalado por Barbados, Estados Unidos, Granada y Jamaica, que asistieron al encuentro; asimismo, lo respaldaron organismos como la Organización de los Estados Americanos y la Unión Europea, además de la oposición venezolana.

De aquella fecha hasta hoy, la composición del Grupo de Lima ha variado, conforme los países fundadores han celebrado elecciones y en los casos en que los Gobiernos han cambiado de rumbo ideológico. Tal ha sido el caso de Argentina y Perú, países que, además, se descabalgaron de la iniciativa que pretende llevar ante la Corte Penal Internacional a gran parte del gobierno de Nicolás Maduro. De nuevo sin mirarse el propio ombligo —especialmente Colombia, sometida durante diecisiete años a un examen preliminar por la fiscalía de la Corte Penal Internacional que se cerró, pero que continúa monitoreando infinidad de ataques y masacres contra campesinos, indígenas, defensores del medio ambiente y activistas de derechos humanos—, decidieron acusar a Venezuela de crímenes de lesa humanidad uniendo una serie deslavazada de denuncias que, sin perjuicio de que recojan casos ciertos, omitían lo positivo que estaba haciendo el sistema judicial venezolano. Ningún mérito se reconoció, y todos los informes acusaron al estado de garantizar la impunidad con un solo objetivo: lograr por vía judicial, sin agotar la interna, la caída del sistema político vigente.

Como antídoto para hacer frente a esa deriva derechista ultramontana, y por la vía política que corresponde, y no la guerra jurídica *(lawfare)*, surgió el Grupo de Puebla, una organización creada por líderes progresistas de América Latina y España que intenta contribuir a revertir la inquietante situación del continente. Cuarenta y siete líderes políticos de quince países y el Consejo Latinoamericano de Justicia y Democracia (CLAJUD) componen de inicio el eje Buenos Aires-Montevideo-Brasil-La Paz-Ecuador-Colombia-Ciudad de México-Santiago de Chile, que actualmente cuenta con más de cien miembros. La intención es construir, desde una óptica progresista, una alternativa creíble que propicie el nuevo y necesario bienestar de la sociedad. Ello exige un trabajo común para que las cosas cambien y, previamente, reconocer la realidad en la que vivimos como primer paso para transformarla.

Es esto en lo que yo creo. Entre los iniciales fundadores del Grupo de Puebla, el presidente de Argentina, Alberto Fernández, el expresidente de Colombia Ernesto Samper, el político chileno Marco Enríquez-Ominami (coordinador) y el exministro brasileño Aloizio Mercadante son los motores del grupo; junto a ellos, los expresidentes de Brasil Luiz Inácio *Lula* da Silva y Dilma Rousseff; de Bolivia, Evo Morales; de España, José Luis Rodríguez Zapatero; de Paraguay, Fernando Lugo, y de Uruguay, José Mujica, además de decenas de dirigentes iberoamericanos. Forman parte también del colectivo personalidades como el filósofo estadounidense Noam Chomsky, la escritora canadiense Naomi Klein, el premio nobel de economía Joseph Stiglitz, el economista griego Yanis Varoufakis, el excanciller brasileño Celso Amorim, el actor mexicano Gael García Bernal, el expresidente ecuatoriano Rafael Correa o la activista india Arundhati Roy. Me honra decir que formo parte del consejo asesor.

Iniciativas como las del Grupo de Puebla o como las de la Internacional Progresista buscan contraponer, con las reglas del juego democrático y partiendo de la firme voluntad de defender los derechos sociales y políticos conquistados, un dique de contención a la expansión de movimientos autoritarios que disfrazan, de nuevo, al fascismo oculto mediante diferentes ropajes, pero que, en definitiva, defiende los mismos postulados de siempre.

Para botón de muestra, la iniciativa promovida por el ultraderechista Vox de la Iberosfera que sus dirigentes y otros grupos de extrema derecha y conservadores están formando en Latinoamérica y que responde a una especie de alianza anticomunista y antisocialista en la que juega un papel esencial el *lawfare*, como lo acredita la formulación que realizaron contra militantes de Unidas Podemos acusándolos de formar parte del Grupo de Puebla y pidiendo por ello al presidente del Gobierno español el «cese» de la ministra de Igualdad, Irene Montero, y del secretario de Estado para la Agenda 2030, Enrique Santiago, porque supuestamente llama a «abandonar las sanciones económicas contra Rusia». Asimismo, en una publicación de su perfil en Twitter, el mencionado partido condenaba que aquellos dos y la vicesecretaria general del PSOE, Adriana Lastra, formasen parte del grupo, al que califican como «red narcocomunista».[5] Estas actitudes son las que me preocupan sobremanera. Comienzan con este tipo de improperios que se salen del propio debate político, entrando directamente en el insulto y allanando el camino para otras situaciones más peligrosas.

Desde su creación, los objetivos del Grupo de Puebla se centran en vigorizar estructuras regionales, desligándolas de la acción corrosiva de quienes desean una Latinoamérica sumisa,

---

[5] Europa Press, «Vox pide el cese de Montero y Santiago al considerarlos "aliados de Putin" por formar parte del Grupo de Puebla», *MSN,* 26 de febrero de 2022, disponible en <https://www.msn.com/es-mx/noticias/mundo/vox-pide-el-cese-de-montero-y-santiago-al-considerarlos-%E2%80%9Caliados-de-putin%E2%80%9D-por-formar-parte-del-grupo-de-puebla/ar-AAUldJx>.

y en intentar que se refuerce el marco político latinoamericano en torno al derecho, a una economía social equilibrada, a un capitalismo responsable y una redistribución equitativa que ataque la desigualdad, fortalezca el desarrollo y proteja a los más vulnerables.

Los instrumentos para llevarlo a cabo pasan por la defensa del medio ambiente, la madre Tierra y los pueblos originarios, las mujeres y los menores, dando un papel protagonista a la sociedad civil y a los movimientos sociales. Es un objetivo ambicioso, pero indispensable, nacido de la necesidad y de la protección de los derechos humanos.

La situación que se vive en muchos países de Latinoamérica, y que se ha agudizado con la pandemia, tiene, según concluye en sus manifiestos el Grupo de Puebla, raíces profundas en el modelo neoliberal apoyado en la financiación del capital que promueve la desigualdad extrema y la precariedad del mercado laboral; fragiliza el estado de bienestar y la democracia; socava derechos sociales; amenaza el medio ambiente; deriva en crisis económicas recurrentes y ha convertido en incompatibles el crecimiento sostenible y la justicia social.

A partir de tales acciones, ha crecido la extrema derecha en diferentes latitudes, incluso, subrayan (y lo comparto), en países con una trayectoria significativa democrática. Si esto es así en Europa, con los ejemplos de Hungría y Polonia o nuestra experiencia española con Vox como tercera fuerza parlamentaria, el crecimiento de tal ideología en Latinoamérica amplifica los efectos dañinos al carecer de mecanismos como el de la Unión Europea para contrarrestar o poner freno a las actuaciones antidemocráticas que impulsan estas políticas. No hay más que recordar el ejemplo vivo y dañino de Jair Bolsonaro al frente de Brasil.

Este grupo de dirigentes políticos ofrece al resto del mundo una reflexión: si la ultraderecha está actuando coordinada en diferentes rincones del globo, los progresistas debemos unirnos igualmente para defender la democracia, nuestras libertades, los derechos humanos y el medio ambiente. Es nuestro deber como demócratas, porque ya sabemos adónde lleva este camino por el que nos quieren arrastrar nuevamente los fascistas. Acabó en Auschwitz, en Dachau, en Buchenwald, en Mauthausen-Gusen, acabó en las cámaras de gas y en los crematorios, acabó en la ESMA y en los vuelos de la muerte, acabó en Villa Grimaldi y en Colonia Dignidad. Y, sin duda, puede acabar, como ya lo ha hecho, en una serie de golpes de Estado contra gobiernos progresistas, en violencia impulsada por potencias extranjeras, en guerras económicas que distribuyen sanciones en beneficio de quienes controlan los recursos naturales. De todo ello es bien consciente el Grupo de Puebla. Se trata, explican, «de buscar la construcción del nuevo ser progresista latinoamericano: más solidario en lo social, más productivo en lo económico, más participativo en lo político, más pacífico con la naturaleza, y, sobre todo, más orgulloso de su condición de ciudadano de América Latina y del Caribe».[6]

Es una tarea urgente porque la situación es difícil en demasiados países. Si bien en algunos casos, como en Chile, las urnas han abierto la puerta a otro futuro en que la Constitución vuelva a ser la guía para los ciudadanos y el nuevo Gobierno pueda revertir situaciones recientes muy dolorosas, todavía queda mucho terreno por andar en demasiados lugares para que la democracia se recupere o se instaure.

---

[6] Baltasar Garzón, «Baltasar Garzón sobre el Grupo de Puebla», *Página 12,* 9 de febrero de 2021, disponible en <https://www.pagina12.com.ar/322785-baltasar-garzon-sobre-el-grupo-de-puebla>.

Chile, el impacto del mal

Reconozco que pocas veces me he sentido tan impactado como en Chile a principios del año 2020. Unos meses antes, el 14 de octubre de 2019, los estudiantes de secundaria y universitarios se organizaron para no pagar, de forma masiva, el billete del metro de Santiago. Protestaban porque este había subido de precio en 30 pesos chilenos. Para explicarnos en clave española, un euro es equivalente a 881 pesos chilenos, casi el valor de un tique de metro, en una dirección. El incremento, por tanto, era bastante pequeño, casi insignificante, pero se sumaba a varios incrementos anteriores y a una larguísima lista de abusos, escándalos de corrupción de una serie de autoridades políticas, policiales, militares, religiosas, etc., y, sobre todo, a la enorme y creciente desigualdad social provocada por el modelo neoliberal heredado de la dictadura de Pinochet, que los Gobiernos democráticos habían avalado y en el que incluso habían profundizado, acomodándose a él y dando la espalda a las reales necesidades de la ciudadanía. Educación y sanidad pública y de calidad, pensiones dignas para los jubilados, sueldos que permitan llegar a fin de mes, en fin, la construcción de un estado de bienestar hoy inexistente.

Las protestas fueron seguidas de saqueos y actos vandálicos, que fueron contestados por el Gobierno con toque de queda, militares en la calle y abuso policial, ante lo que la ciudadanía respondió con marchas históricas y más protestas en las calles. Luego, vinieron los informes sobre violaciones de derechos fundamentales, algunos de organismos internos y otros muchos de organismos internacionales de derechos humanos, que certificaban una masividad y una permanencia en el tiempo no vista desde el fin de la propia dictadura. Era el llamado *estallido social,* que tuvo como fecha de inicio el 18 de octubre de 2019, y unos días después fue respondido por el presidente, el derechista Sebastián

Piñera, de la manera siguiente: «Estamos en guerra contra un enemigo poderoso, implacable, que no respeta a nada ni a nadie y que está dispuesto a usar la violencia y la delincuencia sin ningún límite».[7]

La situación era tan indignante que, apenas unos días después, escribí una carta abierta a Sebastián Piñera, publicada originalmente en *infoLibre* y después reproducida por muchos otros medios, de la que reproduzco solo algunos párrafos:

> Señor Presidente: Soy Baltasar Garzón, el juez español que ordenó la detención de Augusto Pinochet en Londres el 16 de octubre de 1998. […]
>
> Señor Presidente, tal parece que chilenas y chilenos han dicho basta. Y lo están diciendo fuerte y claro. Se trata de un estallido social espontáneo que no está dirigido por partido político alguno. Una simple protesta estudiantil por el alza en el billete de metro, severamente reprimida por la policía, carabineros de Chile, fue la mecha que encendió la rabia y la ira acumulada durante casi treinta años. Ellos han sido los ejecutores de una medida política ordenada por su gobierno.[8]

Recordaba a Piñera que Chile era uno de los países más desiguales del mundo, al mismo nivel que Ruanda, que en el país existe desarrollo y mucha riqueza, pero solo para una reducida élite política y empresarial.

---

[7] Camila Lucero e Ignacio Guerra: «Presidente Piñera: "Estamos en guerra contra un enemigo poderoso que no respeta a nada ni a nadie"», *Emol,* 20 de octubre de 2019, disponible en <https://www.emol.com/noticias/Nacional/2019/10/20/964954/Pinera.html>.

[8] Baltasar Garzón, «¿Qué está pasando en Chile? Carta abierta al presidente de Chile, Sebastián Piñera», *infoLibre,* 23 de octubre de 2019, disponible en <https://www.infolibre.es/opinion/plaza-publica/pasando-chile_1_1176061.html>.

Le explicaba que esa era la razón de las protestas de estudiantes, de pensionistas y trabajadores, a la vez que se conocían escándalos de corrupción en todas las instancias oficiales, incluido el propio presidente.

> Usted está acusado de enriquecerse presuntamente en forma ilícita en la dictadura y de evadir impuestos de bienes inmuebles durante treinta años [...].
>
> Quizás no le guste oír esto, pero usted, como presidente, frente a una protesta social sin precedentes en democracia, y con los neoliberales herederos de Pinochet que gobiernan actualmente el país, no han encontrado mejor salida que implementar una estrategia que conocen muy bien: acudir al Ejército para que los militares nuevamente salgan a la calle a reprimir a la gente.[9]

En esa carta manifestaba mi profundo «dolor e indignación» por la forma como se reprimía una legítima protesta ciudadana ante las insultantes desigualdades sociales provocadas por el modelo neoliberal implantado por Pinochet. Destacaba que Chile es miembro del selecto club de países desarrollados, la OCDE, pero a la vez es de los países más desiguales del mundo, estando dentro de los diez mejores en la clasificación mundial. Le señalaba a Piñera que el pueblo no es el enemigo, sino la víctima, y le advertía que los crímenes perpetrados en contra de la población civil no quedarían en la impunidad, porque la comunidad internacional estaba atenta y vigilante.

En el mismo mes de octubre y en noviembre fueron muchas las voces de advertencia que se sumaron. Luego vinieron las visitas e informes más detallados que recomendaban la adopción de

---

[9] Baltasar Garzón, «¿Qué está pasando en Chile? Carta abierta al presidente de Chile, Sebastián Piñera», o. cit.

medidas profundas y urgentes para evitar nuevas violaciones de derechos humanos, como los publicados por la Oficina del Alto Comisionado de Naciones Unidas para los Derechos Humanos, Amnistía Internacional, Human Rights Watch y la Comisión Interamericana de Derechos Humanos. Sin embargo, la protesta continuó, y también las violaciones a los derechos humanos. Al inicio, el presidente Piñera, sus ministros y, particularmente, el general director de carabineros, Mario Rozas, manifestaban públicamente que respaldaban la acción de la Policía. Es decir, que, en vez de adoptar medidas de prevención, apoyaron una actuación policial atentatoria en contra de los derechos humanos y constitutiva de posibles crímenes graves en contra de las personas. Muertes, torturas, violencia sexual, lesiones de todo tipo, incluidos los traumas oculares. Tras los informes de los organismos internacionales, cambiaron el discurso, negaron y mintieron, a la par que anunciaron cambios, y alguno hubo, pero quedándose muy lejos del cumplimiento de las recomendaciones internacionales pertinentes.

No puedo olvidar el viaje a Chile que tuvo lugar en enero de 2020. Fui invitado por el presidente de la Comisión de Derechos Humanos del Senado de Chile, Alejandro Navarro, a participar en el Foro Latinoamericano de Derechos Humanos. Aproveché mi visita para reunirme con las agrupaciones de víctimas, tanto las de Pinochet como las del estallido social. Me sorprendió y conmovió el saber que no solo estaban afectados con lo que estaba sucediendo, sino que estaban movilizados y trabajando, cada uno desde su ámbito, para hacer realidad el ¡nunca más!, que era tarea de todos.

Tuve clarísimo que las autoridades no los escuchaban, que no los habían recibido, que no había medidas eficaces, ni intención de adoptarlas, para poner fin a tanta brutalidad. Las víctimas habían sido abandonadas a su suerte. Muchas personas continuaban en prisión preventiva por acciones que habían sido calificadas indebidamente por la autoridad como terroristas o peligrosas para la seguridad del Estado. No es posible que un mismo hecho tenga una pena u otra según el parecer del querellante, así sea el ministro del Interior. Esto infringe el principio de legalidad en su concepción más originaria y esencial.

Reproduzco las notas que tomé aquellos días:

> Me invitaron a asistir a la Plaza Dignidad. Fui arropado por la Primera Línea, que me prestó un casco de bicicleta y me protegió con sus escudos de las cargas policiales de los carabineros, del «guanaco» (el carro policial que lanza agua a presión con químicos irritantes), de los botes de humo con ácido y los disparos con munición «no letal» que había producido hasta ese momento más de 450 lesiones oculares. [Lo recuerdo como si fuera hoy.]
>
> Pude constatar que la actitud de carabineros era precisamente la que uno puede esperar de quien está en una batalla. No se trataba de detener a un delincuente o de controlar el orden público, se trataba de dañar, de lesionar, de disparar a la cara, de atropellar, en fin, eran sencillamente agresiones para producir bajas que luego abandonaban en el campo de combate. Si algún protocolo de derechos humanos existía, cosa que dudo, la verdad es que no lo aplicaban. Lo pude comprobar *de visu,* y quise hacerlo para que no se me pudiera decir que no estuve allí y «tocaba» de oído.

El 29 de abril de 2021 se presentó una denuncia ante la Fiscalía de la Corte Penal Internacional de La Haya basada en un trabajo colectivo de largo aliento. Piñera tiene responsabilidad jerárquica por lo ocurrido. Es la responsabilidad del superior que, sabiendo que sus subordinados cometen crímenes de lesa humanidad, no adopta las medidas a su alcance para impedirlos o prevenirlos. Hicieron caso omiso de las advertencias internacionales y permitieron que se reprimiera sin control, llegando, incluso, a respaldar incondicionalmente al personal policial y militar bajo su mando.[10]

Lo cierto es que entonces la justicia chilena no actuaba. El 55 % de las causas se archivó sin más, y el propio fiscal nacional, Jorge Abbott, reconoció las dificultades para investigar por falta de recursos y porque la Policía investigando a la Policía no es el mejor sistema.

En diciembre de 2021 recibimos una comunicación de la Fiscalía de la Corte Penal Internacional. El texto tuvo por establecidas graves y masivas violaciones a los derechos humanos, así como patrones de conducta que, unidos a otros elementos, podrían configurar crímenes de lesa humanidad. Sin embargo, al mismo tiempo, anunciaba que de momento no abriría un examen preliminar sobre Chile, de una parte porque estaba actuando la Justicia chilena y, de la otra, porque con la evidencia disponible y que habíamos aportado no tenía suficientemente clara la sistematicidad de dichos delitos subyacentes. Por supuesto, todo el aparato estatal, político y mediático del presidente Piñera se volcó en señalar este hecho como un triunfo, como si tal comunicación lo eximiera de una vez y para siempre de toda responsabilidad. Otra mentira más, difundida a los cuatro vientos, sin pudor ninguno, como suele suceder en estos casos cuando la verdad no interesa.

En las últimas elecciones de 19 de diciembre de 2021 resultó elegido, con el mayor número de votos de la historia del país, el progresista Gabriel Boric, quien iniciaría la transición chilena en reuniones con Piñera hasta el 11 de marzo de 2022, fecha de su asunción de la presidencia. El futuro del país daba un giro hacia otros horizontes, mientras que la fiscalía de la Corte Penal Internacional decidió esperar a que la Justicia chilena hiciera su

---

[10] Baltasar Garzón, «Para que no haya impunidad», *El Obrero,* 4 de mayo de 2021, disponible en <https://elobrero.es/opinion/66045-para-que-no-haya-impunidad.html>.

trabajo e iniciara investigaciones creíbles e independientes de los sucesos acontecidos en el denominado *estallido social.*

Perú

En otro país hermano, en Perú, en octubre de 2020 llegó al poder un maestro, sindicalista y hombre con orígenes indígenas, Pedro Castillo. Según ha afirmado, uno de sus objetivos es lanzar una revolución educativa en el país y lograr que el Estado tenga más participación en la economía peruana. Desde que formó Gobierno, ha remodelado en diferentes ocasiones el Ejecutivo. Perú es un reto por la corrupción bien enraizada en las estructuras del poder, y con problemas de fondo como la sanidad, el transporte y la educación, cuya mejoría reivindica Castillo, ya que perpetúan la desigualdad.

El apoyo a los desfavorecidos y la oposición contra las empresas extranjeras extractivas consolidaron su mensaje, que se vio ampliamente respaldado por las urnas. La economía se ha ido sosteniendo, pero queda mucho que hacer en reformas sociales y económicas. Gobierna en alianza con pequeños grupos que suponen un conglomerado de ideologías, incluyendo a los sindicalistas de Perú Libre, partido marxista-leninista con el que hizo campaña que, a la vez, son conservadores, homófobos y misóginos. La progresía urbana se le unió, y también pequeños grupos regionales. Las medidas que toma resultan por tanto heterogéneas y, a día de hoy, despiertan grandes incógnitas, porque, en su ideario, los derechos de la mujer no quedan muy bien parados, lo que supone un retroceso evidente y resulta incompatible con una política progresista en pleno siglo XXI.[11]

[11] Juan Diego Quesada, «Perú, el país de la crisis perpetua», *El País,* 13 de febrero de 2022, disponible en <https://elpais.com/internacional/2022-02-13/peru-la-crisis-perpetua.html>.

Castillo Terrones fue proclamado mandatario el 28 de julio de 2021. En los ocho meses de su gestión, enfrentó dos intentos de vacancia fallidos desde el Congreso. El último intento de destitución solo obtuvo 55 votos a favor, frente a los 87 necesarios para retirar a un jefe de Estado de su cargo.

Bolivia

Son momentos difíciles para los progresistas. Lo señala así Álvaro García Linera, quien fuera vicepresidente de Bolivia y reconocido intelectual de izquierda. Considera que los nuevos Gobiernos progresistas no cuentan con los liderazgos carismáticos de principios de este siglo, están preocupados por no perder derechos en lugar de ampliarlos y, excepto por casos como el de Chile, sus victorias electorales no nacen de grandes movilizaciones sociales, según explicaba en una entrevista en febrero de 2022 en *elDiario.es*. Añadía que:

> La región está ante una segunda oleada progresista que presenta dos corrientes internas paralelas pero diferenciadas. De un lado, en países como Argentina, Bolivia, Honduras y probablemente Brasil, vemos un regreso al gobierno con victorias que no han llegado acompañadas de grandes movilizaciones sociales. Del otro lado, en países donde la izquierda triunfa por primera vez, como es el caso de Perú, Chile y probablemente Colombia, el ascenso electoral cabalga sobre grandes movilizaciones sociales contra el viejo régimen de alianzas conservadoras gobernantes. México es una excepción en este arco del Pacífico de victorias progresistas. Si bien pertenece a este último grupo, su contraparte social la coloca en el primero.[12]

---

[12] Ayelén Oliva, «Álvaro García Linera, exvicepresidente de Bolivia: "Si el progresismo detiene sus bríos igualitarios se convertirá en un jugador

Advierte García Linera de la importancia de la movilización social, que considera determinante cuando precede o acompaña a las victorias electorales progresistas porque empuja a los Gobiernos, dice, «a decisiones más audaces». Añade: «No hay mejor pedagogía popular que la amenaza de la calle sublevada para obligar a los presidentes a ser más radicales».[13] Completamente cierto. Sin el empuje de la demanda ciudadana, la acción gubernamental corre el peligro de adocenarse y no abordar en profundidad las reformas necesarias.

Y atención a lo que considera un riesgo evidente:

> En la primera oleada progresista no tuvimos la recomposición del bloque neoliberal. A principios de 2000, las fuerzas neoliberales quedaron pasmadas, desorganizadas y carentes de iniciativa histórica ante un pueblo en movimiento que abrazaba banderas de cambio. Por el contrario, ahora, después de 15 años, las expresiones neoliberales han remontado su parálisis, han ampliado sus plataformas de lucha a las calles y las redes sociales, han acumulado errores del progresismo para enrostrarle sus debilidades y han endurecido el discurso ya no en torno a esperanzas universales sino alrededor del castigo y venganza contra los que ponen en riesgo sus privilegios.[14]

Este es sin duda el meollo del problema que tenemos que afrontar, la reorganización del neoliberalismo y sus fórmulas para

de segunda"», *elDiario.es*, 20 de febrero de 2022, disponible en <https://www.eldiario.es/internacional/alvaro-garcia-linera-exvicepresidente-bolivia-si-progresismo-detiene-brios-igualitarios-convertira-jugador-segunda_128_8747590.html>.

[13] Ayelén Oliva, «Álvaro García Linera, exvicepresidente de Bolivia: "Si el progresismo detiene sus bríos igualitarios se convertirá en un jugador de segunda"», o. cit.

[14] *Ibid.*

combatir a los Gobiernos progresistas sabiendo que el fin último no es el de mejorar la vida de la población, sino que está animado por el rencor.

Se acomodaron

Es muy posible que, en los últimos años, la enfermedad nos haya hecho vernos en un espejo diferente, sacándonos de nuestro espacio de comodidad. Boaventura de Sousa Santos mantiene que:

> la pandemia ha demostrado que el neoliberalismo es una mentira: no se destina a hacer crecer la economía o crear empleo, nada de eso; el neoliberalismo se destina a transferir riqueza de los pobres y de las clases medias a los ricos, nada más que eso. Es un proceso de transferencia muy poderoso y muy bien hecho. Y por eso, la ideología fundamental del mercado, desde hace cuarenta años, es decir que es el gran regulador de la vida social, que debemos privatizar las pensiones, la salud, la educación, es un modelo y Chile es un modelo de todo esto, un campo, un laboratorio muy fuerte.[15]

¿Y qué ha ocurrido con los progresistas? El sociólogo lo expresa así:

> Las izquierdas se acomodaron demasiado en la lucha institucional, dejaron de saber estar en la calle cuando hoy en día no podemos, debido a la descaracterización democrática de los últimos

[15] Ximena Póo, «Boaventura de Sousa Santos: "Las izquierdas se acomodaron, dejaron de saber estar en la calle"», *Palabra Pública,* Universidad de Chile, 23 de julio de 2020, disponible en <http://palabrapublica.uchile.cl/2020/07/23/boaventura-sousa-santos-las-izquierdas/>.

> cuarenta años, confiar en las instituciones; no podemos abandonarlas, tampoco. Tenemos que luchar con un pie dentro de las instituciones y otro pie fuera de ellas, en la calle, en las plazas, en las protestas, en los paros, en las huelgas. Esto puede ser algo que da esperanza.[16]

Es verdad. Hemos abandonado el trabajo en los barrios, en las empresas, con las personas. Nos limitamos a una pantomima que se retransmite por televisión en clave de espectáculo en el Parlamento y en los debates televisivos, con contertulios que rotan de una cadena a otra defendiendo sus argumentarios, que, muchas veces, son los del partido en que tienen sus intereses. Hacen falta menos discusiones estériles y más actuación directa allá donde están las personas, escuchando, orientando y obteniendo una experiencia real, que es la que debe utilizarse después para elaborar las leyes, debatirlas y aprobarlas en un sano interés del Gobierno y la oposición por el bien común.

Todo eso se ve empañado por el fascismo que avanza de la mano de los partidos ultraderechistas, quienes han sabido esperar mientras nutrían sus filas y están ya al frente de los Gobiernos, con implantación en las instituciones nacionales, autonómicas y locales, y extendiendo una red internacional que pretenden cada vez más densa.

Mientras escribía estas líneas, el presidente del español partido de la ultraderecha Santiago Abascal continuaba en su particular conquista de Latinoamérica celebrando en Bogotá el denominado *primer Foro Madrid.* Colombia debía celebrar elecciones en mayo de 2022. Acompañaban al líder de Vox el expresidente Uribe, un representante del PAN mexicano y el ministro de Exteriores de Jair Bolsonaro. No hay que olvidar que el izquierdista

[16] Ximena Póo, «Boaventura de Sousa Santos: "Las izquierdas se acomodaron, dejaron de saber estar en la calle"», o. cit.

Gustavo Petro encabezaba las encuestas, lo que supone un desafío para el bloque internacional de extrema derecha. Por ello, representantes de la flor y la nata de los Gobiernos de la derecha latinoamericana se daban cita en el Foro Madrid en plena precampaña electoral. No pasaron inadvertidos, y en particular Vox, de quien se recordaba desde la izquierda colombiana, en palabras del congresista Iván Cepeda, que llegaban «hablando de democracia y libertad los mismos que hacen apología del genocidio colonial contra los pueblos indígenas, de los falangistas vergonzantes de nueva generación». Antes de este viaje, Abascal visitó el Senado de México e intentó registrar su logo en el Instituto Mexicano de Propiedad Industrial para acceder a determinados servicios políticos y empresariales. Consiguió algunas escasas firmas de los conservadores del PAN apoyándole en su cruzada anticomunista. Parlamentarios de Vox acudieron a la toma de posesión de Guillermo Laso, presidente de Ecuador, representante del neoliberalismo más grosero, y se reunieron con la excandidata presidencial peruana Keiko Fujimori, mientras Abascal propuso a la expresidenta boliviana Jeanine Áñez para el Premio Sájarov del Parlamento Europeo.[17]

Pueblos de Latinoamérica, uníos

Frente a esta ofensiva global y regional, a quienes somos demócratas y progresistas, o simplemente demócratas, no nos queda más remedio que unirnos para defender la democracia y sus valores, el respeto a la dignidad de todo ser humano y el

[17] Catalina Oquendo, «Vox expande sus tesis ultraderechistas en América Latina con un encuentro en Colombia», *El País,* 19 de febrero de 2022, disponible en <https://elpais.com/internacional/2022-02-19/vox-expande-sus-tesis-ultraderechistas-en-america-latina-con-un-encuentro-en-colombia.html>.

progreso de la humanidad, siempre cuidando de nuestro medio ambiente.

No se deben olvidar las acciones en países como Argentina, donde aun cuando ahora gobierne una coalición progresista, previamente lo hizo un Gobierno ultraconservador que llevó al país al borde de la intervención y que propició el más claro *lawfare* de Latinoamérica. Algunos jueces y fiscales situados en puestos estratégicos se pusieron a las órdenes del poder político para perseguir a los oponentes, especialmente a la actual vicepresidenta y anterior presidenta del país Cristina Fernández de Kirchner y miembros de su Gobierno. Este esfuerzo nocivo ha supuesto, y aún perdura, la parálisis de nombramientos como el de procurador general de la nación, además de otras acciones claramente contrarias al pueblo y a las víctimas de la dictadura que, afortunadamente, fueron neutralizadas por estas.

O en países como Bolivia, donde la deriva inconstitucional y golpista que propició Jeanine Áñez, apoyada por otros líderes y con la inestimable ayuda del secretario general de la Organización de los Estados Americanos (OEA), cuestionó el resultado electoral, perfectamente legítimo, como se demostró después, para así acabar con el presidente Evo Morales, quien tuvo que salir en ese momento del país por el riesgo de ser detenido bajo acusaciones inconsistentes y venales procedentes de quienes lo querían neutralizar más allá de las urnas. La vuelta de Luis Arce, encabezando la lista del MAS, partido de Evo, demostró, una vez más, que cuando el pueblo toma partido en defensa de la democracia es muy difícil que venzan las opciones contrarias.

Queda Colombia, crisol de todas las posibilidades y problemas que afectan a la gobernabilidad de un país que se desmorona por momentos y se vuelve a reponer; en el que los ataques constantes de parte del presidente Iván Duque contra la Jurisdicción Especial para la Paz (JEP) está provocando una situación muy grave de credibilidad en la institución judicial. Quizás sea eso lo que persiguen el presidente y quien le avala, que desde hace tiempo perturban de forma llana la tranquilidad del país. Me refiero a Álvaro Uribe Vélez, que no ceja en descalificar cualquier acción en aras de una supuesta justicia que nunca llega y por ende se torna en impunidad.

Por ejemplo, como publicaba la agencia de noticias Nodal el 13 de febrero de 2022, según Indepaz, ya son 19 masacres y 23 líderes sociales asesinados en lo que va de 2022 en Colombia. Relato como muestra lo sucedido el 11 de febrero de 2022, en la zona conocida como El Otú, del municipio de Remedios (Antioquia), donde murieron tres personas:

> Hasta allí llegaron hombres armados que sin mediar palabra atacaron a un grupo de personas que se encontraban en un balneario reunidas.
>
> En este municipio actúan los siguientes grupos armados ilegales: ELN, AGC y bandas de carácter local que actúan por tercerización.[18]

La derecha quiere influir

En este cometido de la ultraderecha, Vox y el PP se cruzan en su afán de encabezar un bloque hispanoamericano de influencia. En diciembre de 2021, Pablo Casado, líder del Partido Popular hasta marzo de 2022, visitó Argentina, Chile, Paraguay y Uruguay y se reunió con los presidentes de estos tres últimos países, de pen-

[18] «Colombia. 19 masacres y 23 líderes sociales asesinados en lo que va del año», *Nodal*, 13 de febrero de 2022, disponible en <https://www.nodal.am/2022/02/colombia-19-masacres-y-23-lideres-sociales-en-lo-que-va-del-ano/>.

samiento afín, para plantear una Alianza por la Libertad frente a «la expansión del populismo y el comunismo». En las mismas fechas, Abascal se encontraba en Brasil apoyando a Bolsonaro, y desde allí se dedicó a descalificar a Casado. También en 2021, la Fundación Faes, que preside el expresidente del PP José María Aznar, puso en marcha una campaña en apoyo a los candidatos conservadores latinoamericanos. En el caso de Chile y Perú, sus esfuerzos fueron baldíos.[19]

Exportamos, por tanto, desde España el apoyo de nuestros políticos de la derecha y el de los más próximos a la ideología que no hace ascos al fascismo. La encomienda de Abascal es crear una alianza dotada de una estructura permanente y un plan de acción anual. Dicen querer hacer de contrapeso al Grupo de Puebla, que reúne a partidos y grupos políticos de izquierda latinoamericanos, y al Foro de São Paulo (que ya no existe, de hecho), fundado en 1990 por el Partido de los Trabajadores de Brasil y cuyo objetivo es combatir el neoliberalismo.

En la región, la ultraderecha gana peso o se sitúa en las instituciones. En las elecciones generales de 2021 en Perú, el partido ultraconservador Renovación Popular, que consiguió el tercer lugar en la primera vuelta, planteó un discurso violento de odio y desinformación. Arremetió contra el nuevo orden marxista que, según afirmaban sus líderes, tenía como intención que el comunismo promueva el aborto y homosexualice a la población. En Argentina, el partido libertario se alzó como tercera fuerza en las elecciones de noviembre de 2021. Se pronuncian contra el aborto, el enfoque de género o que el Estado *adoctrine* con contenidos de educación sexual.

---

[19] Miguel Muñoz, «El PP y Vox compiten por la hegemonía de las derechas en América Latina», *Público,* 7 de enero de 2022, disponible en <https://www.publico.es/politica/pp-vox-compiten-hegemonia-derechas-america-latina.html>.

Son ejemplos, pero más grave es la revelación de WikiLeaks sobre relaciones de poder y vínculos políticos de centenares de grupos ultraconservadores en contra de derechos civiles, sexuales y reproductivos. Estos documentos, más de 17.000 fechados entre 2001 y 2017, se relacionan con las actividades de la Fundación CitizenGo y Hazte Oír, organización española de extrema derecha y ultracatólica, fundada en 2001, que lanza mensajes de odio, desinformando de manera habitual. Impulsaron CitizenGo contra cualquier medida de género establecida por los Gobiernos. Un interesante artículo de *El Diario 16* señala que solo en Brasil se identificaron alrededor de 200 personas activas en estas organizaciones, entre profesionales, funcionarios, políticos, médicos y empresarios. También de sello español, Médicos por la Verdad se relaciona con colectivos internacionales y amplían su influencia por Europa y América Latina y, apoyados en sus títulos profesionales, extienden la desinformación.[20]

Así como la ultraderecha y los grupos neofascistas han llegado a las instituciones a nivel estatal, a nivel regional debemos lamentar que haya sucedido lo mismo. En el propio seno de la Organización de los Estados Americanos, su secretario general, Luis Almagro, ha estado detrás de todos los movimientos antipopulares y golpes de Estado blandos o duros contra las democracias latinoamericanas de los últimos años. La razón se me antoja obvia. Los Estados Unidos de Donald Trump desarrollaron una política de colonización de aquella institución como instrumento para controlar las iniciativas populares que se extendían por América Latina, cuando la derecha y la extrema derecha es-

[20] Mayra Castillo, Nelly Luna Amancio, Victoria De Masi, Laura Scofield, Mariama Correia, Rute Pina, Kennia Velázquez, Natalia Arbeláez, María José Echeverry y Elisa Castrillón, «La ultraderecha teje nuevas alianzas para crecer en América Latina», *elDiario.es*, 6 de noviembre de 2021, disponible en <https://www.eldiario.es/internacional/ultraderecha-teje-nuevas-alianzas-crecer-america-latina_1_8494475.html>.

taban en lo más alto de su expansión, en detrimento de las que resistían, con la clara intención de acabar con ellas. Por eso los planteamientos de Almagro siempre fueron favorables a los de Estados Unidos y en favor de quienes se alzaron frente a las instituciones democráticas.

7

La Internacional del fascismo

[...] es el lastre de la historia, la bola de plomo a la que está encadenado el novator, la materia muerta en la que se ahogan a menudo los entusiasmos más esplendorosos; es la palude que rodea la vieja ciudad y la defiende mejor que las murallas más sólidas, mejor, que las corazas de sus guerreros, porque atrapa y engulle en sus remolinos limosos a los asaltantes, diezma sus fuerzas y los acobarda y consigue que desistan de la empresa heroica.

La indiferencia según ANTONIO GRAMSCI, en la obra *El fascismo. La sombra negra de cien años de barbarie.*[1]

Resulta preocupante que las dos primeras décadas del siglo XXI nos hayan traído paulatinamente un avance de las ideologías que simpatizan con el fascismo y en algunos casos lo abrazan y, lo que es peor, que los partidos que las promueven hayan conseguido hacerse sitio en las instituciones y en los Gobiernos, sin alharacas, pero con tenacidad.

Esto ha sucedido en el siglo XXI de la misma forma en la que ya aconteció en los años veinte y treinta del siglo pasado en Europa, entre otras cosas, gracias a la indiferencia. Cito otro apartado de Antonio Gramsci sobre este tema:

> La indiferencia opera con potencia en la historia. Opera pasivamente, pero opera. Es la fatalidad, algo con lo que no se puede contar, algo que desbarata lo programado y descompone los pla-

[1] Antonio Gramsci, *El fascismo. La sombra negra de cien años de barbarie,* Altamarea, Madrid, 2019.

> nes mejor pensados, es la materia en bruto que se revela ante la inteligencia y la estrangula […]; el posible bien que un acto heroico (de valor universal) puede generar no sucede gracias a la iniciativa de los pocos activos, sino a la indiferencia, al absentismo de la mayoría.[2]

Es la inacción, es el dejar que las cosas sigan su curso sin interferencia ni preocupación por parte de quienes tendrían la obligación de intervenir, como parte de la sociedad o como responsables de las instituciones. Gracias a ello, dejan el espacio que los fascistas ocupan, que acceden a puestos de poder y utilizan las instituciones de forma arbitraria y parcial, acaparándolas en beneficio propio. Así se va configurando, en el mar de la indiferencia, el mapa de la ultraderecha en Europa y Latinoamérica, o en los Estados Unidos de Donald Trump, que cada vez extiende más sus dominios, contaminándolo todo, cuando ya no tiene remedio la situación.

Aprovecharon la pandemia de la COVID-19 para hacerse oír mediante los movimientos antivacunas, donde se esconden en buena parte elementos de derecha extrema que apuntalan así su mensaje antisistema. Ejemplos hay muchos. Seguro que en todos o casi todos los países se han visto manifestaciones de antivacunas a los cuales se suman, de manera más visible o más discreta, grupos de ultraderecha. El caso de Canadá destaca porque deja en evidencia qué es lo que está detrás de estas manifestaciones, que no son casuales ni espontáneas, sino cuidadosamente planificadas.

En febrero de 2022, el Gobierno canadiense se vio obligado a declarar el estado de emergencia después de una huelga de camioneros que bloquearon con sus vehículos el centro de la ciu-

2 Antonio Gramsci, *El fascismo. La sombra negra de cien años de barbarie,* o. cit.

dad de la capital, Ottawa, paralizándola durante diez días. Primero protestaban contra las vacunas obligatorias para quienes cruzaran la frontera; a continuación, exigieron el fin de las restricciones sanitarias, y, finalmente, la dimisión de Justin Trudeau, el primer ministro. En distintos medios informativos se denunció el apoyo económico del ámbito republicano de Estados Unidos. El propio Donald Trump declaró su acuerdo con la protesta en un comunicado: «El Convoy de la Libertad protesta pacíficamente contra las duras políticas del lunático de extrema izquierda Justin Trudeau, que ha destruido Canadá con insensatas órdenes derivadas del covid». El exembajador canadiense en los Estados Unidos, Bruce A. Heyman, reaccionaba en Twitter: «Trump y sus seguidores son una amenaza no solo para los EE. UU. sino para todas las democracias [...]. En ningún caso ningún grupo de los EE. UU. tiene que financiar actividades disruptivas en Canadá. Punto». El Gobierno de Trudeau decidió congelar las cuentas bancarias de los manifestantes como método para cortar la financiación de la protesta, una decisión que trajo de cabeza a los bancos para poder hacerla efectiva.[3]

Bannon. Los orígenes

Se puede hablar, por tanto, de una clara intención de establecer y potenciar movimientos que atenten contra el poder establecido alrededor del mundo, con colaboración entre los distintos grupos. El expresidente norteamericano, Donald Trump, formó parte de esta verdadera red global de ultraderecha, y ha seguido y

---

[3] Sònia Sánchez, «Ottawa declara el estado de emergencia por el bloqueo de los camioneros antivacunas», *Ara,* 7 de febrero de 2022, disponible en <https://es.ara.cat/internacional/ottawa-declara-emergencia-bloqueo-camioneros-antivacunas_1_4263788.html>.

seguirá incentivando a grupos y partidos afines en todo el mundo. Siendo presidente, su asesor de cabecera y estratega jefe durante sus primeros siete meses en la Casa Blanca (hasta agosto de 2017), Steve Bannon, se dedicó a organizar a los partidos de ultraderecha en Europa, entre los que figuraba el español Vox. Así, estableció contactos y colaboró en la potenciación del Frente Nacional de Francia; Fidesz, en Hungría; Alternativa para Alemania; Demócratas de Suecia; Partido por la Libertad, en Países Bajos; Liga Norte, de Italia; Partido de la Libertad de Austria; Partido Popular, de Suiza; Frente Nos, en Argentina, y el movimiento identitario paneuropeo.

Para Bannon, se trataba de organizar un cambio global hacia el nacionalismo. Ha contado con el apoyo de grandes líderes mundiales en Rusia, China, Japón, Egipto, Polonia, Filipinas y Corea del Sur. Es fundador de The Movement, una agrupación cuyo objetivo es crear una gran alianza de extrema derecha europea con las ideas clave de euroescepticismo, liberalismo económico y populismo de derechas. A él se han sumado partidos de extrema derecha de Italia y el Movimiento por el Cambio, de Montenegro. Fue detenido en agosto de 2020 como autor de fraude en donaciones para la construcción de un muro en la frontera Estados Unidos-México.

Bannon sostiene que no recibe compensación económica por su asesoría y que no es un consultor político. En 2019 declaraba en *El País:* «He ganado suficiente dinero en mi vida para poder centrarme en lo que quiero en los últimos diez años. Y es este movimiento populista, por eso lancé *Breitbart Roma* y *Breitbart Londres.* La idea era tener infraestructura que apoyase el Brexit, a Nigel Farage, al M5S, la Liga… También ayudé a Bolsonaro y le recibí cuando vino a Washington».[4]

---

[4] Daniel Verdú, «Salvini y Orbán son los políticos más importantes hoy en Europa», *El País,* 25 de marzo de 2019, disponible en <https://el-

Sobre Vox comentó que, cuando aún estaba en la Casa Blanca, fueron a verle unas personas del partido. «Vox puede conseguir un resultado asombroso en España», aseguraba ya en ese año; «veo que pueden llegar al 15 % y eso generaría una onda expansiva en Europa. ¡Un partido que sale de la nada!». Decía también: «todas las apuestas están abiertas y con Vox puede pasar igual. La política moderna mezclada con las redes sociales y con un mensaje adecuado te lo proporciona».[5]

¿Sin financiación, ha dicho? Permítanme que lo dude. Mi experiencia en averiguar de dónde se nutren determinadas organizaciones y partidos para llevar a cabo su expansión me indica que ese salir de la nada difícilmente puede mantenerse para obtener buenos resultados electorales. En una primera fase es posible que a estos partidos de ultraderecha les fuera suficiente con lograr algunos escaños, nacionales o regionales, que les permitieran incrementar su fondo económico y recibir cantidades para llevar a cabo sucesivas campañas. Pero, después de esa etapa previa, se trata de tomar el poder, no solo de permanecer como comodín de una derecha más moderada. Lo estamos viendo en España, y lo han visto en otros países donde la ultraderecha ha llegado hasta la presidencia o a la jefatura del Estado.

A finales de 2020, poco antes de las elecciones estadounidenses, una investigación de la openDemocracy desvelaba que 28 grupos ultracatólicos, relacionados con la administración de Donald Trump, habían invertido hasta 270 millones de dólares en los últimos años para promover agendas antiderechos en diversos países. El informe apuntaba, por ejemplo, a los recortes de derechos en Polonia, que cuenta con un Gobierno ultracon-

---

pais.com/internacional/2019/03/24/actualidad/1553454729_290547.html>.

[5] Daniel Verdú, «Salvini y Orbán son los políticos más importantes hoy en Europa», o. cit.

servador, apoyando las restricciones al aborto y el establecimiento de las llamadas *zonas libres de ideología LGTB.* En este país se produjeron multitudinarias protestas intentando frenar una medida tan regresiva como esa ley del aborto. El Tribunal Constitucional sentenció en octubre de 2020 que era ilegal interrumpir el embarazo en el caso de malformación del feto, dando la razón a los parlamentarios del partido de extrema derecha Ley y Justicia.[6]

Más aun, estos grupos han apoyado las restricciones contra anticonceptivos, aborto, divorcio, derechos trans en Austria, Italia, Noruega y Francia, así como campañas a favor de la pena de muerte para homosexuales en África.[7]

Con estas ayudas no es extraño que, ya en 2019, la ultraderecha se hubiera constituido en un fenómeno que excedía las fronteras, en mi opinión, como un intento desesperado por parte de algunos de negar la realidad de un mundo complejo y global que se enfrentaba a problemas igualmente complejos y globales. Era evidente, entonces y ahora, que el modelo neoliberal no da para más, porque el planeta es finito y el modelo de desarrollo actual se basa en un crecimiento permanente y sostenido, que es tan ilusorio como pernicioso. Los otros pilares neoliberales son la desregulación y la libre competencia, que solo nos llevan a la desigualdad extrema y a la explotación de la mayoría a manos de unos pocos que acaparan y absorben cada vez más riqueza. Ese 2019 fue también el año en que la joven activista medioambien-

---

6 Danilo Albin, «Grupos ultracatólicos vinculados a Trump destinan 270 millones de dólares a campañas de odio en todo el mundo», *Público,* 27 de octubre de 2020, disponible en <https://www.publico.es/internacional/grupos-ultracatolicos-vinculados-trump-destinan-270-millones-dolares-campanas-odio-mundo.html>.

7 *Ibid.* Véase, además, Baltasar Garzón, «La herencia maldita», *infoLibre,* 2 de febrero de 2021, disponible en <https://www.infolibre.es/opinion/plaza-publica/herencia-maldita_1_1193046.html>.

tal, Greta Thunberg, afirmaba en septiembre ante Naciones Unidas: «La gente sufre, la gente muere y ecosistemas enteros están colapsando. Estamos al principio de una extinción masiva y ustedes solo hablan de dinero y de cuentos de hadas de eterno crecimiento económico. ¡Cómo se atreven!».[8]

Contaminar el discurso

Escribía, en enero de 2021, el periodista Juan Antonio Sacaluga que la derrota y despedida de Trump podrían marcar, en opinión de algunos analistas, el inicio de la decadencia de los partidos nacional-populistas o nacional-identitarios en el siguiente año y medio en Europa. Refería que, en cuanto a estas formaciones, su influencia no reside en mayorías parlamentarias, «sino en su capacidad para contaminar el discurso político general», observación con la que estoy plenamente de acuerdo. En su opinión, la incapacidad de formar un frente común es la explicación de la debilidad de sus posiciones. En efecto, no han conseguido formar un grupo único en el Parlamento Europeo. Existen dos grupos de nacionalistas populistas o identitarios.[9]

El más numeroso e influyente (por la importancia de los países de los que procede) es Identidad y Democracia, formado por once partidos: «la Lega (Italia), de Mateo Salvini; el Rassemblement National (Francia), de Marine Le Pen; la Alternative für

---

[8] Baltasar Garzón, «Despidiendo un año convulso», *infoLibre,* 31 de diciembre de 2019, disponible en <https://www.infolibre.es/opinion/plaza-publica/despidiendo-ano-convulso_1_1178494.html>.

[9] Juan Antonio Sacaluga, «El nacionalismo populista o identitario en Europa después de Trump», *Nueva Tribuna,* 27 de enero de 2021, disponible en <https://www.nuevatribuna.es/articulo/global/nacionalismo-populista-identitario-europa-despues-trump/20210127181207183906.html>.

Deutschland germana; y el Partij voor de Vrijheid (PVV) o Partido por la Libertad, de Holanda. Otros arrastran una dilatada y profunda implantación en sus países, como el Partido por la Libertad (Austria), el Vlaams Belang (VB) o Interés flamenco (Bélgica), el Partido del Pueblo danés y el PERUS (acrónimo de los llamados «verdaderos finlandeses»). Este grupo lo completan Libertad y Democracia Directa, SPD, de Chequia, y el Partido Popular Conservador estonio (EKRE)». En conjunto, coinciden «en el rechazo de la inmigración, la combatividad frente a lo que consideran desafío cultural y amenaza contra la identidad nacional por parte de cultos y tradiciones ajenos a sus valores cristianos y el repudio a la globalización impuesta por las élites socioeconómicas y políticas que han marginado a gran parte de la población autóctona».[10]

El otro grupo presente en el Parlamento Europeo lo conforman los integrados en el Conservador y Reformista, de índole mucho más tradicionalista en cuanto a costumbres y moral. Difieren también en sus simpatías hacia Rusia, que, si bien son claras en el primer grupo, no lo son en el segundo, que rechaza tal relación, como los polacos de Ley y Justicia, que gobiernan en su país. En el grupo Conservador y Reformista figura también NVA o Alianza del Nuevo Flandes, el más votado de Bélgica, extremadamente xenófobo. Se suman otros partidos menores de Italia, Chequia, Polonia, Grecia, Bulgaria, Letonia, Eslovaquia, Croacia y Lituania, y, por parte de España, Vox.[11]

Hay otras formaciones de ultraderecha que figuran en el grupo de no inscritos, como el italiano Movimiento 5 Estrellas (M5S). Le acompaña el Jobbik (Hungría), escindido entre los originarios ultraderechistas herederos de la ideología nazi y los que mantienen una ideología liberal, que se ha integrado en el grupo

---

[10] Juan Antonio Sacaluga, «El nacionalismo populista o identitario en Europa después de Trump», o. cit.

[11] *Ibid.*

liberal. El Europarlamento cuenta con dos grupos neonazis: Kotleba, de Eslovaquia, y el griego Amanecer Dorado.

El Grupo Popular en Europa convivió con el húngaro Fidesz (Alianza de Jóvenes Demócratas) hasta que, en marzo de 2021, sus 13 eurodiputados abandonaron el PPE. Las medidas de Orbán contrarias al derecho comunitario en cuanto a política migratoria, libertad de cátedra o libertad de información desbordaron la paciencia de algunos de los eurodiputados conservadores. Hasta entonces había regido un criterio de convivencia, defendido por la CDU (Angela Merkel) y el PP (Pablo Casado). Se cambiaron las normas internas para facilitar el criterio de expulsión, aprobadas con un 84 % de los votos, lo que motivó la salida de los miembros de Fidesz.[12]

La ultraderecha en el Gobierno de Hungría y Polonia ha estirado tanto la cuerda que el Tribunal de Justicia de la Unión Europea ha avalado que Bruselas congele los fondos a ambos países si no cumplen con el Estado de derecho. Ambos países habían vetado el mecanismo que condiciona el dinero europeo a dicho cumplimiento, un veto que consiguió resolver la Unión Europea en diciembre de 2020. Estaban en juego los fondos europeos anticrisis (750.000 millones) y el presupuesto plurianual de 1.074 billones. Entre las agresiones democráticas que han llevado a cabo, figuran el asalto de Polonia al Poder Judicial, o cuando el Tribunal Constitucional polaco declaró su Constitución prevalente sobre la Justicia europea, o la persecución tenaz contra los colectivos LGTBIQ.[13]

---

[12] Bernardo de Miguel, «Los populares europeos fuerzan a Orbán a retirar sus diputados del grupo parlamentario», *El País,* 3 de marzo de 2021, disponible en <https://elpais.com/internacional/2021-03-03/los-populares-europeos-fuerzan-a-orban-a-retirar-sus-diputados-del-grupo-parlamentario.html>.

[13] Andrés Gil, «La Justicia europea avala que Bruselas congele los fondos a Hungría y Polonia si no cumplen con el Estado de Derecho»,

Todas estas formaciones buscan debilitar a la Unión Europea desde dentro con el objetivo de que se convierta en una unión de Estados soberanos con menos escrutinio y competencias de Bruselas. Es el caso del escritor francés Éric Zemmour, que se apuntaba a la carrera presidencial en la intención de «salvar a su país», ya que anteriores Gobiernos lo habían llevado a la decadencia. Zemmour se ha especializado en mensajes de odio contra los musulmanes, y su principal rival es la también ultraderechista Marine Le Pen. ¿Qué hacen en otros países para combatir a la ultraderecha? En Hungría, seis grupos de oposición, de la izquierda a la derecha, se han unido para presentar una candidatura única encabezada por el conservador Péter Márki-Zay. Alemania mantiene un cerco frente a los nuevos fascistas, si bien Alternativa para Alemania (AfD) consiguió en las elecciones de 2017 convertirse en la tercera fuerza política del país. En los siguientes comicios, pasó a la quinta posición. Su fuerte apoyo a los antivacunas no dio el resultado apetecido. Esta experiencia es importante porque demuestra que los cordones sanitarios funcionan.

En el otro lado, otros Gobiernos populistas se consolidan e incluso se refuerzan, especialmente en el flanco oriental. En Rumanía, George Simion, líder de la ultranacionalista Alianza para la Unión de los Rumanos (AUR), ha protagonizado episodios violentos, como la agresión, a principios de febrero, al ministro de Energía, Virgil Popescu, quien apuntó hacia Rusia por la subida de los precios en esta materia. Asegurando que lo hacía en nombre de millones de ciudadanos, Simion golpeó a Popescu con fuerza. El ultranacionalista saltó a la tribuna, lo agarró por la espalda y le golpeó varias veces. «Hablo en nombre de millo-

---

elDiario.es, 16 de febrero de 2022, disponible en <https://www.eldiario.es/internacional/justicia-europea-avala-bruselas- congele-fondos-hungria-polonia-si-no-cumplen-derecho_1_8751523.html>.

nes de ciudadanos», se justificó. Además de negar la vacunación o calificar el Holocausto de asunto menor, en diciembre de 2021, el líder de la AUR provocó un asalto de 200 personas al Parlamento. Su bestia negra son los medios informativos, a los que buscan intimidar por calificarlos de extrema derecha. Los expertos hablan de una suerte de precampaña electoral que cada día muestra mayor violencia por parte de la ultraderecha, que ve como los sondeos les son propicios. El problema es que estos hechos se han producido cuando aún faltan dos años para los comicios.[14]

En este concierto internacional en que se organizan los ultraderechistas, no podemos olvidar que, en febrero de 2020, la presidencia rotatoria de la Unión Europea estaba comandada por la Eslovenia de Janez Janša, negacionista del cambio climático y con marcado talante xenófobo que cuenta con antecedentes de una condena a prisión por corrupción.[15]

A Janša se le apoda *el Donald Trump esloveno,* y es que, como ya sabemos, todos estos movimientos ultraderechistas tienen mucho que agradecer sin duda al expresidente norteamericano Donald Trump y al odio que fue sembrando en el terreno con el apoyo de lugartenientes económicamente bien dotados.[16]

---

[14] Raúl Sánchez Costa, «La ultraderecha rumana lanza una ofensiva contra las instituciones», *El País,* 17 de febrero de 2022, disponible en <https://elpais.com/internacional/2022-02-17/la-ultraderecha-rumana-lanza-una-ofensiva-a-las-instituciones.html>.

[15] María G. Zornoza, «La ultraderecha europea busca reconfigurarse ante visos de fragmentación y debilidad», *Público,* 3 de diciembre de 2021, disponible en <https://www.publico.es/internacional/ultraderecha-europa-ultraderecha-europea-busca-reconfigurarse-visos-fragmentacion-debilidad.html>.

[16] *Ibid.*

Conspiraciones, violencia y ultraderecha

La violencia, las agresiones y las muertes son ya un signo de lo que está ocurriendo con la ultraderecha. Un informe de la plataforma Antifa International denunciaba que en 2020 se habían producido, en distintos países, 810 ataques provocados por «fanáticos, fascistas y violencia de extrema derecha», lo que se interpreta como una mínima parte de lo que en realidad sucede a diario en el mundo. Según el informe, elaborado por cuarto año consecutivo, en referencia a 2019, se produjo un incremento de un 39 % de violencia ultra. Tiroteos, palizas, ataques de diverso tipo llevaron a la muerte a 325 personas y dejaron malheridas a 1.186.[17]

Traigo al presente lo que escribí hace poco más de un año, en febrero de 2021, a propósito de esto que vengo comentando:

> Como un lobo con piel de cordero, la ultraderecha se cubre con la democracia y, cuando tiene asegurado su objetivo, utiliza las garras sin contemplaciones, barriendo todo lo que escape a su control. Dentro de sus estrategias también cuenta con servirse de teorías conspirativas. Así, el virus no era sino un invento de un laboratorio chino destinado a hacer una criba entre la raza humana. Estos bulos se desperdigan a través de las redes sociales, llegando a influir en un sector de la población, no necesariamente ignorante o candoroso.[18]

De todas las teorías conspirativas, explica el historiador Yuval Noah Harari en su artículo «Cuando el mundo parece una

---

[17] Baltasar Garzón, «La herencia maldita», *infoLibre,* 2 de febrero de 2021, disponible en <https://www.infolibre.es/opinion/plaza-publica/herencia-maldita_1_1193046.html>.

[18] *Ibid.*

gran conspiración», hay una especialmente peligrosa que reivindicaba el nazismo:

> Un grupo de financieros judíos domina el mundo en secreto y está conspirando para destruir la raza aria. Diseñaron la revolución bolchevique, dirigen las democracias de Occidente y controlan los medios y los bancos. Tan solo Hitler ha logrado ver la realidad de sus trucos nefarios... y solo él puede detenerlos y salvar a la humanidad.[19]

Harari afirma que, por supuesto, existen muchas y verdaderas conspiraciones:

> Los individuos, las corporaciones, las organizaciones, las iglesias, las facciones y los gobiernos siempre están tramando y elaborando varias conspiraciones. Sin embargo, justo por eso es tan difícil predecir y controlar a todo el mundo.[20]

Aunque no exactamente del mismo modo, sin duda la historia se repite. Se me viene a la mente la conspiración judeomasónica que tanto juego dio a la dictadura franquista para justificar la represión de cualquier opinión discrepante de la oficial del régimen.

Las teorías conspirativas fueron, y siguen siendo hoy, un instrumento imprescindible para estos grupos fascistas. Lo primero es buscar a un enemigo, para después culparlo de todos los males posibles, demonizándolo. Una vez conseguido, el terreno está abonado y, aprovechando la desesperanza y la desesperación de

---

[19] Yuval Noah Harari, «Cuando el mundo parece una gran conspiración», *The New York Times,* 22 de noviembre de 2020, disponible en <https://www.nytimes.com/es/2020/11/22/espanol/opinion/teorias-conspiracion.html>.

[20] *Ibid.*

las personas y colectivos, no resulta complicado esparcir el mensaje de raigambre xenófoba, racista o sencillamente fascista que se pretendía.[21]

El filósofo y profesor Juan Manuel Aragüés señalaba cómo el crecimiento del fascismo en España y en Europa está relacionado con la cuestión de la memoria. Ha desaparecido, explica, el horror de lo ocurrido en el Holocausto, y resume: «la memoria colectiva se ha tornado extremadamente frágil». Destacaba Aragüés «la importancia de cultivar la memoria, tarea que, en nuestro país, donde los tics reaccionarios anidan en demasiadas instituciones, se convierte en condición inexcusable para la construcción de una sociedad de perfiles inequívocamente democráticos».[22]

Sin la memoria se repiten los hechos más luctuosos de la historia. Sin la cohesión social y la convicción de que es preciso hacer respetar la democracia, el fascismo avanza. Los manifestantes de Polonia que rechazaban las restricciones del Gobierno sobre la interrupción del embarazo y los que en Madrid, en el barrio de Ciudad Lineal, defendieron un mural de homenaje al feminismo que la ultraderecha municipal pretendía eliminar; o los que luchan en las calles peruanas, guatemaltecas o salvadoreñas contra leyes restrictivas de los derechos reproductivos de la mujer, o quienes defienden en Hungría los derechos de la comunidad LGTBI, o aquellos que mueren día a día defendiendo la libertad de expresión o los derechos de la naturaleza representan los mismos valores a miles de kilómetros de distancia: la fuerza de la verdad y de la justicia ante el poder sesgado hacia la intransigencia.[23]

---

[21] Baltasar Garzón, «La herencia maldita», o. cit.

[22] Juan Manuel Aragüés, «Horror, memoria, fascismo», *infoLibre,* 11 de enero de 2021, disponible en <https://www.infolibre.es/opinion/plaza-publica/horror-memoria-fascismo_1_1191930.html>.

[23] Baltasar Garzón, «La herencia maldita», o. cit.

Junto con ellos, debemos denunciar toda propuesta obscena de involución y fanatismo, rechazar el legado de los dictadores y repudiar el fascismo y su herencia maldita. De ahí la absoluta necesidad de consolidar, en nuestro país, la iniciativa de una verdadera ley de memoria democrática en la que los valores de la educación, la verdad, la justicia y la reparación sean los mecanismos adecuados para garantizar la no repetición ni la regresión en nuestros derechos.[24]

Parafraseando a Hannah Arendt, creo que hoy debemos tener cuidado de no banalizar el mal con argumentos tales como: «no son nada», «nunca van a gobernar», «solo son grupos testimoniales». Lo cierto es que cada vez son más y la inercia de los acontecimientos se torna en vertiginosa y, luego, ya es imparable, arrastrando, como las DANA, todo lo que se encuentre a su paso hasta destruir los cimientos más sólidos del Estado de derecho y de las democracias más consolidadas. Evidentemente, no triunfan cuando la confrontación es directa, pero sí cuando están aliados con otras circunstancias que, a veces, se presentan de forma inesperada y coadyuvan a su consolidación.

Trump y la prostitución de la libertad

Sin duda, la presidencia de Donald Trump marca ese antes y después, traducidos en la fractura de la convivencia en su país y en nuestro planeta. Muchos siguieron apoyando sus caprichos y sus escándalos de corrupción; la persecución selectiva de países o la protección a otros; el *lawfare;* las alianzas de extrema derecha; la incautación de bienes y designación de presidentes, como hizo en Venezuela con Guaidó; golpes de Estado (ahí tienen a Bolivia); la colonización de la OEA con un secretario general sumiso como

[24] Baltasar Garzón, «La herencia maldita», o. cit.

Luis Almagro y el grupo de Lima, siempre listos para apoyar a todo lo que huele a herrumbre y al conservadurismo más rancio; la alianza en Brasil con Jair Bolsonaro; la citada utilización de Steve Bannon para formar Gobiernos ultraderechistas por doquier, o la persecución a Julian Assange. El día de la victoria de Trump fue el presidente de Francia, François Hollande, quien mejor supo augurar lo que habría de venir: «Se abre un periodo de incertidumbre en el mundo», manifestó. Por el contrario, otras voces aplaudieron al nuevo presidente: la ultraderechista Marine Le Pen deseaba desde Francia «felicidades a Trump y al pueblo americano libre». También se congratuló el italiano Matteo Salvini, causante de enorme sufrimiento a los migrantes con su política de puertos cerrados: «Buen día —dijo—, ahora nos toca a nosotros».

Según el filósofo y sociólogo Boaventura de Sousa Santos, Trump tiene una base social de millones de estadounidenses, y, entre los más fieles, se encuentran grupos de supremacistas blancos armados y dispuestos a seguir al líder, incluso si la orden es invadir y vandalizar la sede del Congreso. Y, lejos de ser pesimista respecto a ellos, Trump considera a sus seguidores los mejores estadounidenses y grandes patriotas, aquellos que harán «America great again». Joe Biden se equivoca cuando, al ver la vandalización del Congreso, afirma que eso no es Estados Unidos. Sí lo es, porque Estados Unidos es un país que no solo nació de un acto violento (la matanza de los indios), sino que fue a través de la violencia como se dio todo su progreso. Desde la guerra civil, los linchamientos y asesinatos de líderes (Lincoln, Kennedy o Luther King) a su política exterior, con ejemplos tales como Vietnam, los Balcanes, Afganistán, Irak o Libia, entre tantos otros. A ello debe agregarse la orquestación de una secuencia de golpes de Estado en América Latina en el pasado siglo.[25]

[25] Boaventura de Sousa Santos, «Trump no tomará cianuro», *Público,* 12 de enero de 2021, disponible en <https://blogs.publico.es/espejos-extranos/2021/01/12/trump-no-tomara-cianuro/>.

Estoy de acuerdo, pues sin duda el gigante país del norte tiene una tendencia al uso de la fuerza que Trump ha sabido exacerbar y en la que se ha movido con absoluta comodidad.[26]

Y ello ha sido así desde que, en 2016, las urnas dieron la victoria a Trump, premiando su discurso xenófobo, antisistema, nutrido por los votos de los electores en su mayoría de perfil masculino, de cierta edad, obreros, blancos y pertenecientes a la zona rural y al cinturón del óxido. Se trata de víctimas de la globalización sin un proceso de reconversión que los ha dejado en el desamparo, siendo entonces presa fácil de este neofascismo en el que las minorías negras o latinas no eran necesarias, sino, al contrario, objeto de repulsa. Congreso y Senado quedaron en manos republicanas, lo que permitió al nuevo presidente hacer tabla rasa de los compromisos internacionales, como tratados de libre comercio, sobre cambio climático (acuerdo de París), la apertura hacia Cuba o el pacto con Irán en materia nuclear. Un ciclo de retrocesos que culminó el día de la Epifanía de 2021 con el asalto al Capitolio por parte de una horda salvaje, alentada por el propio Trump, remiso a dejar la Casa Blanca, resistiéndose, entonces y ahora, al resultado electoral adverso, fiel al principio de prepotencia y autoritarismo que caracteriza a todos los líderes fascistas o de ultraderecha, que, cuando no les es favorable aquel resultado, cuestionan el sistema, acusan de fraude electoral, y, cuando pueden, propician un golpe de Estado, saltando por encima de la Constitución, de la democracia y, de nuevo, con la violencia como herramienta imprescindible, acompañada de unos planteamientos que, a veces, han ido más allá que el propio fascismo.[27]

---

[26] Baltasar Garzón, «La traición a la democracia», *infoLibre,* 18 de enero de 2021, disponible en <https://www.infolibre.es/opinion/plaza-publica/traicion-democracia_1_1192396.html>.

[27] *Ibid.*

Hollande tenía razón, la incertidumbre fue el sentimiento común. Pero Le Pen y Salvini también acertaron. El mandato de Trump ha supuesto un tiempo de predominio de una ideología salvaje, depredadora del medio ambiente y destructora de derechos humanos consolidados, con un claro tinte sectario que supera con creces el generoso calificativo de *populista* que se le suele asignar. Deberíamos llamar a las cosas por su nombre, y dejarnos de dar cabida a esos disfraces fascistas que solemos ponerles a quienes no merecen otra cosa que la desnudez de la denuncia de sus acciones, que atacan a los valores de dignidad, libertad y responsabilidad que caracterizan la democracia.[28]

El fascismo se sirve de la democracia para luego destruirla desde dentro, resume el historiador Federico Finchelstein. Precisamente esta ha sido la vocación de Trump, quien, en vez de usar el poder para mejorar el destino de su país y, por extensión, del resto de la humanidad, máxime en tiempos de pandemia, lo ejerció para mofarse, humillar y servirse de las instituciones en beneficio propio y, finalmente, para reventarlas cuando no le acomodaron los resultados electorales.[29]

Al igual que lo hiciera Hitler, salvando las diferencias y circunstancias, Trump prostituyó la palabra *libertad* en sus discursos, transmitiendo una cierta credibilidad que le otorga su alta investidura, con la finalidad de dinamitar la democracia llegado el momento. Quizás una de sus más destempladas decisiones, y que mejor le definen, fue el veto con sanciones a los fiscales y jueces de la Corte Penal Internacional tras iniciar

---

[28] Baltasar Garzón, «La traición a la democracia», o. cit.

[29] Hinde Pomeraniec, «Federico Finchelstein, historiador: "El fascismo usa la democracia para destruirla desde adentro"», *Infobae,* 25 de agosto de 2019, disponible en <https://www.infobae.com/cultura/2019/08/25/federico-finchelstein-historiador-el-fascismo-usa-la-democracia-para-destruirla-desde-adentro/>.

una investigación sobre los crímenes de guerra y lesa humanidad presuntamente cometidos por tropas estadounidenses y agentes de la CIA en Afganistán, en Oriente Medio, Asia y países europeos como Polonia, Rumanía y Lituania en la época Bush.[30]

Lleva tiempo advirtiendo Noam Chomsky: «Trump es el peor criminal de la historia, es innegable. Nunca en la historia política ha existido otra figura dedicada con tanta pasión a destruir en un futuro próximo los proyectos que organizan la vida humana en la Tierra». El filósofo y sociólogo norteamericano apunta también a la responsabilidad del presidente en el calentamiento global.[31]

El proceder de Trump siempre fue: si no admites mis dictados, te haré sentir el peso de mi poder, lo que practicó contra personas y países que no estuvieron en línea con sus expresos deseos. Esa postura fue *in crescendo* hasta culminar en esa arenga a sus fieles para que tomaran por asalto el Capitolio en un claro atentado contra la Constitución y contra todos los valores que, desde George Washington, primer presidente en 1789, representan la esencia de Norteamérica. El resultado fue, además, un balance de cinco muertos y cuantiosos daños que deberían recaer sobre Trump con todo el peso de la ley, eso sí, con las debidas garantías de un juicio justo.[32]

No dejo de preguntarme si acaso está bien la enorme tolerancia que ha tenido la democracia con aquellos que la atacan, como Trump, sobre todo considerando el poder que tuvo y pue-

---

[30] Baltasar Garzón, «La traición a la democracia», o. cit.

[31] Michael Brooks, «Noam Chomsky: Trump es el peor criminal de la historia», *Revista de la Universidad de México,* septiembre de 2020, disponible en <https://www.revistadelauniversidad.mx/articles/4badc5ef-d8e6-46c0-9908-c0ec0c7df7d0/noam-chomsky-trump-es-el-peor-criminal-de-la-historia>.

[32] Baltasar Garzón, «La traición a la democracia», o. cit.

de volver a tener. Además de todas esas acciones, hay que sumar los comportamientos racistas y xenófobos mostrados desde el minuto cero de su mandato. Todo ello parece haber sido pronto olvidado por la generalidad de los componentes del Partido Republicano, que no dudarán, estoy seguro, en apoyar de nuevo a Trump cuando vuelva a presentarse.

La memoria de algunas formaciones políticas es muy débil y sufre de amnesia cuando se trata de recuperar el poder, aun a sabiendas de que volverá a hacer lo mismo, si puede. Sin arrepentimiento real y efectivo se corre el riesgo de allanar el camino a quien sabemos que lo utilizará para desembarcar las ropas incruentas de la intolerancia y el sectarismo. A veces, la situación es peor, y nos encontramos de lleno con líderes políticos como Vladímir Putin, que, además de encarnar todas esas características, desencadena una guerra de proporciones y consecuencias desconocidas, y que, aunque concluyera ahora mismo, ya habría horadado los propios cimientos de la convivencia pacífica y democrática en Europa por muchos años.

Pero no es fácil. Lo dicho anteriormente tiene honorables excepciones, pero el martillo de la mayoría suele imponerse una vez sí y, la siguiente, también. El escritor Juan Gabriel Vásquez recordaba en *El País,* el 17 de febrero de 2022, cómo el Comité Nacional Republicano de Estados Unidos, plataforma política del Partido Republicano de Donald Trump, acordó una resolución en que reprobaba a dos de sus representantes, Liz Cheney y Adam Kinzinger, quienes habían colaborado con las investigaciones que llevaba a cabo la Cámara de Representantes sobre lo ocurrido en el Capitolio. Y resaltaba lo que supone que, para este órgano de la formación política, los que tomaron violentamente el edificio del Gobierno en una acción que produjo la muerte de seis personas no fueran sino «un grupo de ciudadanos ordinarios que tomaban parte de un legítimo discurso político». Para Vásquez, tal calificación «normaliza el uso de la violencia. Y solo puede llamarse de una forma: fascismo».[33]

Esto es lo que sucede cuando se despierta al fascismo, como ocurrió durante estos años, alentado desde la propia Casa Blanca hacia muchas otras naciones, dejando como herencia maldita una reforzada ultraderecha local, también en España. Estamos avisados: antes o después, el fascismo acaba traicionando a la democracia.[34]

Populismo y fascismo

En 2019, Federico Finchelstein, historiador a quien ya he citado a lo largo de este libro, autor del libro *Del fascismo al populismo en la historia,* se refiere en una entrevista a los conceptos de *autoritarismo, fascismo, dictadura* y *populismo* y aporta una clave interesante:

> Trump es paradigmático en este sentido cómo comienza su campaña electoral. Baja la escalerita mecánica de su edificio y empieza la campaña con una expresión racista, dice que los mexicanos son todos violadores y son un gran peligro para Estados Unidos. Entonces el racismo no es un elemento lateral, sino que es el elemento central de la campaña de Trump y luego de su presidencia. También lo es su aprecio e incluso su glorificación de la violencia y los dictadores. Y, por supuesto, también a veces incluso su acercamiento a políticas que son las no necesariamente históricas del populismo sino las del fascismo propiamente dicho.

---

[33] Juan Gabriel Vásquez, «El 6 de enero y las palabras desgastadas», *El País,* 17 de febrero de 2022, disponible en <https://elpais.com/opinion/2022-02-17/el-6-de-enero-y-las-palabras-desgastadas.html>.

[34] Baltasar Garzón, «La traición a la democracia», o. cit.

> Yendo a Brasil aún más: Bolsonaro es un homófobo, un misógino, un racista. Son populismos, porque están haciendo esto en democracia, que adoptan formas fascistas que habían sido rechazadas por todos los populistas. Hace poco estuve en España y me preguntaban qué tienen que ver Vox y Podemos, yo decía poco y nada porque Podemos pertenece a la historia del populismo de tipo clásico, de izquierda, pero también lo puede ser de derecha, mientras que Vox es un movimiento político que se identifica con los valores del fascismo en democracia, es decir, un populismo de tipo nuevo.[35]

Internet y fascismo

La ultraderecha, por tanto, busca extender sus mensajes que alientan valores del fascismo y para ello dispone de la autopista de la información que le proporciona internet. Cuentan con mecanismos especializados en su difusión, que incluyen la utilización de perfiles de usuarios falsos (robots o simplemente bots) para amplificarlas, generar tendencias *(trending topics)* y convertirlas en fenómenos virales que ponen en riesgo aspectos tan importantes como la seguridad de una ciudad, la reputación de una persona o empresa o, incluso, el resultado de unas elecciones. Su influencia es grande y obtienen resultados. La llegada de la ultraderecha a las instituciones en España, la elección de Trump en Estados Unidos, el Brexit en el Reino Unido y el auge del neofascismo en Europa, en países como Francia, Holanda, Suecia, Noruega, Hungría, Polonia o Italia, tienen mucho que agradecer a

[35] Hinde Pomeraniec, «Federico Finchelstein, historiador: "El fascismo usa la democracia para destruirla desde adentro"», *Infobae,* 25 de agosto de 2019, disponible en <https://www.infobae.com/cultura/2019/08/25/federico-finchelstein-historiador-el-fascismo-usa-la-democracia-para-destruirla-desde-adentro/>.

la acción nociva de las noticias falsas *(fake news)* en las redes sociales.[36]

Sus propuestas atentan contra los derechos humanos en su propia esencia y las normas constitucionales, como baluartes de la democracia y del Estado de derecho. Con noticias falsas, apelan a nuestras emociones y, de ese modo, la extrema derecha logra indignarnos, que critiquemos a los partidos que la representan, que hablemos de ellos y así obtener a toda costa una gran visibilidad. A continuación, pasan a otra barbaridad para hacer perder los nervios a los partidos oponentes con la colaboración de los medios de información. Los asesores de la extrema derecha como Steve Bannon consiguen banalizar el discurso y que el electorado se quede en la mera epidermis sin profundizar en los temas esenciales. O, como dice Jason Stanley en su obra *Facha,* «con el tiempo y el uso de estas técnicas, el fascismo crea un estado de irrealidad en el que las teorías conspiratorias y las noticias falsas acaban reemplazando el debate bien argumentado».[37]

Tras conseguir esta visibilidad y ocupar progresivamente las instituciones, una vez más instalan su discurso negacionista respecto de las violaciones de los derechos humanos del pasado, contra la memoria, y niegan lo que ocurre en el presente, el cambio climático, por ejemplo, provocando una falta de voluntad de la mayoría de los Estados para asumir compromisos efectivos que hagan sostenible la vida en el planeta. Sobre todo, acusan y demonizan faltando a la verdad con toda desvergüenza.

El filósofo surcoreano Byung Chul Han afirma que las redes se han transformado en verdaderos panópticos digitales que

---

[36] Baltasar Garzón, «Fake news», *elDiario.es,* 29 de marzo de 2019, disponible en <https://www.eldiario.es/opinion/tribuna-abierta/fake-news_129_1624241.html>.

[37] Jason Stanley, *Facha,* Blackie Books, Barcelona, 2019.

vigilan y explotan lo social de forma despiadada y extremadamente eficiente, siendo nosotros mismos los que desnudamos nuestra propia voluntad y preferencias, lo que a menudo produce verdaderos «linchamientos digitales».[38] Cuando menos, facilita a los desaprensivos tantear nuestras debilidades e incidir en ellas mediante mensajes —falsos— que puedan llegar a algún punto sensible.

El daño que este nuevo fascismo hace a la democracia es enorme. Y para conseguir sus objetivos, no dudarán en destruir al adversario, humillarlo y aniquilarlo con falsedades, bulos o lo que se tercie y trabajar con tenacidad en la destrucción de los valores democráticos que con tanto esfuerzo hemos ido construyendo. Sabemos que detrás subyace la misma ausencia de ética de siempre, que siglos atrás llevó a quemar gente en la hoguera, luego a fusilamientos y ahora a estos linchamientos digitales.[39]

La política, la sana política, es un instrumento para cambiar las cosas, para mejorar la vida de las personas. Estos esfuerzos en favor de la igualdad social afectan a sus privilegios, prebendas y granjerías, que defienden sin escatimar recursos, incluyendo ahora los recursos digitales, desarrollando una verdadera guerra de desinformación.[40]

La defensa de la democracia

De nuevo vemos como la extrema derecha utiliza el lenguaje y los mecanismos democráticos para atacar a la propia democracia. Pero hay que perseguir la transgresión. Tras este recorrido por una situación internacional que creíamos impensable hace unos

---

[38] Byung Chul Han, *Psicopolítica,* Herder, Barcelona, 2016.

[39] Baltasar Garzón, «Fake news», o. cit.

[40] *Ibid.*

pocos años, el mensaje que quiero aportar desde estas páginas es el de que ante los fascismos que se disfrazan de respetabilidad hay que tener clara la necesidad de velar continuamente por la democracia para que no acaben con ella. Costó mucho trabajo traerla a nuestro país. El esfuerzo ahora es para defenderla.

Ucrania, Putin y su mentor

Día 24 de febrero de 2022 y comienza la guerra. Creímos que no sucedería, que se quedaría solamente en escaramuzas, en amenazas, en bravuconerías para sacar ventaja en la negociación de un asunto geoestratégico. Sin embargo, mientras escribo estas líneas, las bombas caen y siguen cayendo sobre Ucrania. Una vez más, la irracionalidad de la guerra me sorprende con un nuevo libro. Ya me ocurrió con la invasión de Afganistán, con la de Irak y ahora con la del país europeo. La invasión de Ucrania por parte de Rusia es otro ejemplo claro de cómo el fascismo acecha latente, camuflado hasta que asoma y lanza el zarpazo letal. El ataque bélico comenzó con nocturnidad, como siempre sucede. Dos días antes, Putin había anunciado su decisión de reconocer Lugansk y Donestk, las dos autoproclamadas repúblicas con afán separatista, lo cual le permitía establecer acuerdos militares de manera que Rusia pudiera introducir allí a su ejército. Los expertos consideran que, el 17 de diciembre, Rusia había presentado sus condiciones para evitar cualquier conflicto posterior: renuncia a que Ucrania entrara en la OTAN; retirada de los sistemas de armas occidentales de su entorno geográfico y retirada de la OTAN a los límites previos a su ampliación hacia el este.

Los argumentos del presidente ruso, Vladímir Putin, pasaban por el genocidio en la región del Dombás por parte de Kiev o la actitud nazi de las autoridades. En un interesante relato del periodista Rafael Poch en *CTXT,* se resalta como Putin considera que Ucrania no existe como país, que es un invento artificial y que nunca tuvo tradición estatal. El imperialismo ruso vuelve con la nostalgia de recobrar el territorio perdido.

> El mensaje de Putin a la población de Ucrania es desastroso. Putin denuncia la injusticia social de la caótica cleptocracia oligárquica ucraniana e incluso el maltrato y represión de la oposición que las fuerzas nacionalistas-occidentalistas del gobierno de Kiev practican. Pero ¿desde qué posición se denuncia todo eso? Las cosas no son mejores en Rusia, sino peores.[41]

Afirma Poch:

> La simple realidad es que el régimen y el sistema ruso, un neoliberalismo oligárquico que gobierna sobre el nacionalismo ruso, no tiene nada atractivo que ofrecer al pueblo ucraniano, ni siquiera a los enormes sectores que no se reconocen en la ideología nacionalista de Kiev.[42]

En la órbita del líder de la Federación Rusa, existe un filósofo fuertemente anclado en las ideas fascistas, como no podía ser menos. Sus opiniones son muy próximas a las políticas que emprende Putin y es muy posible que le inspire. Se trata de un personaje contradictorio, extremo y de predicamento entre la ultraderecha europea. Alexander Guélievich Dugin, natural de Moscú, augura que Rusia dominará Europa a través de Ucrania. Fascista de convicción, fundó el Partido Nacional Bolchevique,

---

41 Rafael Poch, «Putin mueve ficha imperial», *CTXT,* 23 de febrero de 2022, disponible en <https://ctxt.es/es/20220201/Firmas/38826/vladimir-putin-ucrania-lugansk-donetsk-rafael-poch.htm>.

42 *Ibid.*

de similar ideología, junto con el escritor Eduard Limónov, ya fallecido, un personaje extravagante y complejo.

Dugin, profeta del euroasianismo, difunde una filosofía que va desde el esoterismo a las teorías conspirativas, misticismo oriental, nostalgia de la santa Rusia, fascismo, antisemitismo y fuerte antieuropeísmo. Sobre él escribe Gonzalo Ugidos, periodista y escritor:

> En la mente conspiranoica de este antisemita 2.0, el Euromaidán (como se conoce el movimiento de protesta que hubo en Kiev en 2013 de tinte nacionalista y europeísta) era obra del Mossad y, como respuesta, Duguin postuló el genocidio contra los ucranianos. Tras aquella Revolución, escribió en las redes: «Deberíamos limpiar Ucrania de estos idiotas. El genocidio de estos cretinos es inevitable y obligatorio. No puedo creer que sean ucranianos. Los ucranianos son gente eslava maravillosa. Y esto es una raza de bastardos que ha salido de las alcantarillas». Ese mismo año, fue expulsado de su puesto de profesor en Moscú por inducción al asesinato: «Matar, matar y matar a los responsables de las atrocidades en Ucrania».[43]

Para el politólogo, Eurasia sería un tercer continente entre Europa y Asia con Rusia en el centro. El enfrentamiento con Occidente es inevitable en la pugna por la hegemonía. Putin, en un discurso previo a los acontecimientos que llevaron a la invasión, calificó de títere de Estados Unidos al Gobierno ucraniano afirmando que Ucrania es un país creado por Rusia. Sobre este discurso, Gonzalo Ugidos aseguraba:

---

[43] Gonzalo Ugidos, «Alexander Duguin, el pensador de Putin que inspira sus guerras para volver a la Gran Rusia», *El Español,* 24 de febrero de 2022, disponible en <https://www.elespanol.com/porfolio/actualidad/20220224/alexander-duguin-pensador-putin-inspira-guerras-volver/652434879_0.html>.

> De seguir las consignas de Duguin, que han balizado muchas de las actuaciones del Kremlin, Rusia podría tratar de capturar no sólo Donetsk y Lugansk, sino más territorio e incluso expandirse por el país para eliminar la amenaza del viraje de Kiev hacia la OTAN.[44]

Sus palabras, publicadas horas antes de que los hechos se produjeran, no podían tener más visión de futuro.

Para Nicolás de Pedro, investigador sénior en The Institute for Statecraft:

> Duguin tiene, de hecho, mucha más repercusión fuera que dentro de Rusia y su capacidad para consolidar redes y alianzas desde Kazajistán a Argentina, pasando por Turquía, Grecia, Alemania, Italia, Hungría o España, es su gran valor añadido a ojos del Kremlin.[45]

Se le supone la versión rusa de la Nueva Derecha de origen francés que, en 1968, de la mano de Alain de Benoist, se consideró como un movimiento que disputaba ideología y cultura a la izquierda y al liberalismo, llegando a desbordar los límites de la extrema derecha, dice Nicolás de Pedro, incorporando elementos como el ecologismo u otros propios de la extrema izquierda, como el anticapitalismo con tintes de irracionalismo romántico.[46]

¿Y los derechos humanos? ¿Y la democracia? Queda claro que a Putin y a su mentor les parecen simplemente un error de Occidente que es preciso descartar.

---

[44] Gonzalo Ugidos, «Alexander Duguin, el pensador de Putin que inspira sus guerras para volver a la Gran Rusia», o. cit.

[45] Nicolás de Pedro, «Duguin, profeta del antiliberalismo», *Letras Libres*, 1 de junio de 2019, disponible en <https://letraslibres.com/revista/duguin-profeta-del-antiliberalismo/>.

[46] *Ibid.*

Pero no olvidemos a la otra parte, es decir, a quienes luchan desde los países democráticos contra Putin. Sanciones económicas brutales que, como siempre, irán a recaer sobre los ciudadanos normales y corrientes, que se verán hundidos un poco más por las decisiones de los poderosos. Estados Unidos, Gran Bretaña y la Unión Europea han impuesto drásticas sanciones, pero quizás habría que preguntar cuáles son los intereses que cada uno tiene en esta situación. ¿Quién suministrará los cereales que Ucrania no podrá vender? ¿Quién suplirá la falta de gas o el trigo que Rusia no podrá exportar? ¿Qué tipo de beneficios obtendrá Estados Unidos con esta situación? ¿Por qué el interés en llevar a la OTAN hasta las mismas fronteras de Rusia, cuando era evidente que no lo iba a aceptar? Cada cual está jugando su partida de ajedrez, y el líder ruso ha movido primero activando la máquina infernal de la guerra. El problema es que las víctimas caen siempre las primeras, es decir, los ciudadanos y las ciudadanas que mueren en un bombardeo, los soldados que caen de un lado y otro, los millones de personas que tendrán que desplazarse fuera de su país o de su hogar, aquellos que pierdan sus bienes y no tienen ni para comer...

¿Creen ustedes que a los oligarcas o al propio Putin le preocupan las sanciones? Resulta evidente que era un mal menor que ya estaba asumido y descontado. Finalmente, las sanciones decaerán por acuerdos posteriores; mientras tanto, unos y otros habrán sacado su tajada o eliminado otros problemas que tenían encima, como a Boris Johnson; pero los muertos, los mutilados y los desastres perdurarán para siempre. Una vez más.

Las guerras nunca son la mejor forma de resolver un conflicto, tampoco en este caso. Esta guerra no tiene la finalidad de solucionar un problema, sino la de imponer una situación cuyas consecuencias perdurarán en el tiempo. En todo caso, habrá otros países y otros intereses en los que apoyarse y con ello salir airoso del tremendo desastre creado por la sordera de quienes tenían la obligación de entenderse.

No olvidemos que la única potencia imperial en el mundo, en la actualidad, es Estados Unidos, con más de 700 bases militares en ochenta países y disponiendo, junto con la OTAN, del 60 % del gasto militar. ¿Cuánto tiempo tardará en ser China el siguiente objetivo? ¿Cuál será la reacción de esta? La escalada iniciada, si no se detiene, puede desatar una reacción en cadena de impredecibles consecuencias para el mundo. A veces pienso que algunos responsables, a los que comúnmente se denomina *líderes,* deberían someterse previamente a controles psiquiátricos a fin de calibrar su idoneidad para dirigir un país. Son tantos los ejemplos en la historia que no comprendo cómo entregamos o permitimos que se hagan con el poder quienes es evidente que, antes o después, quebrantarán los límites de la ley y nos arruinarán un poco más como género humano.

Pocos momentos antes de que la confrontación estuviera servida, todos pudimos oír y ver la dramática apelación a los sentimientos humanos de Vladímir Putin por parte del secretario general de la ONU, António Guterres, para que el presidente ruso frenase la contienda, pero esta exigencia habría sido mucho más creíble si también hubiera aprovechado para solicitar que Estados Unidos saque sus bases militares de aquellos países que no las quieren (por ejemplo, Cuba con la de Guantánamo), y sus tropas de aquellos otros en los que también están por la fuerza adoptando acciones violentas. O las actitudes bélicas de otros países, como Arabia Saudí, o de otras superpotencias contra enclaves étnicos determinados. O, incluso, acabar con el anacrónico derecho de veto de los países que ganaron la Segunda Guerra Mundial en el Consejo de Seguridad de Naciones Unidas.

A la hora de calificar y repudiar las diferentes acciones, debemos tener en cuenta dos principios fundamentales. La erradicación de la doble moral y el equilibrio de las diferentes acciones en juego. Mientras tanto, el gasto militar de unos y otros se multiplica exponencialmente, y quienes sufren el dolor y la pérdida siempre, insisto, son los mismos. Las víctimas, con las que solo se cuenta a efectos estadísticos.

En ningún momento la acción del líder ruso puede admitirse desde el punto de vista del derecho internacional. El pronóstico desde el principio es claro: su maniobra ha sido claramente ilegal, y las medidas que sucesivamente recaen contra él lo único que van a comportar es mayor miseria y necesidad para la ciudadanía. El suministro de armas a la población alargará el planteamiento de defensa del Gobierno de Zelenski, y lo que iba a ser una acción relámpago se ha convertido en todo lo contrario, con la amenaza, incluso, de activación del escudo nuclear. Y mientras tanto las víctimas siguen cayendo y el comportamiento cesarista y claramente fascista sigue primando sobre la cordura y el respeto mutuo. Ya no hace falta disfraz alguno, el fascismo de la guerra ya está aquí, una vez más.

¿Quién podía imaginar que llegaríamos a esto? Se diría que, pese a reiterados avisos, todo el mundo estaba como adormecido y de golpe llegó el despertar, pero aún en el limbo de la somnolencia.[47]

En esta dicotomía de quién gana y quién pierde, no hay que olvidar que las grandes empresas norteamericanas no son ajenas al beneficio. «Los conflictos bélicos, queridos amigos, no son casuales ni inocentes.» Siempre alguien busca obtener un beneficio, ya sea antes, durante o después de la colisión.[48]

Es curioso, los líderes ultraderechistas europeos, años atrás, mostraban públicamente su admiración por Putin. Al parecer,

---

[47] Baltasar Garzón, «El oportuno enemigo común», *infoLibre,* 24 de enero de 2022, disponible en <https://www.infolibre.es/opinion/ideas-propias/oportuno-enemigo-comun_129_1217699.html>.

[48] *Ibid.*

aquello de un hombre fuerte, rudo, con las ideas claras, xenófobo, homófobo... encajaba bien dentro del prototipo de su agrado. Incluso más, políticos como Salvini, Le Pen, Berlusconi u Orbán alardeaban de su amistad con el ruso.[49] Hoy, estos mismos personajes se ven forzados a renegar de él. He aquí otra de las características del fascismo, la falta de coherencia en sus postulados.

Si no hacemos ni queremos la guerra, lo que deberíamos poner en marcha son iniciativas de construcción de paz. De nuevo la Justicia se encuentra ausente del conflicto; ya sea porque no se puede administrar en el escenario de guerra; ya sea porque no se alcanza a los presuntos responsables al quedar fuera de la órbita de la CPI. En España, para estos casos, contábamos con un arma legal que existe en otros países, que aquí se laminó en 2014 y cuya recuperación nunca se ha vuelto a plantear, más allá de una mera promesa electoral en el programa del PSOE o en los trabajos y la propuesta de la entonces ministra de Justicia, Dolores Delgado. Me refiero a la jurisdicción universal.[50] El principio que rige esta jurisdicción es el adecuado para dar respuesta desde la justicia a una situación como la que se produjo en Ucrania. Si en nuestro país y en otros tantos que no lo poseen se reconociera este principio, tendríamos un arma legal insuperable, más potente que todas las sanciones económicas y financieras y con muchas más garantías para hacer frente a la locura provocada por Putin. Esta sí es una posibilidad y debería ser una obligación. La pregunta es: «¿por qué no se hace?». Quizás aparezcan de nuevo los

[49] Anna Buj, «La extrema derecha europea quiere ahora borrar sus vínculos con Putin», *La Vanguardia,* 8 de marzo de 2022, disponible en <https://www.lavanguardia.com/internacional/20220308/8107294/extrema-derecha-europea-quiere-borrar-vinculos-putin.html>.

[50] Baltasar Garzón, «La sinrazón», *infoLibre,* 5 de abril de 2022, disponible en <https://www.infolibre.es/opinion/ideas-propias/sinrazon_129_1224527.html>.

intereses económicos, diplomáticos y políticos que lo impiden. Y, si esto es así, habría que calibrar hasta dónde llega la credibilidad de las iniciativas implementadas para frenar el conflicto.

No estoy de acuerdo con la guerra. Cito la tan repetida frase de Erich Hartmann, piloto alemán durante la Segunda Guerra Mundial: «La guerra es un lugar donde jóvenes que no se conocen y no se odian se matan entre sí, por la decisión de viejos que se conocen y se odian, pero no se matan». Mas allá del «No a la guerra», tenemos la obligación de hacer propuestas de paz o aportar ideas para alcanzarla. Podemos seguir firmando todos los manifiestos, memorandos y declaraciones que, sucesivamente, se nos vayan ofreciendo. Quizás eso tranquilice nuestras conciencias, pero vale para muy poco. Si de verdad queremos aportar ideas para la paz, exijamos que se comprometan nuestros representantes legales con estas iniciativas o cualesquiera otras similares que podamos definir. Esa sería nuestra verdadera contribución para detener la guerra o, al menos, para prevenir otras que puedan asolarnos en el futuro. Esa sería la verdadera razón para que la justicia ocupe el lugar que le corresponde, protegiendo a las víctimas con las armas del derecho y frente a la sinrazón de la barbarie y la impunidad.

Epílogo

La comprensión de que la flagrante violación de los derechos humanos por parte de los países nazis y fascistas y que sembró las semillas de la última guerra mundial ha proporcionado el impulso necesario para la obra que nos lleva hoy, aquí, al momento de su realización.

ELEANOR ROOSEVELT, 9 de diciembre de 1948. Discurso sobre la adopción de la Declaración Universal de los Derechos Humanos

Seguramente muchos de quienes leen estas líneas habrán escuchado, más de una vez, que los derechos humanos son una invención de los comunistas, de los rojos, de la gente de izquierdas, para luego añadir algún epíteto soez, seguido de alguna que otra descalificación. Nada más lejos de la realidad.

Traigo a colación este discurso, pronunciado el día antes de la votación y adopción formal de la Declaración Universal de los Derechos Humanos, porque, precisamente, quien presentó esta importante e histórica iniciativa fue nada más y nada menos que Eleonor Roosevelt, la viuda del presidente de los Estados Unidos de América, poco sospechosa de defender ideologías de izquierdas. De hecho, en este mismo discurso, del cual he citado apenas un breve fragmento, queda constancia de que la declaración no fue aprobada por la entonces Unión Soviética y los países de la Europa del Este, que no vieron reflejadas todas sus propuestas en el borrador final, por lo que se abstuvieron.

Todavía más, el comité redactor de la declaración universal estuvo conformado por ocho miembros: Eleanor Roosevelt (Estados Unidos), presidenta del comité, René Cassin (Francia), Charles Malik (Líbano), Peng Chun Chang (China), Hernán Santa Cruz (Chile), Alexander E. Bogomolov y Alexei P. Pavlov

(Unión Soviética), lord Dukeston y Geoffrey Wilson (Reino Unido), y William Roy Hodgson (Australia). Una actuación destacada se le reconoce también, aunque no formó parte del comité, a John Peters Humphrey, canadiense que en ese momento era director de la División de Derechos Humanos de una muy joven Organización de las Naciones Unidas.

Reitero que el artículo primero de la declaración universal establece aquella radical idea de que «Todos los seres humanos nacen libres e iguales en dignidad y derechos». Pues bien, el preámbulo lo dice de manera similar, pero en términos más amplios y contextualizados:

> Considerando que la libertad, la justicia y la paz en el mundo tienen por base el reconocimiento de la dignidad intrínseca y de los derechos iguales e inalienables de todos los miembros de la familia humana.

Llamo la atención sobre este texto porque nos convoca a sentirnos como parte de una familia, la familia humana, y recuerda que nuestros derechos como seres humanos son intrínsecos e inalienables.

El fascismo, con su afán supremacista, rompe con esta idea, que, ya sabemos, no es ni de lejos una conquista de los comunistas, sino de la humanidad en su conjunto tras la Segunda Guerra Mundial. Derechos humanos y fascismo están en las antípodas, porque precisamente la internacionalización de estos surge como una medida para garantizar la no repetición de las barbaridades cometidas por el fascismo durante la Segunda Guerra Mundial. De ahí que mire hoy con mucha preocupación tantos fascismos, neofascismos y otros fenómenos que comparten muchas de sus características esenciales, que pueden ser concebidos como variaciones o derivadas de una matriz fascista o, como sostiene este libro, disfraces del fascismo, porque, aunque con nuevos apellidos y vestimentas, la esencia sigue siendo la misma: la negación de los derechos y la dignidad de un grupo de seres humanos, en particular el grupo hacia el cual dirigen sus discursos de odio y sus ataques cada vez más violentos, y la creencia de que algunos, precisamente el grupo al que pertenecen, se merecen unos derechos y una dignidad especial, acorde a su supuesta superioridad.

A lo largo de mi vida me he enfrentado con muchos de estos fascismos, por lo que he creído que puede ser interesante compartirlos para que se conozcan y puedan servir para reflexiones ulteriores, sobre todo a las generaciones más jóvenes y venideras, que no han conocido las atrocidades de la guerra ni de la dictadura, y que se están viendo expuestas a estos nuevos movimientos y partidos de corte fascista, capaces de arrebatarnos el disfrute pacífico de nuestros derechos porque, antes o después, el fascismo acaba en violencia, en la negación del otro y, como ya he relatado, nos lleva a sitios tan siniestros como Auschwitz, Guantánamo, Villa Grimaldi o la ESMA.

El fascismo establece un vínculo emocional con los componentes de la sociedad en la que pretende expandirse. Este vínculo en muchas ocasiones, la mayoría, viene de la mano de la existencia de un líder carismático.

> A diferencia de la monarquía o de una dictadura militar impuesta desde arriba, el fascismo (los fascismos) obtiene energía de los hombres y las mujeres que están descontentos por una guerra perdida, un empleo perdido, el recuerdo de una humillación o la idea de que un país está en declive. Cuanto más dolor haya en la base del resentimiento, más fácil le resultará a un dirigente fascista obtener seguidores, sea incentivándolos con una mejora futura o prometiendo la devolución de lo robado.[1]

---

[1] Madeleine Albright, *Fascismo. Una advertencia,* Paidós, Barcelona, 2018.

Todos saben que esos ofrecimientos son vanos y que nunca llegarán a cumplirse, pero la promesa apela a las emociones, a lo inmediato, y esto, por irracional que sea, se *compra.* En ese momento, a falta de una política efectiva que resuelva los problemas inmediatos, el discurso del líder acaricia a sus seguidores y estos quedan prendidos en la tela de araña tejida con precisión y determinación.

Serán el esfuerzo constante en la explicación de esta falacia, la denuncia permanente, los hechos demostrados, tanto histórica como actualmente, los que ofrezcan una alternativa creíble para no ser captados. El fascismo, como apunta Albert Camus en su texto *El hombre rebelde,* nace en el momento en el que no se ama la vida, no amas a tu país, a tu entorno ni a quienes son como tú. Si no crees en la igualdad del ser humano, si partes de la idea de la diferencia y la clasificación de las personas, si cosificas por el género o discriminas por la raza o por las propias ideologías y convicciones, eres un fascista, se denomine con este u otro nombre. Como dice Rob Riemen: «Una vez que redescubramos el amor por la vida y decidamos entregarnos a lo que realmente da vida —la verdad, el bien, la belleza, la amistad, la justicia, la compasión, la sabiduría—, solo entonces, y no antes, nos volveremos resistentes a ese bacilo mortal llamado "fascismo"».[2]

Es muy probable que a algunos o a muchos, al leer este libro, les puedan parecer una exageración algunos de los calificativos e identificaciones con el fascismo que hago de instituciones, o de los mecanismos con los que estas actúan o de quienes las representan, pero si algo he aprendido en mi vida es a observar con detenimiento a las personas, a las situaciones, a las acciones institucionales, los modos de proceder de los personajes públicos cuando están en el poder y cuando lo pierden, la acción de la justicia y la consumación de las injusticias y sus porqués, o los com-

[2] Rob Riemen, *Para combatir esta era,* Taurus, 2017.

portamientos de las grandes corporaciones y sus intereses. Tras todo ello, he ido extrayendo las conclusiones aquí plasmadas, fruto de una reflexión profunda y un análisis no menos intenso.

He dicho que en mí hay una parte optimista muy importante, pero también necesito luchar para que cambien las cosas, lo que me otorga cierto optimismo en que es posible reconducir situaciones aparentemente irresolubles. Otra forma de decirlo es que soy un pesimista activo, o un optimista cauteloso. Por eso he escrito este texto, como necesidad y como advertencia hacia quienes, por su indiferencia o desconocimiento, son víctimas propiciatorias frente a las más simples agresiones a los derechos adquiridos y consolidados. Etiquetas aparte, creo que debemos estar alertas, vigilantes, pero también muy conscientes de cuáles son nuestros derechos; de que el disfrute de estos es gracias a largas luchas sociales, que han costado sangre, sudor y lágrimas, y de que el riesgo de involución está siempre presente, oculto en cualquier lugar y tiempo, y este es propicio en muchos países. Por ello hay que ser conscientes y combatir el fascismo con las herramientas que nos dan la democracia, el Estado de derecho, pero también, y sobre todo, nuestra propia inteligencia y nuestra capacidad para desenmascarar al fascismo, para descubrir sus trampas retóricas, sus incongruencias argumentales, su falta de consistencia y sus mentiras. Así podremos quitarle todos sus tapujos y dejarlo al descubierto, porque por sí mismo no se sostiene, porque en el mundo en el que queremos vivir, de respeto, paz y armonía, no tiene cabida, se disfrace como se disfrace.